［第3版］

NPO
実践マネジメント入門

公益財団法人 パブリックリソース財団［編］

東信堂

●特定非営利活動法人 パブリックリソースセンター

　2000年1月に、非営利・中立の実践型シンクタンク＆コンサルティングファームとして設立。「ひとりひとりの人間の命と尊厳が守られる社会、誰もが自由と責任をもって行動し意見を述べることのできる社会を目指し、調査研究、プランニング、ネットワーク活動を通じて、社会的課題に取り組むための経営資源：パブリックリソースの創出に貢献すること」をミッションとする。

　寄付文化を創造するための調査研究、オンライン寄付サイト"Give One"（ギブワン）の運営、非営利組織のコンサルティング、NPOマネジメント支援コンサルタント養成講座の実施のほか、SRI（社会的責任投資）のための企業の社会性評価やCSR（企業の社会的責任）調査等を実施している。

●公益財団法人 パブリックリソース財団

　パブリックリソースセンターの系譜を引継ぎ、2013年1月に寄付推進の専門組織として、内閣府認証を受け公益財団法人としてスタート。「意志ある寄付で社会を変える」をミッションとして、社会貢献を志す市民や企業からのご寄付をもとに、「オリジナル基金®」の設置などにより、幅広い公共的分野で社会をより良くするNPOや社会的企業の活動に投資する日本初の全国規模の市民財団。寄付者の「想い」を実現し、日本に「寄付文化」を醸成することを目指す。寄付を最大限に活かし、社会的インパクトを生み出すために、NPO等へのマネジメント・コンサルティングなどの伴走支援や、助成の成果を図る評価活動も実践している。オンライン寄付サイト"Give One"は、日本で最も歴史ある信頼のサイトとして進化を続けている。社会貢献を考える個人、企業、寄付や遺贈をサポートする弁護士や税理士等の専門家や金融機関からの相談を受け、社会貢献の想いを実現するプログラム提案を行う「フィランソロピー・コンサルティング」も展開。2021年3月までに累計36億4千万円に及ぶご寄付を頂き、年間300以上の団体等への支援に取り組んでいる。http://www.public.or.jp/

『NPO 実践マネジメント入門』第 3 版に寄せて

　2000 年 1 月 20 日に特定非営利活動法人パブリックリソースセンターを創設し、「パブリックリソース (Public Resources)」という概念を打ち出してから 20 年を超えた。「パブリックリソース」とは、「NPO や市民が非営利活動を行うときに活用される "共的" な経営資源 (人材、施設、資金、情報等)」であり、「"新たな公共" をつくる "共創・共益" の社会資源」である。すなわち、「市民が市民を支える資源」であり、「市民による市民のための資源」として市民社会 (Civil Society) の創造を促すものなのである。

　1995 年の阪神・淡路大震災を契機に、市民活動・ボランティアの重要性が認識され、NPO 法制度の整備が進められた。その後、NPO を支えるためのサポートシステムが整備され、残された課題は NPO の経営資源すなわちパブリックリソースの開発・充実であった。2011 年には、東日本大震災を経験し、その救援・復興に際して NPO が枢要な役割を果たし、一方で日本人の 7 割を超える人々が寄付を実践するという "寄付元年" ともいえるエポックが生まれた。

　私たちはパブリックリソースの重要な要素である寄付を促進し、同時に NPO のマネジメント能力向上を図る伴走支援を強化するために、パブリックリソースセンターの系譜を継いで、2013 年 1 月 17 日に公益財団法人パブリックリソース財団を設立した。「市民による市民のための資源」づくりを目指して「市民の力と手によって寄付推進を担う財団を創る」という夢が実現したのである。それ以来、着実に「意志ある寄付で社会を変える」というミッションを追い求め続けている。

　そうした中、新型コロナウイルスの蔓延によって、多くの人々の生命が脅かされ、さらには、経済・社会活動が制限され、暮らしの危機と苦しみに直面する人々が、私たちの想像をはるかに超えて広がっている。いまだコロナ危機の終息は見通せない状況が続いている。2020 年に始まった新型コロナウイルスのパンデミックは、後世、歴史に刻まれることになるだろう。

　コロナ禍によって生み出された社会や生活、価値観の変化や、コロナ対策に関わる政府の対応などと、NPO や非営利公益セクターのあり方について触れておきたい。コロナ禍による様々な変化は NPO が担う社会的役割の再認識を迫るものだからである。

　NPO の社会的役割には、資本主義の不備の補正と、政府機構による民主主義の

不備の補正、そして市民による社会への参画の受け皿という3つの側面がある。

　一つ目の資本主義の不備では、市場の不備さらに政府の不備により、暮らしや命を守るための公共サービスのセーフティネットの恩恵を受けられない社会的弱者が生まれ、そうした層への公共サービスを担う役割がNPOには期待される。

　コロナ禍は、社会や生活、価値観に大きな変化をもたらした。その一つが、格差の拡大と露呈である。コロナ禍の中で、経済においては「K字回復」「K字経済」が言われ、業績の良い業種と低迷する業種間の格差拡大、富裕層と貧困層の格差拡大が顕在化した。雇用においてもテレワークで在宅勤務ができ安定的な収入を得ている大企業の社員がいる一方で、在宅勤務はおろか非正規雇用のために馘首され職を失い路頭に迷う人々が続出している。特に、女性の非正規雇用者への影響は甚大であり、シングルマザーの場合、子どもたちの飢餓の危機すら生じている。

　市場（企業）はもとより、政府・自治体も、こうした社会的弱者へのセーフティネットとしては十分に機能しないことが、コロナ禍でより鮮明になった。「光の当たらない社会的弱者」の暮らしと命を支える血の通った公共サービスを担うNPOの役割の重要性がクローズアップされている。政府・自治体は新自由主義の「小さな政府論」以降、特に、生活に近い部門の切り捨てが進行し、コロナ禍においても保健医療の部門などでの弱体化が顕在化している。ただ、しかしこれを契機に「大きな政府」へと逆の舵を切ることが解決策となるものではない。そうではなく、NPOが担う公共サービスが政府のそれとは異なる特長を持つことを認識し、NPOが担うサービスの比重を高める必要がある。人々の生活や生命をケアする社会的主体に求められる重要な要素は、受益者との間の信頼関係である。コロナへの対策の中で、公助を担う政府・自治体はその弱体化以上に、人々からの信頼を失ってきたのではないか。一方で、困窮者一人ひとりと向き合うNPOは、相互の信頼関係の上に市民による市民へのケアサービスを担っている。今こそ、NPOが担うセーフティネットを増強し、資本主義の不備から人々を守る必要がある。これは、ジョンズホプキンス大学のレスター・サロモン教授が「サードパーティ・ガバメント（NPOなどの第三者機関による政府）」と呼ぶ「米国型福祉国家体制」を志向するものである。すなわち、小さな政府を維持しつつ、医療・福祉をはじめとする公共サービスの供給をNPOが担う新たな福祉国家体制を実現することにつながる。

　二つ目は民主主義の危機である。世界を見渡すと、これまで民主主義の先進国といわれてきた欧米各国においてすら、コロナ対策を盾にして、国民の自由を制限することや、一人ひとりの人権を抑圧するような公権力の行使が横行している。

さらに、ワクチン接種においては自国優先主義の台頭を生み、国家間の格差を広げ、営々と積み上げてきた国際協調路線を後退させている。日本では、コロナ対策においても、科学軽視の傾向と「民は由らしむべし、知らしむべからず」を地でいくような情報「非」公開の政治が顕著になった。

　国民の側にも不安からか、自由や人権の抑圧を受忍し、独裁的な政治を歓迎する風潮すら、コロナ禍で助長されているように思う。こうした風潮に、独裁政治の台頭と国際紛争の勃発を予感する危惧を持つ者は著者だけではないだろう。

　米国では、NPOは、「民主主義の守護神」、「民主主義の学校」、そして「もうひとつの政府」と呼ばれることがある。NPOの重要な社会的役割の二つ目は、まさに民主主義の擁護・発展にある。一人ひとりの個性を尊重し、自由と人権を守ることがNPOの使命である。そのために、政治権力、政府に対して、草の根から異議申し立てをし、人々の暮らしの原点から、必要とされる政策を提言していくことがNPOの役割なのである。

　三つ目は、コロナ禍の中で、危機に瀕する人々を救いたい、支えたいという社会貢献の意識と行動が着実に広がっていることである。こうした市民の社会貢献の受け皿となるのがNPOである。コロナ禍では、市民が直接ボランティアに参加することは限られているが、むしろNPOに対して寄付を託すことによって困窮者への支援活動を実現することができる。NPOは市民が社会創造に参画する器の役割を果たしている。

　2020年度にパブリックリソース財団に託された寄付金は前年のおよそ4倍を超え、寄付件数はおよそ10万件に達した。その特色は、寄付者層がかつてなく広範囲にわたっていることだ。例えば、ミュージシャンの呼びかけにファンの若者が呼応して寄付をするなど、これまでは寄付に縁がなかった多くの人々が寄付による社会貢献を実践している。

　コロナ禍に立ち向かうことを通じて、"寄付文化の地殻変動"のような変化が生まれつつある。後年、この2020年という年は新型コロナの流行とともに、コロナとたたかう寄付や社会貢献が日常生活の一部となった"寄付文化元年"もしくは"フィランソロピー時代の幕開け"と位置付けられるかもしれない。これは、NPOが市民の社会貢献の受け皿として非営利・公益活動の中核となることがますます求められていることを意味している。NPOを通じて市民が自在に社会創造に参画できることは、個性と多様性を尊重する多元的な社会の創造につながるのである。

　NPOは、この先、コロナ禍で深まった格差と貧困を起点として生まれている「不

安」や「孤立」、「憎しみ」や「分断」という人類社会の危機に立ち向かう役割を担うことになる。先に述べたように、NPO の使命は、資本主義の不備によって苦しむ人々を支えるセーフティネット・公共サービスの担い手であることとともに、民主主義の危機を乗り越えるソーシャルチェンジ（社会変革）の旗手となること、そして市民の社会貢献の受け皿となることである。人間が他者とともに生きる生物であることに立ち戻り、NPO の活動を通じて人と人との「信頼」や「共生」が回復されることを期待している。コロナの時代の危機をいかに乗り越えていくか、人類の英知が試されている。

この新たな時代に本書の第 3 版を送り出し、NPO のマネジメント力の向上に資することができることは、編者として幸甚なことである。この第 3 版では、Ⅱ実践編に、新たに「10 章　マーケティング」と「第 11 章　アドボカシー」を加えた。NPO のマーケティングは、支援者を獲得し寄付を増やすなどのパブリックリソースの充実には不可欠なマネジメント技術である。人々を支える公共サービスを質量ともに充実させていくための NPO の組織体力を涵養するためのマネジメント技術である。

また、アドボカシーは、人間の自由や人権を守り、人々の共生を可能とする社会を実現するための政策提言を行い、社会変革・社会創造という NPO の持つべき基本的な役割を発揮するための中核的な機能である。

その他の章に関しては、本書が基本書であり、時代変化には左右されないという認識から、あえて第 2 版掲載の原稿には修正を加えていない。なお、各章の扉の著者紹介は現職の記載にとどめ、最新のプロフィールは著者紹介として巻末にまとめた。また、Ⅲ実務編の「NPO 組織診断シート」は随時更新を重ねているが、最新版はパブリックリソース財団のホームページで確認できるようにしてあるので参照いただきたい。

なお、Ⅱ実践編「第 3 章　ガバナンス」を執筆いただいた今田忠さんは、2017 年 11 月 18 日に逝去された。パブリックリソースセンター及びパブリックリソース財団の理事として、顧問として、長きにわたりパブリックリソース推進を支えていただいた。今田さんは『フィランソロピーの思想』を著されるなど、日本におけるフィランソロピー研究の第一人者であり、新たな市民社会 (Civil Society) の創造を唱道してこられた。また、指導者、理解者として数多くの NPO を支えてこられた、ここに感謝とともにご冥福を祈る次第である。

また、本書の企画段階からの理解者であり、支援者である東信堂の下田勝司社長には、本第 3 版の刊行にあたって、コロナ禍における作業の遅延も温かく見守っ

ていただき、無事に刊行に導いていただいた。編者として深く感謝申し上げる次
第である。

2021 年 11 月

公益財団法人 パブリックリソース財団

代表理事・専務理事　岸本　幸子

代表理事・理事長　久住　　剛

はじめに

　本書は、日本のNPO（Non-profit Organization）や社会的事業に取り組む組織（「社会事業体」）が新しい発想と機動力で社会変革に取り組むために、戦略的視点と経営力を高める必要があるという問題意識から作成された。

　日本では、急速な少子・高齢化の進行、グローバリゼーションの拡大、科学技術の発展などに伴う社会環境や構造変化の中で、福祉、環境、教育、雇用などに関するさまざまな社会的課題が顕在化している。最近では、「社会的排除（social exclusion）」という言葉に代表されるように、社会的なつながりが断たれ、機会が与えられない、あるいは再挑戦が困難な状態に置かれた人々にかかわる問題、すなわちニート、長期失業、ホームレス、不登校、ひきこもり、児童虐待などが深刻化しており、長期的な社会の不安定要因として懸念されている。また、国際社会に視野を広げても、貧困、飢餓、感染症、災害、紛争、環境問題などの諸課題が山積している。

　こうした複雑・多様化する社会的課題について、解決をすべて"官"に依存するような社会システムは、もはや持続不可能であることは明らかである。NPOや社会事業体が課題解決の主体として期待されるゆえんである。現在、NPOや社会事業体の多くはまだまだ小規模な段階にとどまっているが、社会的期待に応えられるだけの組織力を一刻も早く高めなければならない。

　本書は、広義のNPOのなかで、社会的課題を解決することをミッションの中核に据えたNPO、いわば「社会変革型NPO」に着目している。その代表として、社会的事業に取り組む特定非営利活動法人（NPO法人）を想定している。特に、現在の事業規模で3000万から5000万円前後にある中規模の団体を念頭において、それらが革新的な社会提案を生むために必要な戦略的な視点や、ミッションに基づく経営を通じて組織力を向上させる方策を論じている。

　本書は、I戦略編、II実践編、III実務編という3部構成になっている。戦略編では「岐路に立つNPO」と題して、実践家の証言をまとめている。NPO法制定後の市民の活動の歩みと今後の社会変化を見据え、NPOが担う社会的機能、社会との相互関係、社会変革を目指す組織に必要とされる素質と戦略について、まとめている。

　II実践編では、具体的な事業展開、寄付者や支援者の獲得、スタッフの人材育成、

成果評価など具体的なNPOの経営において、あまねくミッションを明確にし、ミッションを原点とすることがマネジメントのカギであることを述べている。NPOマネジメントは企業の経営と重なる部分が多いことを踏まえつつ、本書では営利企業の経営との相違点を理解することに主眼をおき、実践的に解説している。各章末には理解や学習を深めるために、例題として「学習課題」を設定してある。

Ⅲ実務編では、NPOや社会事業体が、経営の次の一手を考える上での基礎となる組織診断の具体的な手法を紹介している。

なお、本書はパブリックリソースセンターの「NPOマネジメント支援コンサルタント養成講座」のテキストを基礎として、これを改稿したものである。同講座は2004年に関東経済産業局の支援を受けスタートし、2007年からはパナソニック株式会社の協力を得て、新たに通信教育の手法を取り入れ、現在はオンライン学習と実習の両面でNPOマネジメントを実践的に学ぶ講座として運営されている。同講座のテキストが過去5年間に、講師陣の研究と実践をベースに、受講生からのフィードバックも反映しながら、改訂を積み重ねてきたことが本書の出版に結びついた。

本書がNPOの実務者やコンサルタント等の支援者にとっての「実践の手引き」、NPOについて学ぶ人(大学生、大学院生、生涯学習受講者等)にとっての「教科書」、「参考書」として活用いただければ幸いである。

最後に、インタビュー及び執筆をお引き受けいただいた理事の皆様、「NPOマネジメント支援コンサルタント養成講座」の運営と今回の改稿をご快諾くださった皆様に、心からの感謝の意を表したい。

また、本書の刊行にあたって、お力添えをいただいた東信堂の下田勝司社長、貴重なアドバイスをいただいた中嶌いづみ氏をはじめ、多くの皆様にご協力をいただいた。ここに厚く御礼を申し上げる次第である。

2009年3月
特定非営利活動法人 パブリックリソースセンター
理事・事務局長　岸本　幸子
代表理事　久住　剛

※第2版の刊行に際し、2010年に公表されたNPO法人会計基準に合わせて第6章を改め、およびNPOマネジメント診断シートを改訂した。

2012年1月
特定非営利活動法人 パブリックリソースセンター

目　次

NPO 実践マネジメント入門〔第 3 版〕

I 戦略編：岐路に立つNPO

第1章

ＮＰＯで理想の社会を描く

語り手：播磨靖夫

キーワード

①**文化戦略**：障害者が詩を作り、舞台で歌う「わたぼうし音楽祭」を仕掛けることで社会の価値観を問い直してきた。

②**自立の家「たんぽぽの家」**：文化戦略によって、重度の障害児が養護学校の後、自立して生きていくための施設ができた。

③**オーディット文化への対抗**：会計監査・評価などの説明責任を組織が果たす文化はNPOの信頼を増すためには必要だが、それにとらわれすぎると活動の妨げになる。

④**問いの生成と展開**：理念や理想につながる問いの生成と展開という原点に立ち戻ることが、NPOをとりまく失望感を打開し、組織と人を育てる。

⑤**ソーシャル・インクルージョン**：経済合理主義を追求してきたことによる人と人、人と自然などの間の分断をどうつなぐかという関係性の回復が重要である。

⑥**エイブルアート・ムーブメント**：障害のある人たちの表現を主たるアプローチとして、人の生き方や社会のあり方に「可能性」（多様なものの見方、別様でありうるという可能性＝オルタナティブ）を発見していこうとする市民芸術運動。

⑦**リベラルアーツ**：人を自由にする学問、教養を身につけることは人の心の痛みがわかるようになることであり、NPO関係者に求められる感性である。

⑧**ニーズの先、新しい社会モデル**：NPOは個人の関心から出発しても、ニーズの先を考え、自己実現の枠を抜け出し、社会化することで、新しい社会モデルを生み出し得る。

播磨　靖夫(はりま　やすお)　一般財団法人たんぽぽの家　理事長、社会福祉法人わたぼうしの会　理事長、アートミーツケア学会　常務理事

1. 社会の価値観を問い直す

久住　播磨さんが今までやってこられた障害のある人たちの自立を支援する「たんぽぽの家」の活動や「わたぼうし音楽祭」といった障害のある人たちの文化運動について、はじめにうかがいます。

播磨　われわれの基本は、障害という窓を通して、人間の原点に立ち返り、社会全体の価値観や社会意識を問い直す運動です。1970年代、障害者問題は大変厳しい状況にありました。高度経済成長から取り残された人たちの問題であったわけです。またその当時、社会の偏見や差別が根強くあり、われわれのような市民運動を始めた者に対して、社会全体が冷ややかな目で見るという時代でした。

　新聞記者時代に障害者問題の取材をしていて、あることに疑問を感じました。日本の障害のある人たちが自己主張をしないことです。親や養護学校の先生などが代弁して、それにうなずいているだけ。決められたものに従って生きていたのです。自己主張をしないのは、自己表現する力が弱い、自己表現するすべを知らない、自己表現をしても受け止められた体験が少ない、ということだと気づきました。そこで、自分の思いを詩に託して表現するという仕掛けを作りました。障害のある人の作った詩にメロディを付けてみんなで歌う。音楽の好きな若者を組み合わせて歌で表現する、これが「わたぼうし音楽祭」でした。

　「わたぼうし音楽祭」をやって、わかってきたことがありました。1つは障害のある人が舞台に立つことでどんどん社会に出て行ったこと。もう1つは、コンサートや音楽祭で社会が変わっていくということです。障害のある人のアイデンティティの確立とともに、音楽の力、文化の力で社会全体も変えていくことを体験的に知ったわけです。

　重度の障害のある子どもを抱える母親たちは、養護学校のあとに頼っていくところがないので「自立の家」を作りたい、それも地域に開かれ、いろいろな人と交流できる施設を作りたいという願いを持っていました。そこで一緒に市民運動を始め、その運動の戦略として「わたぼうし音楽祭」を使い、多くの人たちの共感を得たのです。奈良市六条町のわれわれの施設は、4,300㎡ほどの県有地に建っているのですが、当時の知事が無償で土地を貸してくれたのです。これはまさに文化戦略によって、行政も動かし、社会全体のうねりになっていった結果です。

2. 「共に生きる」意識から生まれた運動

久住　障害のある人たちを舞台に上げたことで、当時は世間あるいは従来の障害者運動をやってきた人たちから、「障害者を見せ物にしている」といった非難を受けました。それをどうやって乗り越えられたのでしょうか。

播磨　「あなたたちはいいことをしたつもりだろうけれど、間違えている。障害のある人は人目につかないところでひっそりと暮らさせてあげるのが福祉なのだ」と、福祉関係者から言われたことがあります。また、当時は、「青い芝」など、障害のある人たちのラディカルな運動が起こった頃で、そうした権利運動をしている人から見れば、「『ふんわりふわふわ』（歌詞の一節）などと歌って社会が変わったらこんな楽なことはない、おめでたい運動だ」とさんざん言われました。しかし現在、そういう批判をしていた運動は消滅してしまって、われわれは残っています。今ではアジア、太平洋にまで広がっている。これは何を意味するのか。

　われわれの運動は、共に生きるという人々の共感から生まれたものだということです。その精神を人々が支えてくれる、自分たちの生活必需品のようになくてはならないものとして支えてくれる、そういうことではないかと思うのです。「共に生きるということは大事なことだ」という社会意識から生まれたのが、「わたぼうし」の一番の強みだと思っています。

3. 「成る」「生む」「結ぶ」の思考

久住　正義を旗じるしにしたということではなく、むしろ人々の共感のつながりのようなものが自ずと「わたぼうし」を広げていったという感じでしょうか。

播磨　日本には2つの文化があると思います。1つは「制作文化」、もう1つは「発酵文化」です。制作文化は目標を立ててそれに向かってどう「作る」かという、欧米型の思考による文化です。一方発酵文化は、「成る」「生む」「結ぶ」という自然型の思考による文化です。思いのある人たちが集まってきて集団となり、そこから何かを生み出し、生み出したものを通して、さらにいろいろな人たちが結ばれていく、この繰り返しなのです。「わたぼうし」も、音楽が好きだし、楽しいことが好きだという人が集まってきて、その中に障害のある人がいて、その集団から音楽祭を生み出し、そこから新しいネットワークが広がってきたのです。文字通り「たんぽぽ」が咲いて、「わたぼうし」が飛んで、さらに「たんぽぽ」の花が広がっていくという、循環のイメージです。

　ただ僕は、発酵文化だけをやっているわけではありません。期限があって何か必要なものを作らないといけない時は、制作文化の手法を取り込んで目標を設定し、戦略的にアプローチをする。一方では「成る」「生む」「結ぶ」の良さも捨てない。2つの文化をうまく組み合わせて、クリエイティブなものを生み出すのです。これが「たんぽぽ流」のやり方です。

4. 3つのBと「オーディット文化」

久住　NPOの現在に関して、播磨さんの問題意識をお話しください。

播磨　NPO法ができて10年経ちますが、あちらこちらでNPOが行き詰まりをみせています。何が今、NPOで不足しているのか。『ビッグイシュー』の佐野章二さんがおっしゃっているように Body（ボディ）、組織はあるけれど、Blood（ブラッド）、お金が流れていない。それにもう1つ付け加えると、Brain（ブレイン）、知恵の不足です。組織が弱い、お金が流れていない、そして知恵も足らない。この「3B」が不足していることを痛感しています。そのような状況ですから、社会の「地殻変動」を起こす勢いがどんどん後退しているのです。

　もう1つは、「市場化」と「自己規律化」の波がNPOにも押し寄せてきています。この双方が生み出した文化が、「オーディット文化」です。もともとは会計監査の意味ですが、それが拡大して用いられ、形式化された説明責任の様式を示すという意味で、「オーディット文化」が生まれているのです。

　政府、行政、企業、NGO、NPO、各種集団、さらには医療、教育、研究の諸機関、また個人やボランティア、余暇活動に至るまでオーディット、説明責任を要請される。責任を負うべき対象は幅広く、消費者や患者、クライアント、株主、住民、隣人までが責任対象になっています。

　これは、ひとつには市場化の進展によって生まれてきたものです。グローバルな市場の中で、商品が交換される時の品質保証は、当事者や政府だけではできない、専門家だけでもできない。全員が参与する形の文化、共同作業としての文化が求められて、オーディット文化が成立してきたのです。これによって、どんな人も、どんな組織も、説明する役割、受ける役割、評価する役割をさまざまな立場で果たすように要請されています。

　また、このオーディット文化は自己規律化と深く関わっています。自分で自分を監視し、客観的な基準で自己診断、自己評価し、他者に開示するように命じています。他者に向けて説明することは、自分で行為を律することです。また他者

への責任を果たしながら、同時にその他者にも「自己規律化しろ」という要請をしているのです。

　NPOにも、組織の運営や財務内容や会計報告など、いろいろな情報を公開するよう要請があります。それをやっているところは進んでいる、やっていないところは遅れているという論議が起き、遅れているところはそれを非常に気にしています。僕はいくつものNPOに関係していますが、理事会の中身は圧倒的にオーディットの話なのです。法律に適合しているか、説明責任を果たせているか、会計監査についても監査役が力を持ち始めています。透明性が高まるということは信頼性が高まるということで意義はあるのですが、説明責任の遂行は財政負担や業務負担を増大させ、経営を縛ってきていると思うのです。組織力の弱いNPOなどは、それが活動の妨げにもなっている。これが地殻変動を起こす力が弱まっている一因ではないかと思っています。

5.　疲弊するＮＰＯ

久住　NPOが本来持っていてほしい力というのは、地殻変動を起こすような社会変革の力だということですね。今の日本のNPOは、理念、理想を描き出すことについて、力が注がれていないということでしょうか。

播磨　理念の活動というものが弱まってきて、現実に追い抜かれてしまっているというのが現状ではないかと思います。

　また、オーディット文化では、自分の問題を自分で見つけて、目標設定して遂行し、評価し、説明するというテクノロジー（技術）が要求されます。問題解決型の思考が必要とされ、オーディットに長けた人材がテクノクラートとして大きな役割を果たすようになりました。

　問題はここにあるのです。理想や理念といったものが欠けている一方で、組織が「進んでいるか、遅れているか」という論理で人々を追い立てている。先行すること自体どんな意味があるのかということもあまりわからずに走っているだけなのです。展望なき行動主義ですね。そうしているうちに、社会の現実ははるか先へと進んでしまっている、そんな気分をみんなが持っている。

　目の前に起きている事象すらとらえることができなくなってきている。さらに、全体として何が問題なのかが見えなくなっている。だからNPOとして目標を設定しようがないと言うわけです。未来を取り逃がしたのではないか、大事なものを過去に失ってしまったのではないか、現在に追いつけないという感覚にさいな

まれている。こういうことが今、NPOで働いている人たちが持っている感情ではないかと思います。NPOの人たちは日夜頑張っているけれど、なかなか「あるべき私」になれないジレンマがあり、自己実現の実感をほとんど持っていない、ということが悩みなのではないでしょうか。

　お金のない問題は何とかしのげるけれど、精神的な部分がメルトダウンのような状況になってきていることがものすごく危機だと思うのです。この10年間、NPOにかけてきた人たちが、非常に深い疲弊感、失望感を持っているということのほうが、僕は心配なのです。

6.　現場と向き合うことからの発想

久住　どういうことが原因となって、現実と乖離し、オーディット文化のほうへ行ってしまうと思われますか。

播磨　NPOの世界では、本来は「まだ、ない」＝「Not yet」つまり「非決定」の部分がたくさんあるものです。しかし、それを測定したり評価したりする対象にしてしまって、とにかく「説明責任を果たせ」と言われている。

　こうした時に立ち戻るべきは、「問いの生成と展開」自体に価値を見つけるということです。遅れている進んでいるという志向や課題解決だけではなく、「理念や理想につながる問いの生成と展開に価値を見つける」ことを目指すことです。それで初めて、地殻変動につながるのです。

久住　播磨さんが大事にしてこられたことは、人の痛みの中に理想を見るといった力だと思いますが、そういう力を大事にしなくなったということでしょうか。

播磨　われわれにとって大事なのは現場です。目の前に不条理に苦しんでいる人たちがいるという現場から思考しているので、共感共苦のエネルギーは大きい。社会を変革するアイディアというのは、外国を見たからやる、といったことではない。現場の事態を読み取る目、聴きとる力、自分のものとする責任感、そして自己革新する力が求められるのです。また、思考というのは「溜め」がないと生まれてきません。溜める、ということが大事で、そこで思考を発酵させるのです。

7.　実践の知

久住　以前、NPOという言葉がアメリカから持ってこられた時に、播磨さんに「しばらくNPOと言う言葉を使うな。使わずにNPOの中身をきっちり考えて、調べて、

それを描け」と言われました。安易にそれに飛びついて、わかったような気になったらいけないのだと。

播磨　「アイディアを次々と出されるけれど、どこから出るのでしょう？」と、よく言われるのですが、新しい知というのは実態に向き合っている緊張感と集中力から出るものです。NPOの人たちは、今、現場に向き合っているように見えるけれど、実は向き合い方が浅いのではないかと思います。流行のようなものに流されてしまって走っている。

久住　3つのBのブレインの部分は、現場の実践の知だと思います。それが「たんぽぽ」の中には息づいていて、それを感じる人たちが敏感に集まってくるのでしょうね。

播磨　われわれは実践の知はありますが、それを共有するためには言語化しなければいけないわけです。ところが、言語化には実践者は弱い。実践を言語化するには、研究者、大学の先生などと出会うことによって、言語能力を蓄積していくことです。

8.　人を育てるのは「問い」

久住　播磨さんは人を育てていく達人だと思います。人を育てるポイントというのは、どのように考えていらっしゃいますか。

播磨　人を育てるポイントは「問い」です。問いを発して人を育てるのです。ありきたりのことをやっている時に、「そんなものでいいのか、もっと他の方法もあるのではないか」と問う。モデルを見せることではないのです。はじめは稚拙でも、いろいろな「問い」に出会うことによって人は変わっていきます。人を育てる製造者責任があるから、時々一緒にお酒を飲みながらその人をチェックしていますけれど(笑)。

久住　自分自身の中に問いが発せられるようになると、自律的に動いていくのですね。

播磨　先ほど言いました「問いの生成と展開」こそが、組織や人を育てる鍵なのです。問題解決のヒントを教えても、人は育ちません。むしろ「そういう問いの立て方でいいのか」と考えてみるきっかけをつくることが大事です。たとえばここにグラスがありますが、これに花を活けたら花瓶になります。水を捨てて鉛筆を立てれば鉛筆立てになります。1つのものに1つの用途しかない、ということではない、「知の移項」をしろというのです。

　知の移項というのは、別のところへ持って行けば、もっと違う知の使い道がたくさんあるということです。現代の人は1つのものは1つのことにしか使えないと思っている。ですから、知識を持っているけれど、あまり使っていない。いろいろな使い回しができるという柔軟性が大事なのです。

　僕は障害者のことをやっているから福祉の専門家だと思われますが、福祉など勉強をしたことがない門外漢です。しかし、人間とは何か、人間が生きるということはどういうことか、いろいろ考える中で、自分の知見を障害のある人たちに役立てているようなところがあるのです。たとえば、たんぽぽの家の中にアートセンターを作ったりしました。芸術と福祉を融合させる場です。それは、社会福祉を学んだ人には思いもつかないことなのです。

9. 関係性への気づき

久住　人間とは何か、生きるとは何かということは、今の世の中では深く考えられていません。逆にオーディット文化のように、あるいは問題解決型の促成型、先進型のようなところに行こうとすると、非常に上滑りなものになっていくのではないでしょうか。

播磨　この問いも、時代によって変わってきました。昔は「いかに生きるべきか」という問いが圧倒的でした。今は「生きているということはどういうことか」なのです。人間としての存在が揺らいでいる。生きているということはどういうことか、その鍵は他者との関係性の中にあると思うのです。障害のある人たちの自立を支援する運動をやってきましたが、「一人で自立する」ということはあり得ないのです。他者との豊かな関係性の中で自立があるのだということがわかってきました。ですから、関係性を結ぶということは今日の重要なテーマになっています。

　多くのNPOの人たちは自己実現をめざしていますが、それは自分探しになってしまっています。しかし、自己実現は実は他者がいて初めてできるのです。むしろ自己を社会化していくべきなのです。そういうことがわかると、ネットワークとかコミュニケーションがどんどん広がっていくのです。

10. 人間存在のゆらぎ

久住　障害のある人たちの自己表現がなかったとおっしゃっていましたが、それは他者に働きかける力が封じ込められていたということですね。障害のある人た

ちが自己主張するというのは、まさに他者と関わり合うことを意味する。その関係性の回復が、「わたぼうし音楽祭」の基本だった。それは、いかに生きるか、人間が生きるとはどういうことなのかということに全部つながっていくのですね。

播磨　つながっていきます。われわれも同じです。一人ひとりが「生きるとはどういうことか」という問いを発しながら、生きていかねばならない。どう他者と関係性を持つかということから生き方を見つけていくのです。

　今、世の中からよき生き方がなくなりつつあることと、他者への感受性が希薄になることとは裏腹ではないかと思うのです。

11. ソーシャル・インクルージョン

久住　ソーシャル・エクスクルージョンとソーシャル・インクルージョンについてお聞きしたいのですが。ソーシャル・エクスクルージョンという状況は、まさに関係性が断たれ、あるいは壊れて、個自身がメルトダウンしていくような状態ですね。

播磨　プロレタリア文学の小林多喜二の『蟹工船』がブームになっています。貧困の時代で、若者たちが飛びついたと言いますが、僕はちょっと違うのではないかと思っています。格差とか言われていますが、今の大きな時代の問題は「分断」だと思っています。国家と市場は、社会運営の効率を巡る論争をやっています。その中で、経済合理主義で効率だけを目指したために、分断が起こっているのです。人間と人間、人間と自然、人間と社会、人間と大いなる存在の間に分断が生じている。ここにいろいろな問題の源流があるというのが僕の考えです。社会の劣化やつながりの崩壊・解体、文化の劣悪化といったさまざまな問題は、分断から来ている。それをどうつなぎ直すのか、再生していくかということを考えなければいけない。

久住　播磨さんは分断を越えて、関係性を回復させ、個を自立させるとおっしゃっています。

播磨　われわれの戦略的アプローチはアートです。アートは人と人をつなぐ、人と場所をつなぐ、あるいは人が生きていくことを助ける役割を持っている。われわれは理念と価値を実現するプロジェクトをやってきていますが、そこに着眼して、エイブルアート・ムーブメントを始めたわけです。最初にやったのが、新しい視座で「障害者アート」を見直すという作業でした。そして、アートがケアにどう関われるかということを問うために、「アートミーツケア学会」を、大阪大学の鷲田清一先生と一緒に作りました。つまりハイブリッドな組み合わせをしたのです。

また、「インクルーシブ・デザイン」を展開しています。ユニバーサル・デザインは画一的な普遍主義ですが、インクルーシブ・デザインは、差異に敏感な普遍主義であり、一人ひとりの生に向き合うデザインです。そこでは障害のある人たちは実験の対象者ではなく、デザイナーと対等な共同者として扱われます。インクルーシブ・デザインを通して、共生社会を作っていくのだと考えています。

　「共に生きる」という理念から生まれた問いは進化して、さまざまな分野で展開ができるのです。

12.「市民研究」から形に

岸本(パブリックリソースセンター)　事業としての展開の部分、つまり実現化について、今やらなければならないことだとNPOの現場の人は思っています。人と人、あるいは異質なものをつなぎ合わせるようなダイナミックな展開をするために、必要なものは何でしょうか。

播磨　われわれは1999年から「ケアする人のケア研究所」を始めました。これは「市民研究」です。ケアする人のケアをするということが大事だというのは、みんな知っています。しかし誰も研究していない。どうやったらいい介護ができるかということについてはみんな関心が高いけれど、その介護をしている人をどうケアしたらいいかということについては、あまり重要視していませんでした。われわれはそこに着眼したのです。市民研究として自己資金を投入して行いました。

　現在、事業として形になっているのは、1つはセミナーです。住友生命社会福祉事業団と共催で「ケアする人のケア」セミナーで全国を回っています。専門家、地域でケア事業に関わっている人、家族介護をしている人などいろいろな人が集まって、知の共有をするのです。もう1つは医療介護の情報を1冊の本にして、1万部無料配布しています。これは「支え合う地域づくり」に協賛した人たちの広告でまかなわれています。99年からの研究がようやく事業になりつつあります。

岸本　積み上げながら形にしていくということですね。

播磨　まず小実験をして、そこで見たいろいろなものを分析し、どのように次に生かしていくかを考えてプロジェクトを組み立てるのです。

13.「他者の夢」に賭ける

岸本　いろいろなことにチャレンジして、失敗なさったことはありますか。

播磨　最初はほとんどが失敗です。しかし、学べるのは失敗からです。若い人に言うのですが、失敗してもいい。いいけれど、その失敗をどう分析して何を学ぶのか、そこから組み立て直してほしい。「ロマンティシズムを追求しながらリアリズムに徹する」ことが事業化に必要ではないでしょうか。

田島（パブリックリソースセンター）　若い世代は失敗してはいけない、一歩レールから落ちてしまうと何があるか分からないという不安の中で、無難に過ごせる道を必死に歩むところがあります。そういう中で、新しい一歩がなかなか踏み出せずにいる状況をどう打破したらいいでしょうか。

播磨　若い時は失敗しても許してもらえます。こんな年になると「いい年をして」と言われるのですから。若い時には失敗したほうがいい、思い切ってやったほうがいい。ただ、学び方が大切です。失敗して落ち込むだけでなく、なぜこんな失敗をしてしまったのかということを分析して、個人はもちろん組織の中にデータを共有することです。

　昔、京都の木屋町の飲み屋のテレビでゴルフの放送をやっていて、プロゴルファーの青木功が打っていました。僕は訳知り顔で「どこかの雑誌で、青木が『勘は天性だ』と言っていたけれど、そういうものかな。僕は天性の勘がないからな」と話をしていたら、隣に座っていた人が「それは違う。勘は失敗の蓄積だ。情報の蓄積だ」と言うのです。名刺交換をしたら、国立民族学博物館で言語学の研究をしている人でした。飲み屋でも学べるのです（笑）。

　人間というのは、自分で何かをしようと思わなければ、何もしない存在です。何でもいいから、やってみることが大事です。自分の夢を実現することも大事ですが、僕のように他者の夢の中に自分の夢を実現するというやり方もあります。自分の夢を実現するためだと、自己満足に終わったり、自分だけの充足感で終わってしまうけれど、他者の夢は無限です。そんな他者の夢を実現するために、自分の持っている知識や技術を役立てることができると思ったら、ものすごくやる気が出てきます。力が出るのです。

　とりあえず何かやってみる。できれば、他人の喜んでいる顔を思い浮かべながら、他人に関わっていくことがいいのではないかと思います。

14.　クリエイティビティの基本

久住　コンサルタントや NPO 支援センターのスタッフたちは、どういう心構えを持って NPO と向き合わなければいけないのかという点についてはいかがでしょ

うか。

播磨　大事なことは弱い側に身を置くということです。僕は「他者の苦痛へのまなざしを持て」と言います。他者というのは人間だけではなく、異文化、動植物、自然を含めた環境もそうです。他者に対して自分たちが一方的に助けてやる、ということではなく、どういうまなざしを共有できるのかというところがとても大事な点です。

　具体的な方法として3つあります。「異なったものからどう学ぶか」「異なったものへどう持ち込むか」「異なったものをどう組み合わせるか」。これがクリエイティビティ(創造性)の基本です。

　現実の社会でいろいろな苦しみや悲しみを抱えている人たちがたくさんいて、その人たちの生を目を凝らして見ていると、共感共苦が生まれ、それらに打ち勝つ知が湧き出てきます。「異なったものに」ということは、比較するということです。比較するということは考えるということです。似たもの同士を組み合わせてもクリエイティビティは生まれない。まったく離れたものを組み合わせることによって独創的なものが生まれます。「え？こんなもの同士がどうして結びつくのか」と。

　僕がなぜ日本ボランティア学会やアートミーツケア学会を作ったのかというと、研究者と実践者に、知のスクランブルをさせなければいけないと思っているからです。現代の閉塞状況を見通す「横断する知」です。こうしないとクリエイティビティは出てこないのです。

　この「横断する知」が、今 NPO に求められているのです。NPO も、今は専門性を持ったものが増えてきているけれど、それを異分野につなげていく、異分野と組んでいくことをやらないと、地殻変動は起こらないのです。

15.　教養、想像力、感性

田島　これから NPO に関わるコンサルタントを目指す人たちで、現場から離れていて、弱い側に身を置くと言われてもなかなか実感できない人たちは、どこにそのアンテナを持てるようにしたらいいのでしょうか。

播磨　ひとえに「教養」です。「リベラルアーツ」（※編者注「人を自由にする学問」)、それを身につけないといけないと思います。教養とは何かというと、人の心がわかる心です。人の心をわかる心を育てる学問が、リベラルアーツです。人の痛み、悲しみを読み取れる感性がないといけない。

　僕が運動を始めた初期の頃、障害のある子どもの親御さんからよく言われた言葉があります。「あなたは障害のある子を持っていないから、親の苦しみはわからない」。また、障害のある人からは「あなたは健常者だから、障害のある人の苦しみはわからないでしょう」と言われていました。しかし、僕には想像力とか、感受性があるのです。「他者の苦痛へのまなざし」と言いましたが、“まなざし”とは想像力と優しさのことです。

16. 役割をせん定（剪定）するリーダーの判断

田口　播磨さんは、いろいろな方とお付き合いがあって、さまざまな問題が見えていると思います。その中でどのように優先順位を置いているのでしょうか。

播磨　「偶然性」というものを大事にしています。しかし、漫然としていて、いい偶然に出会えるわけではありません。やはり必然がないといい偶然は来ません。

　たとえば、いろいろな人に会って、話しているうちに、響き合う人がいます。響いたら、すぐに「組む」ことです。すぐに組まないとチャンスは逃げてしまいます。「では、いずれまた」ということではだめなのです。「この人のこういう思いと自分の思いが組んだら、どんなすごいことが起こるのだろう」と思うわけです。うまくいく場合もあるけれど、いかない場合もある。けれども、「偶然性」の持つ不思議な力に賭けているところがあります。

　優先順位ということでは、樹木にたとえれば、枝葉が張りすぎたら幹は枯れてしまうから、どこを枝打ちするか、これがリーダーの一番考えるべきことなのです。「剪定」を覚えておかなければいけない。すでに他人がやり始めていることは、その人に任せる。われわれはまだ人がやっていないことをやっていくのです。われわれのところは人も少ないし、お金もない、限られた組織ですから、全部はできません。もう役割を終わった枝は剪定して、次のことをやっていき、他の枝葉が広がるようにするのです。ところが、われわれには何でもかんでも抱え込んでしまう傾向があって、昔からやっていることが捨てられないために、どんどん体力を弱めているのです。役割が終わったものは捨て、次の役割に向かっていくという判断が大事です。

　その判断には、時代のセンスが大事です。よくスタッフに言うのは、ニーズに対応することは現場の鉄則だけれど、「ニーズの先にあるものを考えろ」ということです。それを絶えず意識していないといけない。現場は状況対応になりがちで、それに終始してしまいがちですが、その間に、時代は1ページも2ページも先に

行ってしまう。「ニーズの先を読め」。そのためには時代を読み解く力を鍛えておくことが大事だと思います。

　そういう力がどこで鍛えられるのかというと、文化や芸術です。僕は映画が好きで、よく見に行きます。映画というのは時代に敏感で、時代の空気を反映しています。こういうものの見方や考え方や感じ方があるのか、と読み解くことで、センスが磨かれていくのです。

　いつも大事な真理は中心ではなく周辺にあるのです。地方に行くと時代や日本社会がよく見える。地方の人と話をして、何をやろうとしているのかと聞き役になる。そうすると、東京とは違うものの見方が学べるのです。

17.　ＮＰＯに期待される新しい社会モデルと労働観

岸本　もう1つだけうかがいます。お話は、NPO が元気がないというところから始まりました。元気を出すためには何が必要でしょうか。

播磨　NPO は基本的に個人の関心事からスタートしていることが多いのですが、もっと社会化していかなければいけないと思います。その辺が今の日本の NPO は弱い。

　今、改めて「社会的」とは何かと考える時代が来ていると思います。社会化した資本主義が再生されないと、これからは難しいだろうと思います。「社会」といっても、個人の私生活まで管理していくような社会主義ではない。しかし、市場原理に任せるままでいいのか。そうではないだろう。そういう問題意識を絶えず問うていかなければいけないと思っています。

　そうした問題意識に立って、NPO が思い切って実験して、来たるべき社会の新しいモデルを見せてほしい。そのためには時流に押し流されている動きを止め、内部にあるエネルギーを汲み上げ、理念や理想を追求することです。

岸本　エイブルアート・カンパニーでは、マーケットというものが付いてきます。今の社会的事業という言葉についての期待などはありますか。

播磨　アートと経済がどう結びつくか。これまでは、いわゆる投機型経済を目指していましたが、それはバブルがはじけたら、もうだめなのです。われわれは違う考え方で、アートを生かした新しい働き方を追求しています。

　日本人の労働観というのは昔から変わっていないのではないかと考えています。石川啄木の「働けど働けど猶我が暮らし楽にならざりじっと手を見る」。この労働観を日本人はずっと持っています。日本人は豊かさへの思いが低いのだと思

う。豊かになるための労働観に変えなければいけない。

　東北の農民歌人の歌があります。「あしびきの山の草木を友として働きつつ遊びけるかな」。働きながら遊ぶ、こういう労働観にならないと、豊かな生き方はできない。しかし、それはなかなかわれわれもできない。だからまず、障害のある人を支援してアートで豊かになってもらう。「働きながら遊ぶ、遊びながら働く」、そういうことがアートはできるのです。このように日本人の価値観を変えなければいけない。まず障害のある人にそのようになってもらう。われわれはそのあとをついて行こうというのがエイブルアート・カンパニーの野心です。

久住　かつて播磨さんに、「NPOを日本の中に根付かせるには、日本の中にそういう芽をしっかり見つけ出せ」と言われました。それは、促成型の問題解決型の思考ではなく、やはり自分の中に「NPOとは何か」という問いをしっかり持てということだったことを、改めて思いました。やはり思考の「溜め」をしないといけない。分かったような気になってはいけない。もう一度問い直すことを改めて教わった感じがしました。

　ありがとうございました。

第2章

社会変革とソーシャルビジネス

語り手：佐野章二

┤ キーワード ├

①**まちづくり**：急激に都市化した1960年代には、インフラや社会サービスが追いつかず、行政に要求したり、自分たちで工夫して解決しようと市民が運動を起こした。

②**シビック・トラスト**：日常的に参加しても疲れないでまちづくりを実現するための仕組みで、寄付など市民自らの資金の仕組みも用意する。

③**市民公益活動**：まちづくりに欠かせない市民活動をソーシャライズするため、市民公益活動という概念をつくり、NIRAからの受託で調査研究を実施した。

④**非営利セクター**：政府・行政セクター、企業などの民間営利セクターとは異なる第3のセクターを確立するため、NPO法が必要だと考えた。法は1998年に成立。

⑤**ＮＰＯの血液**：NPOのボディ（組織）はできたが、活動するための資金＝血液（ブラッド）を還流する仕組みが足りない。

⑥**ビッグイシュー**：イギリス発祥で、自立への仕事として、ホームレスしか販売できない雑誌「ビッグイシュー」を発行、応援する会社を日本で設立した。

⑦**ソーシャルビジネス**：社会問題をビジネスの手法で解決しようとするものだが、市民参加などのNPO的価値を抜きにして成立しない。

⑧**市民研究**：社会問題の解決は、当事者となった市民によるしかなく、市民自身の研究とその仕組み。シチズンワークスは市民研究の仕組みで、ビッグイシューもそこから生まれた。

⑨**社会のエッジ**：社会のエッジには様々な問題があり、その解決のために、当事者とコンタクトし、方法を考えることはNPOの重要な役割である。

佐野　章二(さの　しょうじ)　有限会社ビッグイシュー　日本共同代表

1. 暮らしの必要から活動が始まる

久住　佐野さんは、まちづくり、シビック・トラストなど、40年間で22の団体を作って、さまざまな市民活動を仕掛けてこられました。活動を始められたきっかけについてお話しください。

佐野　学生運動や、それ以前の高校生のときにさかのぼれば、また、いろいろあるのですが、家庭を持ったことがスタートになっています。

　結婚したのは1966年で、日本の社会が高度成長で激動している時代です。地方から都市に人が移動して人口が急増し、人口増に都市の整備がなかなか追いつかない状況でした。

　長男が生まれたのは68年でしたが、妻も働いていたので、保育の問題に迫られました。しかし、手近に保育所がない。そこで、生まれてきた子どものための保育所をつくることにしたのです。つくらないと、どちらかが仕事を辞めなければいけないわけです。

　僕らが住んでいた新金岡団地（大阪府堺市）の一室に無認可の共同保育所をつくって、それを公立の保育所建設運動の拠点にしました。供給公社からは目的外使用と訴えられるのですが、だったら団地を整備するときに保育所をつくるべきだったでしょう。それは広い意味でいうと、都市開発や地域づくりをどうしていくのかということです。

　僕らが住んでいた団地は1万戸、3万人規模でしたが、3万人の暮らしを支えるショッピング施設や保育所などがない。しかし、保育所について市に申し入れても、堺市の行政の意識は、「新住民がまた文句を言いに来た」なのです。次には、「団地開発のときに府や公社がやっておくべきだった」と、行政間の責任転嫁。その実態が見えてくるわけです。

　そうした自分の暮らしの必要から活動を始めました。つまり動機は「利己」なのです。利己を追求していく延長で、地域の住宅地開発の問題、それをめぐる市政の問題、統治の問題が見えてきた。それらの問題をどうにかしたいと、月刊のミニコミ「こんにちは！新聞」を創刊してキャンペーンをしたり、自分たちの代表として「非所属」の議員を市議会に送りました。無所属ではなく、こう呼んでいました。また、汚職問題が頻発していた堺市に、議員と市長の資産公開を求め、いわゆる政治倫理条例の制定を直接請求の運動として行いました。資産公開法の制定は、国に10年先駆けたものです。

久住　利己の延長で、地域や社会の問題が見えてくる。とはいえ、佐野さん流に

いえば利己なのですが、自分だけの利己ではないですね。

佐野　利己という場合、僕個人を原点にした、娘や息子を含む家族の世界です。子育ての環境をよくするには地域社会の理解も得なければいけない。また、同じ悩みを抱えている人も地域に多くいる。だから新聞を出し、仲間と一緒にやっていく。そのようにして広がっていきます。

　人間は 1 人では生きられない。誰かとつながって生きている。そういう存在だというのは、普通の人間として家庭をつくって真面目に暮らしていこうとしたら誰でもわかる。人とつながらないと生きられない。そういう利己ですね。

2.　暮らしに根ざしたまちづくり

久住　続いて、まちづくり、市民活動へと展開されるわけですね。

佐野　1970 年代は、都市科学研究所という、まちづくりのシンクタンクに勤めて、調査やプランニングの仕事をしていました。保育所の運動をしたり、議員を出したり、ミニコミを出すのも、まちづくりといえばまちづくりですが、そういうことを土台にしてこれを仕事としてやってみようと考えて、いろいろなまちづくりに関わりました。

　そこで市民活動が出てきます。僕は、「まちづくり」、「町づくり」、「街づくり」を使い分けていました。保育所の運動やミニコミを出すのは「まちづくり」。地域づくりというニュアンスで、行政とのかかわりもでてくる。その延長ですが、ネットワークを組んで暮らしに根ざす形でまちをつくっていくのは「町づくり」。そして、道路や施設などハードのまちづくりは「街づくり」です。僕は「まちづくり」を通して、「町づくり」は誰かがやらないといけない、と考えました。昔の都市計画は土木工学、建築学の分野、または経済の計画までしかなかったのです。土木でもない建築でもない経済でもない、暮らしに根差した「町づくり」をやらないといけないと考えたのです。

　1969 年に地方自治法が改正され、各市町村はまちづくりのマスタープラン(基本構想)をつくることが法律で決められました。では、それは誰がつくるのか。もちろんハード系の人たちも経済系の人たちも関わったのですが、もっと生活に根ざした形でやる人がいなかったのです。それをやっていたところが、僕が勤めたシンクタンクだったのです。

　まちづくりのプランは 4 つのタイプがあります。1 つは、コマンド・プランニング(執行計画)。これは行政が主体になって執行するための計画です。2 つ目は、

パーティシパント・プランニング(参加計画)。主体は行政で、そこに住民も参加させていただくという意味です。3つ目は、コー・プランニング(共同計画)。行政も市民も対等な立場でやっていくタイプの計画です。例えば10年先を見越して、人口をどうするか、土地利用をどうするか、福祉をどうするか、というマスタープランです。4つ目は、行政と住民の協定としての計画です(協定計画)。

　僕は、4つ目のタイプのまちづくりプランをつくっていました。できたプランは、行政と住民がまちづくりをしていく上での協定なのだというタイプの計画づくりです。そうなると、市民の存在が前提となる。けれども市民参画といっても、町内会のような伝統的な組織は、プランをつくるところまでは顔を出しますが、高齢化していることもあって、それをフォローしていくことができないのです。そのため、JCや市民活動の走りみたいなものを掘り起こしながら若い人をどんどん入れていかないと、最終的には行政がやりたいようにやってしまい、計画が生きない。

　まちづくりを生き生きしたものにしていくためには、市民活動は不可欠だ。市民活動に目を向けていかないと、いわゆる協定としてのまちづくりプランは機能しないし、行政とのバランスが取れない。そういうことから、仕事のなかでも市民活動に関心を持っていったのです。

3．疲れずに活動を続けられる仕組みづくり

久住　その次が、シビック・トラストですね。

佐野　そうです。行政は仕事としてまちづくりをやっているからいいのですが、若い市民の人たちに関わってもらうと、5年もしたら、みんな疲れてくたくたになるのです。10年もやったら、ぼろぼろです。こんなことをさせていていいのだろうか、という問題意識から、参加していく人たちが疲れずに活動を続けていく仕組みをつくらないといけないと考えました。

　イギリスには、各地に「アメニティ・ソサエティ」があります。まちを住みやすくしたり景観保全をしたりするもので、行政はアメニティ・ソサエティの了解がないと新たな開発もできないのです。そのアメニティ・ソサエティを参考にして、疲れないまちづくりのための市民参画の仕組み、市民が「イエス」といわないとまちづくりが進まない、それが美しいまちづくりにつながっていく、そういう仕組みづくりとしてシビック・トラストを考えたのです。それに加えて、お金の仕組みです。行政からのお金ではなくて、市民自らが計画や活動をし、それを支えら

れるトラストファンドです。

　シビック・トラストの主眼は、市民が住んでいる地域の「当事者」として、まちに誇りを持てるという仕組みです。また、日常的に暮らしている人たちが参加して疲れないということです。

4. 調査研究から仕掛ける

久住　佐野さんは市民活動を NPO 法人制度という社会システムとして定着させる活動に入りました。

佐野　市民が疲れない市民活動の仕組みとしてのシビック・トラストを考え、まちづくりをやる中で行政とのバランスを取る市民活動の掘り起こしをした。この両方を社会の中に組み込むことができるか、不可欠なものにできるか。言い換えると、社会システムのなかに市民活動をどう組み入れていくのか。そういう問題意識が NPO につながりました。

　NIRA（総合研究開発機構）の委託を受けて「市民公益活動の基盤整備に関する研究」をやっていた頃は、市民活動は数百というオーダーで目に見えるものでしたが、まずは、市民活動は社会の公益を担うものだということを明確にしなければいけないので、「市民」と「活動」の間に「公益」という言葉を挟んで、「市民公益活動」という概念をつくりました。

　その頃、ミニコミがあちこちでつくられていて、平凡社から住民図書館編集の『ミニコミ総目録』が出されました。それから『女のネットワーキング』など、いろいろなダイレクトリー（団体名鑑）も出ていました。僕が保育所の活動をやったように、それぞれが自分の必要にかられて様々な活動をやっていたのです。それらを分類、整理してこんなに市民活動があるのだということを見せなければいけない。市民活動は市民公益活動なのだということと、市民活動の数の多さを示し、それは一体何であるのかということをソーシャライズ（社会化）したいという思いがありました。また、イギリスやアメリカなど海外の動向とクロスさせる形でも見せようと考えました。この調査研究そのものをオーソライズするために、経団連の専務理事や学界の重鎮を委員にして誰にも文句を言わせないような仕掛けをつくり、調査をしました。

　それが非常に反響を呼んだのです。報告書『市民公益活動の基盤整備に関する調査研究』は5000部売れたという話もあるようです。NIRA としても無視できなくなって、パート2の『市民公益活動の促進に関する法と制度のあり方』につながっ

ていきます。

　とにかくこんなに市民活動があるのだと見せようとしたことで、市民活動を
やっている人たちにも読まれる報告書になったといえます。待ち望んでいた人た
ちがいたのです。

久住　なぜ待ち望んでいたのか、何を待ち望んでいたのでしょうか。

佐野　僕らが調査研究したのは、1990年代前半です。

　1980年代後半は、例えばシビック・トラストという仕組みをつくり、そのファ
ンドを設立し、そこに市民が寄付していこうと考えていました。しかし世の中は、
NTTの株がどんどん上がり、主婦が札束を握って株を買いに走るというバブルの
時代でした。それを見ていたら、自分たちは何をやっているのだと無力感にとら
われた。そういう世相でした。バブルのときは、みんな社会のことなど考えない。
ましてや、市民活動やNPOのことは考えない。

　けれども、そのバブルが91年、92年にはじけました。市民活動への注目はそ
の衝撃が背景にあります。また、市民活動をやっている人たちも、バブルの時代
は無力感を持っていたけれども、はじけてからは自分たちで何かやらなければい
けない、という思いが大きくなったと思います。

5.　運動を制度提案に結実させる

久住　市民活動を社会システムとして組み込むというのを、もうちょっとかみ砕
くとどんなことになりますか。

佐野　3つのセクター論があります。政府・行政セクターと民間営利（企業）セク
ターと、第3に民間の非営利セクター、NPOがあるという議論です。

　1960年代後半から70年代後半は、政党は自分たちの利権や党派利益しか考えず、
行政はそういう人たちに振り回されていた。例えばまちづくりでも、市民は不満
があれば自分たちで活動するしかない。しかし、市民が行政に対抗できるような
強力で恒常的な活動を続けていくのは大変なことです。

　そこで、NPOの仕組みで市民活動を第3の社会のシステムとして組み立てて、
ビルトインしていく必要を訴えたわけです。それによって非営利セクターを政府
や企業のセクターと並び立つような確固たるものとしたいと企てたのです。

久住　この報告書『市民公益活動の基盤整備に関する調査研究』がもとになって、
NPOの法制化への準備が始まったといえますね。

佐野　ただ、NIRAの調査で欠落していたものがあります。NPOへの資金の還流

をどうしていくのかという議論です。アメリカには金融機関が立地している地域で活動しているときには、そこが扱っている投融資の資金量の一定割合を地域に投融資しなければならないという法律(CRA)があります。例えば、そういうものとセットにしないといけないのではないかということです。メンバーであった経団連の人には「佐野さん、そこまで言うか。NPOの法制度をつくるだけでも大変だよ」と言われました(笑)。山岡義典(現在、特定非営利活動法人日本NPOセンター代表理事)さんも、「NPOの制度だけでも官庁革命だよ」と言うのです。資金がないと、いくら制度ができても機能しない。しばし議論があったのですが、まず制度をつくろうと妥協して進めていきました。

　本来は第3のセクターにふさわしい資金の流れやデザイン、資金計画をつくらなければいけないのに、全く欠落していた。それがこの作業の限界でした。

久住　当時、法制度ができるのには相当時間がかかるだろうと見ていたのですが、報告書が出てからわずか数年後でした。

佐野　僕らも、20世紀末もしくは21世紀初頭には実現したいと思っていました。この作業をやったのは1992年だから、準備も含めたら10年弱かかるだろうという感じでした。ところが、NPO法ができたのは1998年12月です。

　つらい話ですが、阪神淡路の大震災が起きて、それが追い風になった。阪神淡路大震災は未曾有の大地震で、政府自身の対応も後手に回ってしまった。このときボランティアが現地に殺到し、また、救援資金(寄付)は一説には1700億円といわれ、今、NPOに最低でもそれぐらいの金を回すべきだと思っていますが、大変な寄付も集まりました。そのようにボランティアがめざましい活躍をしたことが追い風になって、震災から3年後の1998年にNPO法ができたわけです。震災時の村山内閣の官房長官(五十嵐広三氏)が、「ボランティアの法制化をします」と言いました。当時は、ボランタリー組織とボランティアとがごっちゃになっていたのですが、わからないけれども何かしないといけないというコメントが発せられ、ではそれは何か？、それはNPOであるということで、法制化が早まったのです。

6.　NPOの現状を評価する

久住　法律ができて、NPOあるいは市民公益活動がソーシャライズされて、法制度の枠組みができたわけですね。それからおよそ10年経って、当初ねらっていた、他のセクターと並び立つような民間非営利のセクターがどうできあがってきたのか。セクターとして担うべき役割を今のNPOが果たせているか。振り返ってみて、

どうでしょうか。

佐野　現在は NPO 法ができて 10 年、そして公益法人制度の改革にまで至ったでしょう。先ほど、資金の仕組み不在の限界を指摘したのですが、制度面からは公益法人制度も抜本的に改革しなければいけないというところまで玉突きみたいにいったのは、高く高く評価されるべきだと思います。

　けれども、地域社会の実態を見たときに、NPO が地域社会で一定のポジションを占めて活躍しているか。僕が見る限りでは、地域の中で NPO が不可欠な要素になっているという位置づけは誰も疑わなくなりましたが、位置づけはあるけれども実態が伴わないという状況ではないかと思います。それは、実弾＝資金がないからです。僕はあちこちで「(NPO 制度は)血液なき肉体をつくった」と言って反省しています。ボディー＝組織・仕組みはつくったけれども、血液＝資金がないのです。だから社会の隅々まで根を張っていくことには、なかなかならない。

　NPO 法は、人々の意識を変えた、あるいは、それが当たり前になったという意味では、目的の 5 割近くはいったと思います。人間の活動はよくも悪くも現金なもので、資金が伴えば飛躍的に 6 割でも 7 割でもいったと思います。

久住　地域社会を支える実態があるかないかというところに佐野さんの判断基準が設定されるのでしょうね。

佐野　当然そうです。今、地域に NPO 支援センターはあるけれども、実力ある NPO が少ない。僕とすれば、NPO の出来が悪くても(笑)、自分が誕生に関わらせていただいたものについては責任もあるし、かわいいという思いがすごくあります。各地の NPO センターは息も絶え絶えの状況だと聞きます。何とかしないといけないですね。それは資金の問題に尽きると僕は思っています。

　今、100 年に 1 度という金融恐慌が発生しています(2009 年現在)。今こそ、社会の第 3 のセクターとしての NPO にどうお金を流したらいいのかデザインすべきときではないかと思います。「いや、ばらまきになったら、かえってマイナスだ」という意見もあります。お金を使うプログラムオフィサーがいないところにお金がいったら、まずい使い方をされるというわけです。しかし、プログラムオフィサーが育っていないならば、作ったらいい。全都道府県に 3 人配置するとすれば 150 人で足ります。1 人 1 千万円の人件費を払ってもたった 15 億円です。また、NPO は派遣切りにあった人々の雇用の受け皿になるべきです。

岸本　資金還流システムについて、今、考えていることがありますか。

佐野　4 つぐらいのレベルがあります。1 つ目は、僕が保育所の運動をやっていたような、地域のレベルです。こうした活動にはみんなが自主的に資金を出し合っ

たらいいのです。2つ目は、小さい地域コミュニティを超えるレベルで、NPOや
コミュニティビジネスに流れる資金です。多様なソーシャルファンドが考えられ
ます。3つ目は、社会全体のレベルです。社会的な金融政策のレベルで資金をデ
ザインする。例えば先ほどのCRAなど法制度をつくって資金を流す。数千億円
の規模のナショナルサービスファンドが考えられます。4つ目は、グローバルを
にらんだ国土レベル。4つのレベルでお金を流して、市民や市民セクターを強く
していくという形です。

7. 社会変化を読む

岸本　NPO法をつくろうと思ったときと『ビッグイシュー』（編集者注、ホームレ
スが販売し収入を得ることを目的に刊行されている冊子。イギリス発祥、日本版は2003
年より）をやろうと思われたときは、社会の状況がかなり違うのではないでしょう
か。

佐野　90年代後半は、震災の追い風もあって、NPOや市民活動を社会の制度の
中にインボルブするということでした。その頃と、2000年になって『ビッグイ
シュー』をやるときは、断絶というほどではないけれども大きな違いがありまし
た。特に雇用の問題はどんどん悪くなってしまって、ホームレスが大きな問題と
なっているのに誰も手を出さない状況があった。

　ホームレスの問題は官も企業も責任があるのに、放置しているから、市民がや
るしかなかった。彼らホームレスの人のために仕事をつくるなんていうことは、
十年一日の官には期待できない。また、企業は彼らのクビを切ってしまったわけ
だから、仕事を創れといっても同義反復みたいな話です。従って、市民のイニシ
アティブで、社会の最も深刻な貧困問題の象徴でもあるホームレスの問題、社会
問題の解決にチャレンジをすることになった。イニシアティブを言い換えると、
市民が協働して社会問題への解決に乗り出すことだと思うのです。そんな時代に
なったということです。

　そのときに、ここが重要なのですが、NPOが駄目だからビジネスカンパニーで、
とは考えてはいません。NPOでもいい、会社でもいい、形は何でもいいのです。
ただ、事業によりNPOでやった方がいいのか会社の方が向いているのか、とい
う判断はあります。

　僕らが今回ビッグイシューを会社の形でやろうとしたのは、NPOが駄目だから
ということではなく、ホームレスの仕事をつくるためには、事業として大々的に

展開しなければいけない、事業性に賭けなくてはいけない、というのが１つです。それから、今、情報化で社会のスピードがめちゃくちゃ速くなっています。雑誌をつくるのだから、スピード、機動性がいるというのが２つ目です。そして３つ目は、結果が問われます。つまり会社だから利益を出さなければいけない。利益を出さなかったら倒産します。

　これに対しNPOは、社会的必要性、社会的正当性、公共性の３つを高々と掲げてやればいい。ビッグイシューについても、そういうやり方ができないかといったら、もちろんできるわけです。けれども、それを事業として継続的に成り立たせていくという観点から会社という形がベターだと選択したにすぎません。

久住　スピードと、結果を出すという部分を会社という組織でやったということですね。

佐野　そうです。事業性だけだったら、事業型NPOもある。しかし、「スピード」と「機動性」と「結果を出す」仕組みとしてNPOは弱いのかもしれないと思います。

　ビッグイシューは事業性を前面に出して展開することにした。また、スピード、機動性、さらにビジネスは赤字続きだったら倒産するので、結果を出さなければいけない。それらに賭けたということです。

8. ＮＰＯの価値とは何か？

久住　ではNPOの価値はどういうところにあるのでしょうか。

佐野　NPOが持っている価値は３つあると思っています。

　第１に、人々が協働して社会問題の解決にあたるための組織だということ。それを体現しているのがNPOの世界だと思うのです。企業には、市民が協働するというイメージはありません。NPOには市民の協働を促すという価値があります。

　２つ目に、個人が参加することで、自分は社会のメンバーであり、社会に問題があるときにそれを解決する当事者なのだという、当事者意識を持った個人をつくること。当事者型の市民を形成するという価値ですね。

　それから先ほどの３つのセクターと関連して、あえて過去・未来・現在と対応させると、いささか機械的ですが、行政は過去を、企業は現在を、そしてNPOは未来を担当するともいえます。未知の課題に新しい方法を考えながらチャレンジしていくという意味で、未来を担うというのがNPOの３つ目の価値です。

　だからNPOの時代は終わった、これからはソーシャルビジネスの時代だという議論は、「冗談じゃない」、「間違っている」と言いたい。

久住　「違う」というのは。

佐野　ソーシャルビジネスがNPOにとってかわるのではなく、「NPOがあって初めてソーシャルビジネスがあるのだ」と言っているのです。

　利益追求が目的であるビジネスと社会問題の解決は矛盾することが多い。その2つの間に、市民が協働して社会の問題を解決するということを挟まないと、つながらないでしょう。利益追求と社会問題の解決を、矛盾や対立ではなくて調和させる。調和させるのがNPO的価値なのです。それを抜きに両者の両立は議論できない。でないと時代を10年ぐらい過去に戻すことになってしまいます。これだけはどうしても避けたいのです。

9.　事業を通じ無から有を生む

久住　社会問題を、ビジネス的手法もしくはビジネスによって解決できるというのはなぜなのでしょうか。あるいは、どうしてそれができると思われるのでしょうか。

佐野　僕は「ビジネス的手法」であって、「ビジネス」が解決できるとは思っていません。

　事業にはリスクがあります。絶対に成功する事業はないし、起業も「千三つ」という言葉があるように、非常にリスクがあります。「ビジネス的手法」を使うことの本質的価値とは、事業のもつ活動性にあると思います。

　ハンナ・アレントというユダヤ人女性の政治哲学者は、人間の活動には3つあると言っています。労働と仕事と活動です。労働はレイバー（labor）、仕事はワーク（work）です。ワークはレイバーとどう違うかというと、レイバーは強制された作業である。これに対して、ワークはたとえば職人の仕事のように、こういう形をつくらなければいけないという結果に縛られているけれども「心を込められる」ものである。それがワークです。活動はアクション（action）です。アクションは結果にすら縛られない。そういう意味での活動性です。もっというと、運動性です。それは「失敗する」自由性かもしれないとも言えます。

　つまり無から有を生む運動性が事業にあると思うのです。そういう意味で、NPOではなくてビジネスカンパニーを使ったのです。たくさん儲けなければいけないという事業性もありますが、事業の本質的価値は無から有を生む運動性にあると僕は考えます。

10.　ソーシャルビジネスは市民参加を誘発する

佐野　ソーシャルビジネスはどのように社会変革を実現できるのか。ビッグイシューに引き寄せた見方ですが、ソーシャルビジネスが社会を変えてしまったらそれは大変なことになってしまいます。社会変革というよりも、むしろ体制・社会に欠けているものを補うのがソーシャルビジネスの事業だと考えます。

　ただ、ソーシャルビジネスは、体制に欠けているところを補うことを通して、体制が持っている問題性や無効性を誰の目にも明らかにします。そして、理念や理屈ではない、具体的なビジネスという形で、大量の市民の参加を誘発します。市場を通した市民参加によって社会の意識を変え、人を育て、確実に部分的な社会システムを変えていくという価値を持っている。それは全面的に体制を変えることにはならない。けれども、これまでとの違いはといえば、スピーディな実践性にあります。また、新たな NPO 組織を生む母体にもなる。それがソーシャルビジネスだと思っています。

久住　機動性とか、結果を出すために、会社という形でビジネス的手法を使っているわけですね。あくまで手法であって、主たる目的は、まさに社会問題の解決を市民が協働でやるというところに力点があるのですね。

佐野　そうです。方法は NPO であっても企業であっても、誰であっても構わない。

　ビッグイシューの組織は、今、正規の職員 13、4 人、パート 6、7 人で、20 人ぐらいの有給スタッフがいます。ボランティアはその 10 倍、200 人以上います。ハイブリッド組織ですね。

　東京と大阪でボランティアとして関わってくれる人たちのほか、札幌、仙台、名古屋、福岡などで、例えば地方販売組織ビッグイシュー札幌やビッグイシュー福岡サポーターズなどは、読むだけに止まらず、ホームレス販売者を探してきて売ってもらい、支援もするという、読者によるボランタリーな動きに支えられています。1 冊 300 円のうち、会社側の取り分である 140 円、彼らにはその 1 割、14 円を手数料として払うだけです。ボランティアにも参加してもらって、社会問題の解決を市民が協働でやるという形です。

久住　ソーシャルビジネスを目指したいとか、ビジネスと社会問題解決をミックスしたい、儲けながら社会問題もやりたいという話を聞きます。そうした話にどのような感想をお持ちですか。

佐野　ミックスされた、いいビジネスプランをつくって、そのプランに従っていけば何かができるというのは、僕に言わせたら本末転倒です。

　何をしたいのか、どういう社会の問題に取り組みたいのか。たまたま僕の場合はホームレスの問題だったのですが、それがまずあって、どうするのかと考えて、ビッグイシューをイギリスから学んで日本で仕組みをつくりました。日本では 100％失敗するといわれながら、やってみなければわからないではないかとチャレンジをしたわけです。

　むしろ、ビジネスプランは、後からできるのです。今の若い人たちは、プランがないと何もできない。それは違う。まず自分がこういう問題を解決したいという企てがあって、プランは後からついてくるものです。

11. ビッグイシューの未来

久住　ビッグイシューの今後はどのように考えていますか。

佐野　僕は、3 年以上先の計画は嘘だと思っているのです。このめまぐるしく変わっていく社会では、計画はせいぜい 2、3 年です。計画があるから、プランがあるから何かができる、というのは絶対違うと思っています。

　それを踏まえて、例えば 2、3 年先どうだと言われれば、現在は雑誌の実売が今は 2 万 8000 冊程度で 3 万冊を切っているので、これを 2、3 年後に 5 万冊にしたい。5 万冊にするということは、今ビッグイシューを売っているホームレスの人たちは 130 人いますが、その数を 1.8 倍ぐらいにすることで、250 人を超える人に働いてもらえるということです。

　ホームレス問題の解決、すなわち実際にホームレスをなくすということでは、僕らはほんの一部にしかすぎません。しかし、ホームレス問題に対する広告塔ということからいえば、毎日、三ケタの販売員が街に、しかも大都市の繁華街に立って売っているから、大きな社会広告効果があるわけです。

　実際のホームレス問題を解決していくということからいうと微々たるものです。しかし、今後、例えば部数が増え、売り手が 200、300 になっていったときに、当然われわれに余力が生まれます。資金も潤沢になり、スタッフも揃えられます。それを活かせば、ホームレス問題の解決についての処方は絶対につくることができます。

　現在でも NPO 法人「ビッグイシュー基金」をつくって、年配のホームレスに対しての処方は出しているのですが、これから若いワーキングプアがまちにあふれたときの問題をどうするか。これは大変な問題です。けれども、そういうことも含めた処方は、例えば 1 〜 2 年後には出せる。僕らが出した処方で問題を解決できる状況が確実につくれるだろうと思っています。

12. アイデアに賭ける

久住　NPOなどが担うべき役割を果たす上で、大切なものは何でしょうか。
佐野　NPOもソーシャルビジネスも共通しているのですが、やはりアイデアだと思います。アイデアに賭けるということだと思います。

　僕らが実現しようとしたアイデアは何かというと、ホームレスを憐れみの対象、救済の対象にするのではなくて、自分たちのビジネスパートナーに選ぶということなのです。ホームレスの人たちをビジネスパートナーに選び得るというアイデアなのです。アイデアというのは人を驚かせることがありますが、ビッグイシューのアイデアは、奇想天外なものではありません。

　そうした類のアイデアは、いろいろな人が持ち得ます。社会に困った問題がある。その問題を解決するのは問題の一部になっている人、当事者なのです。彼らによると、社会を変えたい、よくしたいという「企て」です。僕は「思い」という言葉はあまり好きではありません。「思い」というと、ロマンチック、猪突猛進でドンキホーテ的イメージがあります。

　「企て」と「思い」との違いは、アイデアがあるかどうかなのです。どうしても解決したい。では、どうしたら解決できるのか。ビッグイシューは、ホームレスをビジネスパートナーにするというアイデアを持った。そのアイデアを出したときには、みんなから「100％失敗する」とさんざん言われましたが、やってみないとわからないじゃないかと取り掛かりました。

13. 「気になる」がきっかけ

久住　アイデアの根っこにあるのは、どうしても気になる、これをどうにかしたいという気持ちですね。気になることが日々、出てくる。最近の人は、気になるという「フック」「釣り針」が付いてないということが問題なのではないかという気がするのですが。どのようにすると気になることが見つかるのですか。
佐野　社会がどんどん変わっているのです。なぜ社会変革にこだわるのか。個人と社会の関係。社会といわなくても、個人と他者の関係がどんどん薄くなって、どんどん切れているという状況が進行しています。社会でいうと、NPOがまさしくその役割を果たさなければいけないのですが、例えば国家と個人の間に中間領域の組織がたくさんあることが、僕は暮らしが豊かになることだと思うのです。その中間領域の組織がどんどんなくなっていく。社会と個人が、あるいは国家と

個人が、直に向き合うという状況にどんどんなっている。ある意味では、個人がいわば丸裸にされるような状況が進行しているわけです。企業は、利益＝消費の単位を考えれば、家族単位ではなくて、1人1人、1室1室にテレビなんかがあったほうがいい。個人をばらばらにして丸裸にしたほうが儲かるということです。行政も、中間組織を育てていく知恵はないし、また、つくっていこうとは思っていない。だからこそNPOなのだし、市民活動が大事なのです。

　僕はビッグイシューを始める前に、「シチズンワークス」というNPOで「市民研究」を提唱しました。いま起こっているホームレス問題や子どもの虐待といった社会のいろいろな問題に、研究者や識者、行政はもう対応できません。

　昔は、問題が起こったとき、誰か偉い人に処方箋を書いてもらい、お上を追及して、行政に問題を解決してもうのが普通だった。今は、市民が何か問題に遭ったときには、解決するにはどうしたらいいかということを、当事者である市民自身がやらなければいけない。それが市民研究です。その市民研究をサポートするのがシチズンワークスで、「市民研究講」をつくることを応援しています。その第1号が「ホームレス問題研究講」で、そこから飛び出したのがビッグイシューだったのです。

　問題はたくさんあるのです。石川五右衛門ではないけれども、浜の真砂は尽きない。しかし、個人としてやれることは知れています。だからアイデア、市民研究が必要で、それによって市民活動なりNPOなりで取り組むことが求められているのです。そういう意味では、次から次にやらなければいけないことはできてくる。社会のエッジ(縁辺)を見れば、さまざまな問題が見える。エッジの問題をきちんと解決できる社会が健全な社会だと思いますが、今の日本は、エッジの問題を解決できずに、どんどん先送りし、排除しています。その結果、社会自体が衰弱しています。

14. 好奇心と作業力

久住　アイデアを実現するために必要なことは何でしょうか。

佐野　アイデアから、どのようにアクションを組み立て、地平を拓くのか。その実現に必要なアイデアは、その問題を四六時中考えていること、そうすれば出てきます。また具体的に解決していくための人間としての能力は、好奇心と作業力だと思います。いろいろなことに興味が持てることと、興味を持ったらそれを解決したいと熱望し、作業的な見通しを立てて、1つ1つ作業を積み重ねることができる能力です。急がば回れといってもいいのですが、早道はないのです。ある問題を解決するための問題、その問題を解決するための問題……それらを順番に取

り組んでいく作業力と集中力。それを積み重ねていくと、解決の道が絶対に見えてくるのです。

　自分の調査などの仕事経験から、作業は絶対に裏切らないという思いがあります。また、作業は仮説をくつがえす。仮説を裏切るぐらいの作業がいちばん素晴らしい。そういう意味合いで、作業をすることを避けないで、作業を楽しむ、それができればいい。アイデアとは、既知のものの新しい組み合わせなのです。

15.　当事者との対話がＮＰＯ支援の出発点

久住　コンサルタントや、NPOの活動をよくするために支援をしたいという人たちや機関が持っておかなければいけない見識や考え方について、アドバイスをお願いします。

佐野　NPOマネジメントは、すでにある組織のマネジメントを応援するだけでもある程度成果はだせると思います。むしろそのバックグランドにある問題や状況認識が大事です。先ほど言ったように、社会と個人の間の中間領域がどんどんなくなって、個人がばらばらに丸裸にされているところにたくさんの問題がある。そうした問題について、思いとかアイデアという前に、状況に対する事実認識がとても大事だと思います。

　それは、その問題で「困っている人は誰か？」「問題解決で受益するのは？」「その広がりは？」などです。

　深刻な問題ほど社会のエッジのほうに押しやられ、排除されかかっているという問題もあります。そういう状況認識を持ち、深刻であるほど当事者とコンタクトして対話ができれば、必ず何かが起こる、何かができると思います。

　あらゆることをやらなくてはいけないのではなく、問題状況、問題を抱えている人たちとコンタクトし、コミュニケーションができたら、何かが起こるし、何かができる。いつどこでも何かが起こるし、何かができるという感覚を、支援する側の人は絶えず持っていないと活動に共感なんかできないのです。

　支援とかサポート、ケアとかオーバーなことでなくても、そこに行ってその人の話を黙って聞く。そこで対話をし、当事者とサポーターの間で対話ができたら、既にそこには解決策が含まれているのです。そういう資質があれば、NPO支援センターなどは有効な役割を果たすと思います。

久住　今、世の中で最も必要な部分という気がします。佐野さんの特筆すべき資質だと思いました。ありがとうございました。

第3章

社会システムとしての市民セクター

語り手：久住　剛

キーワード

①**ネットワーキング研究会**：アメリカの市民活動を紹介した『ネットワーキング』の本に触発されて多彩なメンバーが研究を行った。後に、ネットワーカーズ会議に改組。

②**自治体学会**：地方自治のあり方「自治体学」を究明するための、自治体職員、研究者、市民、議員・首長によるネットワーク。

③**ＮＰＯ・市民セクター（ノンプロフィット・セクター）**：市民活動・ネットワーキングの受け皿がNPOであり、公平・画一的な政府セクター、利潤追求をする企業セクターとは異なる社会的課題を追求するのが市民セクター。

④**アドボカシー**：実践を伴う政策提案（アドボカシー）を行うことで、社会変革・社会創造の主体となることがNPOの重要な役割である。

⑤**協働**：NPOと行政、企業とのパートナーシップはお互いが資源を持ち寄り、活動を広げるために重要だが、対等性や独立性、責任のあり方などに留意する必要がある。

⑥**日本ＮＰＯセンター**：日本で最初のNPOを支援する基盤的組織として設立された。

⑦**パブリックリソースセンター**：「共的」な「資金」やノンプロフィット・セクターを強化できる能力をもった人材など、NPOが十全に機能するために必要な「社会的資源」、つまり「パブリックリソース」を生み出すためのNPOのシンクタンク。

⑧**ＳＲＩ（社会的責任投資）、ＣＳＲ（企業の社会的責任）**：企業の社会貢献活動を促進し、企業のもつ社会性を伸張させることはパブリックリソース拡大につながる。

久住　剛（くすみ　つよし）　公益財団法人パブリックリソース財団　共同創設者、同代表理事・理事長

1. 「ネットワーキング」＝新たな市民活動へ

田島　久住さんは、播磨さんや佐野さんとともに、ネットワーキングやNPOを仕掛けてこられました。どのように活動を展開してこられたのかについてお話しください。

久住　まず、「ネットワーキング」の話をしましょう。『ネットワーキング』（ジェシカ・リップナック、ジェフリー・スタンプス著）という本の邦訳が出たのが、1984年です。ネットワーキングとは、「職業・地位・性別などを越えて、共有する価値に向けて結び合うしなやかな関係」を指します。この本のサブタイトルには、「もうひとつのアメリカ」とあり、アメリカの中の普通の市民たちによる社会的な活動を紹介していたのです。

　日本でも、80年代に入って、ボランティアやまちづくりなどの新しい市民活動が生まれ始めていました。60年代の学生運動や70年代の公害反対運動などのイデオロギー型運動や抵抗型運動があり、80年代には普通の人々による暮らしの仕組みづくりの営みとでもいうような活動が出てきたのです。これを何と呼んだらいいのか、私たちは相応しい名前を探していました。そこで出会ったのが、「ネットワーキング」だったのです。

　この本をきっかけに1984年に「ネットワーキング研究会」（代表：播磨靖夫氏）を組織し、日本国内の新たな市民活動の調査・研究を始めたのです。研究会のメンバーには、支援元のトヨタ財団をはじめ日本青年奉仕協会、大阪ボランティア協会のスタッフやメディア関係者、研究者、それに私たち自治体職員など多彩でした。特徴は皆がボランティアであったことです。これこそ市民による研究、佐野さんや播磨さんも言っている「市民研究」の実践でした。

　私は、当時、「自治体学会」という自治体職員を中心とした「ネットワーキング」を仕掛けることに関わっていましたので、この研究会に参加することになったのです。実は、自治体学会を構築する際に、市民活動を展開していた仕掛け人である佐野章二さんに出会い、さまざまなアドバイスを受けることになったのです。

　研究会の活動の展開は、まず、実態を調査し、関係者の話をうかがい、同時に活動している人たちとネットワークを形成していきました。さらに、社会的な課題や活動の中身や背景を研究して、それを解決し、活動を広げるための「構想」を練るのです。それをシンポジウムやフォーラムという形で、社会に訴え、広げていく、この繰り返しです。この間には、例えば民衆史を研究していた歴史学者の網野善彦さんや、水俣問題にも取り組んでいた政治学者の栗原彬さんとの出会い

も印象的でした。播磨さんが言う「知のスクランブル」を実践していたわけです。

　播磨さんからは、「創造力、構想力を磨け」と言われ、「運動は結んで、開いて」が肝心、つまり研究して構想を熟成させ、それを世間に広げていくことが大切と教わりました。また、各地でさまざまな社会問題に取り組む活動をしている人々との出会い、ネットワーキングは、それ自体が私たちの目や神経を研ぎ澄ませ、同時に勇気と希望を与えてくれたように思います。私たちの共通した問題意識は「社会変革」「社会創造」でしたが、これは今も変わらない私のテーマです。

　1989年には、研究会を「日本ネットワーカーズ会議」に改組し、「ネットワーキング型のシンクタンク」という位置づけで活動を展開しました。同年11月12日に東京、18日に大阪で開催した「日本ネットワーカーズ・フォーラム」には、著者のリップナック、スタンプス夫妻とともに、アジア各地で活躍する「ネットワーカー」を招聘して、「ネットワーキングが開く新しい世界」をテーマに、国際的な知的交流に広げました。このように、海外の実践的な「知恵」との交流によって、

Step ＼ Field	価値・理想 ビジョン	システム 仕組み	インター・セクター	インター・ヒストリー	ファウンデーション
Step1 たずねあう やりとり	イメージの自由な交換を行い、キーワードを整理する	社会システム上の障害など課題を発見する	異なる領域(企業等)の行動・価値との違いを認識する	ネットワーキングの沿源を歴史の中に見出す	ネットワーキング社会についての社会的アピールを行う
Step2 見晴らす あたためる	ネットワーキングの開く世界を物語としてシナリオ化	社会システムに関する他国の仕組みの検討とアイデア	異なる領域における変化の徴候とその効果を検討する	各時代の市民活動の特質を比較して現在の位相を探る	『ネットワーキング社会物語』の取りまとめと合意形成
Step3 描きあげる くみたてる	ネットワーキング社会の価値等をリゾーム型に体系化	社会システムに関する具体的検討と既成制度との関連	異なる領域における変化を促す方策を検討する	自己の内にある歴史性への目覚めの喚起	ネットワーキング社会のシステム構築の道筋と主体形成
Step4 試してみる 翔ぶ 踏み固める	宗教・思想とのリンクの可能性	社会システム整備のための法案・制度等の検討	インター・セクターのためのリエゾン・橋渡しの検討	次世代のネットワーカーを生み出す仕組みづくりの提案	ネットワーキングシステムによる実験的社会の形成
Step5 ひらく 産む 扉を閉じる スパイラル	人々の意識・無意識へのはたらきかけの可能性	法律等の制定以外の方策によるシステム整備の提案	他のセクターとの協働による仕組みの形成	ネットワーキングの歴史と未来への橋渡しの提案	ネットワーキング・ファウンデーションの設立と運営

図表Ⅰ-3-1　ネットワーキング社会のためのマトリックス

出典：第1回日本ネットワーカーズ・フォーラム報告書、日本ネットワーカーズ会議

新たな「知」を生み出すというのも私たちの運動の特徴かもしれません。

　このフォーラムの際に、配布資料として作成した『ネットワーキング社会への道程図』には、ネットワーキングを基礎にした「市民社会」形成に向けた「ネットワーキング社会のためのマトリックス」（図表Ⅰ－3－1）を掲載しています。これは、当時の私たちの「構想」ですが、現在でも通用するものだと思います。

2.　米国発のNPOを日本でどのように実現するか

田島　ネットワーキングを起点に、どのようにして、NPOを日本に紹介し、提案してこられたのですか。

久住　まず、NPOの存在を知ったのは、ネットワーキング研究会の仲間が、米国に渡り、実態調査を行ってきた80年代の半ばでした。ただ、ここで播磨さんから、「安易に言葉の『輸入』をしてはいけない。十分に吟味して、構想を熟成させよ」と、いわゆる「発酵文化」の大切さを諭されたのです。その後、米国から来訪したNPO実践者や研究者との意見交換や文献調査を積み重ね、併行して日本においてNPOを実現するための方策を研究しました。

　NPOという用語は封印していましたが、こうした成果が既にこの図表Ⅰ－3－1には見て取れると思います。

　私自身も、1991年に米国に1ヵ月、英国に1ヵ月、NPOの調査に出掛けました。このとき、日本にNPOを紹介していただいた功労者であるデボラ・マクグロフリンさん（当時、Partnership for Democracy）や上野真城子さん（当時、Urban Institute）に大変お世話になりました。各種のNPOへのヒアリング調査とともに、実際のNPOやチャリティ団体でインターンをして活動の実態に触れたり、後に日本NPOセンターのモデルとなる米国のNPO連合組織「インディペンデントセクター」の年次総会に参加してきました。おかげで、当時の米国等のNPOの創始者やリーダーの方々との知己を得たことは、後に、日本でNPOやNPO支援システムを構築する際に大きな力となったのです。当時、米国や英国では、何のために来たのかと問われると、「日本にNPOという社会システムを確立するために、この地に学びに来た」と気宇壮大なフレーズを口にしたものです。実際に、私はそうしたビジョンを持っていたのですが、米国人からも「ずいぶん野心的な男だな」とか「面白いやつだ」と言われたものです。この調査によって、NPO制度の法的な枠組みや税制などが明らかになってきました。最大の成果は、NPOが単体として活躍しているのではなく、NPOを支える支援システムが存在しており、それによっ

●　次代の社会システム創成に向けて　●

フォーラムを通して、「日本において、今後、市民活動をはじめとする民間の非営利活動あるいは民間非営利セクターが重要性を増していくこと」が確認された。
そこで、今後、私たちが日本において民間非営利活動や民間非営利セクターを確立していくために、どのような「視点」と「行動」が必要とされるのか、会場の参加者から寄せられた提案をもとに、7つの分野に整理して紹介する。

1.　社会的存在として確立する上での基本的視点

一人ひとりのボランタリズム「自発性」が自然な形で行動となって表れる社会をめざしたい。

民間の「自発的」な活動という側面を大切にする必要がある。日本では、政府・行政が民間非営利活動に関与する場合には、「強制」や「巻き取り」になりやすい傾向があるので注意が必要である。

民間非営利活動に対する「うさん臭さ」のイメージを払拭する必要がある。そのために、こうした活動団体が真の社会的ニーズに基づいて公正な手続きで設立・運営されていることを公に示すことが必要である。

2.　活動と組織の強化・自立

1) **マネジメント技術の向上**
具体的なマネジメントプログラムの資料集、ノウハウ集、トレーニング機関等のリストを整備する。

2) **スタッフ、人材、担い手の育成**
スタッフ、人材の育成が大切である。

3) **財政基盤の強化と財政的自立**
お金を集める時に大切なことは、「情」に訴えるだけではなく、きちんとした「情報」を提供することが必要である。

政府・自治体からの補助金も必要だが、財政的「自立」のためには、「ヒモ付」になるなどの問題点もあり議論が必要である。

3.　企業の社会貢献活動の拡充と定着

1) **企業の社会貢献を正当に伝える仕組み**
企業の活動を正当に社会に伝える仕組みが必要である。

2) **拡充のための制度整備～税控除枠の拡大～**
民間非営利活動への寄付を拡充するために、税控除枠の拡大が必要である。

3) **民間非営利活動サイドからの積極的な働きかけ**
企業は自らの存在基盤が何であるかを再認識し、社会貢献活動の基本理念と行動指針を確立することが大切である。

4.　企業、政府・行政及び財団などとのパートナーシップの強化

新しい社会システムを創造するという価値観を共有し、同じ目的に向かって活動を行っているという視点から企業と活動団体がパートナーシップを形成する。

これまでの市民活動等は企業人に対して冷たかった。企業については、否定的な姿勢をとるばかりで

図表 I－3－2　私のネット

出典：第2回日本ネットワーカーズ・フォーラム報告書、日本ネットワーカーズ会議

はなく、肯定することから出発し、将来の社会づくりをめざしてパートナーシップを形成することが必要。

1) 人と情報の両面での交流の場が必要
お金だけの関係ではなく、人と情報・ノウハウなど多面的な関係をつくる必要がある。

2) 情報の整理、交流が必要
企業・活動団体双方が情報を的確に交換できる仕組みが必要である。

3) コーディネート団体の必要性
企業・市民活動の間を取り持つ団体が必要である。

5. 活動団体に対して支援を行う新たな機関の設置

1) 短期的には、助成財団等の機能充実を
当面は、助成財団等による助成援助の拡大及びその関係者による運営面でのアドバイスが有効であり、充実が期待される。

2) 長期的には、専門の支援機関の創設を
中長期的には、こうした活動団体の支援を専門に行う新たな機関の設置が必要である。団体の運営技術、計画づくり、スタッフの育成、資金獲得方法、法人化の手続、企業等とのパートナーシップ形成など様々な支援、すなわち、草の根団体と大企業や政府との間の「橋渡し」を行う非営利の仲介団体（インター・ミディアリー・オーガニゼーション）の設立が必要となる。

6. 活動団体間の協働のためのネットワークの必要性

1) 活動団体同士の人と情報の交流
国内はもとより、欧米やアジアの NPO との交流と協働が必要である。

2) 活動団体に関する情報の整理・発信
こうしたネットワーキングのためにも、情報の整理・交換が必要である。

3) アメリカの NPO に人材育成のための研修生の派遣
アメリカ現地でのスタッフ・トレーニングを行うなどが考えられる。

7. 認知と支援のための「法制度」の創設

1) 小さな草の根市民活動グループにも法人化の道を開く
新たな「民間非営利法人」制度の創設が必要である。

2) 税金の優遇措置、寄付を行う際の税金の優遇措置
市民活動をはじめとする民間非営利活動促進のための税制改正が必要である。

3) 具体的な活動事例を積み上げ、制度創設の協同要求
上記の制度創設に向けて、市民活動・企業が協同して制度要求を行う必要がある。

ワーカーズ提案

てNPOが十全に機能を発揮することができていることを知ったことです。いわゆる「NPO支援センター」の必要性が明らかになったわけです。

　調査から帰国した翌年、1992年10月30日から11月8日の間に、川崎、大阪、名古屋において「第2回日本ネットワーカーズ・フォーラム」を「ネットワーキングを形に！〜個人と社会の新しいあり方を考える〜」をテーマに開催し、そこで初めてNPOを日本に広く紹介したのです。もちろん、米国等での人的なネットワークをフルに活用しての開催となりました。このフォーラムには、デボラ・マクグロフリンさんのほか、ボブ・ボスウェルさん（当時、National Committee for Responsive Philanthropy）らを招聘しました。このフォーラムの報告書の末尾に、「私のネットワーカーズ提案」があります。ここでは、NPOを日本で現実化し、定着させるための提案が披瀝されています。「NPO支援システム（センター）」の提案も、既にここには入っているのです。

　その後、ネットワーカーズ会議では、1994年から1995年にかけて「ボランタリー活動推進のための仕組づくりに関する調査研究」を実施し、研究報告をまとめます。その英文タイトルには「Design a Non-profit Support Infrastructure」とあります。これは、NPO支援システムを具体的に提言したものです。この調査には、デボラ・マクグロフリンさんに協力いただき、米国に存在する支援センターを16のカテゴリーに分けて、実態ヒアリングを含めた調査を行い、同時に日本国内での市民活動支援の実態調査を踏まえて、今後、NPOを確立していくための支援システムの構想を描き出したのです。

3. NPOの社会的位置づけ

田島　久住さんはNPOをどのように位置づけていたのでしょうか。
久住　私たちは、市民活動、ネットワーキングというものの「社会的な受け皿・器」として、NPOを位置づけ、構想していました。当時、市民活動を社会的に位置づけるための法的な制度はありませんでした。法人格には財団法人か社団法人などの公益法人制度がありましたが、市民活動団体が公益法人となる途は運用上、閉ざされていました。ですから、「活動」があってもそれを実態として社会に位置づける「器」がなかったのです。器がないということは、社会的な存在として認知されないということを意味しています。

　「社会システム」としてNPOを日本の社会に実現することが、どうしても必要だと考えていたのです。近い将来起きるであろう社会の変化に対応して新たな社

会システムを用意しなければならない、そうした社会変化は急速に出てくると予想していました。現在は、少子高齢化や地球環境問題、グローバリズムと貧困、社会的排除などなど、分野を問わず未曾有の社会問題が起きてきています。そして、問題は多様化し複雑化しています。この社会変化、社会問題の萌芽は、それぞれの市民活動の現場をよく見ていると見通せたのです。

　例えば、福祉の問題を例にとれば、かつてはお年寄りが病気になれば、家族が面倒をみたし、それが無理なら近隣の人がみた、それでも手に負えなければ行政が乗り出した。しかし、家族や地縁組織は弱体化し、行政・政府も財政的にも手法的にも行き詰まりをみせています。では、病気のお年寄りを誰が面倒みるのか。だからこそ、新たな「社会システム」が構築されなければならないのです。

4.　3つの社会セクター

田島　社会システムというのは「第3セクター」に関係するのでしょうか。

久住　そのとおりです。社会を構成する3つの「セクター（部門）」の話をしておきましょう。政府・自治体（行政）のセクター、企業のセクター、そしてNPO・市民のセクター（ノンプロフィットセクター）の3部門です。なお、行政と企業のジョイントセクターを「第3セクター」と呼ぶのは日本だけの誤用です。世界標準では「第3セクター」といえばNPO・市民のセクターを指します。

　図表Ⅰ-3-3に掲げたように、それぞれのセクターはサービスの特色などが違っています。一番押さえておきたいことは、それぞれのセクターがそれぞれの「社会的価値」を追求し、体現しているということです。

セクター	価値・規範	サービス特性	テーマ	イメージ（俯瞰）	イメージ（横から）
第一セクター＝政府・自治体（行政）	公平・平等	均一・画一	納税者と選挙民のために	格子（どのマス目も同じ大きさ）	平板（どこを切っても同じ厚さ）
第二セクター＝企業	利潤追求・競争	対価性・Give and Take	富める者にはより豊富に	ミツバチ（受粉を助け花から蜜を）	超高層ビル（富める者はより豊かに）
第三セクター＝NPO・市民活動団体	非公平・非平等＝生命・個性・自主	個別・選択・多様、交代可能性	課題と意志あるところに	パッチワーク（多様な端切れのつぎはぎで課題をカバー）	八ヶ岳型（いろいろな峰が連なる。高さは時代に応じて変化）

図表Ⅰ-3-3　3つのセクターの違い

　これは私の持論なのですが、ある社会における社会的価値の重点の置かれ方は、その社会のセクターの相対的な大きさに比例しているのではないかと考えています。つまり、政府セクターが大きいと、平等・公平という価値が重視され、誰もが同じ制服を着ているような「つまらない」「味気ない」社会となります。企業セクターが大きいと、競争の重視によって、弱肉強食の「世知辛い」「ぎすぎすした」社会になってきます。市民・NPO のセクターが大きくなれば、一人ひとりの個性を大切にし、多様性を許容する「温かく」「心の通った」社会になるでしょう。しかし、市民セクターだけでは、政府がやるように「誰もがあまねく福祉を享受」したり、企業が展開するような「活力にあふれた」社会にはならないかもしれません。

　すなわち、私の理想とするところは、3つのセクターがバランスよく社会を構成する社会が、住みよく暮らしやすい社会なのではないかと考えているのです。「セクターのシーソー」(図I－3－4、図I－3－5、図I－3－6)という図を見てもらうと、現在の日本社会は、政府と企業を合体・連携しながら大半の「社会資源」を吸収して大きく肥大化しています。これに対して、市民のセクターは、ようやく「社会システム」としてゴマ粒くらいになったところと言っていいでしょう。ですから、まずは、NPO・市民のセクターをもっと大きく太らせて、セクターバランスを回復させていかなければならないというのが、日本社会の現在の課題なのです。ただし、究極は「三本足のやじろべえ」のように、3つのセクターがバランスがとれ、その結果として社会的価値が適度なバランスがとれた社会を目指していくべきだと考えているのです。

　このように、NPO の確立や NPO・市民のセクターの拡充は、社会的な価値の偏在を是正することをも視野に入れるべきだと思っています。それでこそ、社会変革であり、社会創造だといえるのではないでしょうか。

5．NPOの社会的意義

田島　それが、NPO の社会的意義を生み出すのですね。

久住　私は、NPO の社会的意義を次の4点だと考えています。

　まず、①「公共サービス(政策)の主体」となることです。これは政府だけでなく企業も NPO も担っていることです。政府ではなく、「民間」である企業や NPO が担う意味は、一つは公共サービスの「効率化」が挙げられます。もうひとつは、企業では果たせない意味として、NPO が担う意味があります。それは、公共サービスの「社会化」とサービス(政策)形成の「市民化・民主化」です。社会化とは社会全

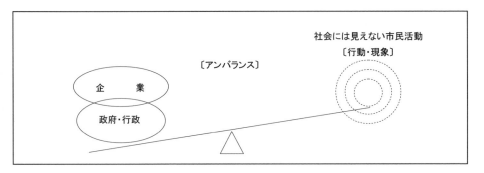

図表Ⅰ－3－4　セクター・シーソー図①

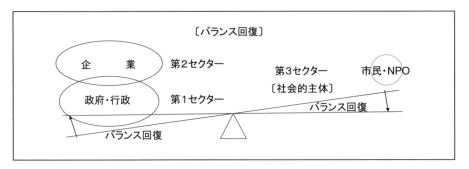

図表Ⅰ－3－5　セクター・シーソー図②

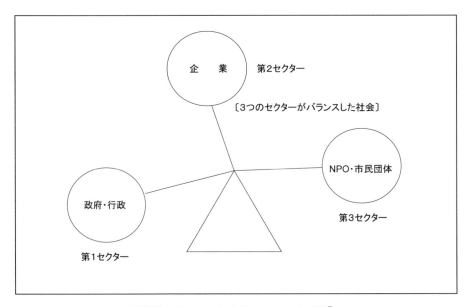

図表Ⅰ－3－6　セクター・シーソー図③

体の資源や知恵をもってサービスを生み出すということです。市民化・民主化とは、サービスの企画自体を市民が主体になって行っていくという意味です。

　次に、これが最も大切なことですが、②「社会変革・社会創造の主体」となることです。この中身は、ひとつには「実践を伴う政策提案(アドボカシー)」を行うことです。これは政府や企業ではありえません。同時に、多様な市民ニーズに対応する合意形成を図るチャネルになれることもNPOが「コミュニティの守護神」とか「社会と人々のパイプ役」といわれるゆえんです。

　3つめに、③「ネットワーキング(人々のつながり)」を確保することや「ソーシャルキャピタル(社会関係資本)」を生み出すもとになることも大切な意義でしょう。

　4つめに、これはNPOに参加する人々にとってですが、④「自己表現・自己実現のツール(道具)」となることです。これはNPOで働くスタッフ、活動に参加するボランティア、寄付で活動や団体を支える寄付者も含めて、自分たち自身や、自分のビジョンを実現するという機会をNPOは提供できるという意義です。

6. NPOの定義

田島　改めて、久住さんなりのNPOの定義を聞かせてください。

久住　私の使っているNPOの定義を示しておきます。NPOとは、次の5つの要件を持つ団体を指します。

　①市民の自発的な参加と支援を基礎に

　　NPOは市民活動の社会的な器ととらえることから、市民の自発性による参加あるいはボランティアや資金を含めた支援が基礎にあることが大切です。現在、NPO法人の法人格を取得した団体の中には、この要件を満たしていない団体もあることも事実です。法律には「市民性」は要件になっていないからです。

　②営利を目的としないで

　「非営利性」ですが、これは「目的における非営利性」とともに、収益が上がった場合に、これを寄付者等に対して配分しないという「非配分の原則」を満たすことが必要となります。しかし、NPOは組織体、事業体ですから、必要なコストを差し引き、収益が上がることはありますし、「未来への投資」を行うためには、収益は必要なものです。コストという意味では、事務局のスタッフの「給料」はまさにコストです。NPOのスタッフは、皆が「無給のボランティア」だと誤解している人がいますが、「有給のスタッフ」も存在するのです。

③社会的な課題の解決に向けて

　これは「公益性」や「社会性」という要件です。私は、日本では「公益性」という言葉を慎重に使っています。しばしば、役所が「公益性」の有無を判断してきたという社会的背景があるからです。ですから、「社会的課題の解決」という視点から、市民の立場に立った「公益性」を要件と考えるべきだと思います。

④組織的・継続的に社会に働きかけ(活動)を行う

　まず、「個人の活動」である「ボランティア」と、「組織」としての NPO の区別をしています。また、時々、一時的に行われる集会などとは異なり、「継続的」な事業体や運動体として社会に対する活動を行うという要件です。

⑤民間の団体

　「民間」の反対概念は「政府」です。すなわち「非政府性」が NPO の要件となるのです。「民間非営利団体」と呼ばれるゆえんです。最近では、行政が関与して設立された団体や、時には役所に事務所があったり、事務局を行政職員が担当するなど、「非政府性」に疑問符がつくような団体も出てきています。純粋にいえば、こうした団体は NPO からは外れるでしょうね。

　ついでに言えば、この「非政府性」を強調したい場合には、NGO（Non-Governmental Organization）という用語を使います。NPO も NGO も同じ「民間非営利団体」のコインの裏表のようなものなのです。

	政　府	非政府(民間)
営　利	公企業(水道・バス等)	企業(株式会社等)
非営利 (公益)	政府・自治体	NPO （非営利性強調） NGO （非政府性強調）

図表 I − 3 − 7　政府性・民間性と営利性・非営利性による区分

7. NPOの法制化

田島　実際の NPO 制度の立ち上げはどうだったのでしょうか。

久住　既に佐野さんのお話でも出てきたように、佐野さんたちの NIRA の報告書が基底にあって、その後、1995 年 1 月 17 日の阪神淡路大震災におけるボランティアの目覚しい活躍が世間の耳目を集めたことが、結果的に法制化への追い風になったことは確かです。国では、1 月 27 日に、第 132 回国会・予算委員会において加藤紘一議員の質問に対して五十嵐広三官房長官がボランティア支援立法の用

意があることを回答します。さらに、2月3日には、18関係省庁による「ボランティア問題に関する関係省庁連絡会議」設置(座長：総務庁、事務局：経済企画庁)と矢継ぎ早な動きがありました。

　市民サイドでも、同年4月15日に「NPO法制定のための連絡会議」を立ち上げ、NPO法の制定促進に向けた運動を広げていきました。日本ネットワーカーズ会議では、1994年9月に英国で開催された「チャリティ法に関する国際会議」に10名余の訪問団を送り込み、NPO法に関する情報収集を進めていました。そこでの人的なネットワークを活用して、1995年11月22日に大阪、23日に名古屋、25日に東京において、「NPO法国際会議」を開催し、日本における法制化に向けた国際的な支援ネットワークの形成を図りました。

　こうした法制化促進運動もあいまって、1998年には「特定非営利活動促進法」が、成立し、施行されることになったわけです。この法律は、市民との協働による立法過程を踏んだ点、議員立法という点、さらには全会一致による成立と、極めてユニークな立法となったことを付け加えておきます。

8. NPOと行政の協働

田島　3つのセクターに関連して、NPOと行政との「協働」に関してどのように考えていますか。

久住　「協働」という用語は、「パートナーシップ」や「コラボレーション」の翻訳語として使われています。ただ、前に述べた3つのセクターはそれぞれは独立して、別個にサービスの提供をしているのが基本的な姿です。すなわち公共サービスの提供も、政府・自治体行政とNPO・市民団体とは、「協働」以前に「分立(独立)」していることが基本だということです。「独立なくして協働なし」ということを忘れないでください。

　なぜ、行政とNPOの協働が必要とされるかといえば、これはすぐれて行政側にニーズがあるといえます。「小さな政府」の要請や財政難や非効率性によって、行政は公共サービスを供給する上で、限界に突き当たっています。このため、求められている公共サービスの「質」と「量」の確保のためには、どうしても協働が必要になってくるのです。

　また、行政にとっても、NPOにとっても、分立(独立)してサービス供給するよりも、協働によって供給した方が、サービスの受け手にとって「質」「量」ともに効果的であるという場合に、協働というスタイルを選択するわけです。

協働の定義は、ガイ・ピータースの概念整理を参考にして、私は、次の5つの要件を挙げています。

①2つ以上のアクター（社会的主体）が参画していること

　一方は行政機関であり、他方は民間団体です。企業とNPO、企業と行政との協働意の場合もあります。それぞれが、異なる価値基準、行動規範を持つことが肝心であり、そうした異なる主体が協力関係を結ぶことが協働の基本原則です。

②各アクターがそれぞれに行動の自由、主体性を持つこと

　各アクターそれぞれが独立した意思決定を行う自由と主体性を確保していることです。同時に、その共同の活動については、主体性に基づいて、相互に交渉し、納得したうえで行動に移る自由があることです。

③継続的かつ共同の活動であること

　共同の活動とは単発の取引関係などではなく、継続して共同関係を形成し、他に働きかけを行うものを指します。

④各アクターは何らかの資源を持ち寄り、提供しあうこと

　それぞれが資金、物資、人材、情報などの資源を持ち寄ることです。

⑤責任の共有、責任の分担をすること

　それぞれが協働の結果について責任を共有し、分担します。これは、一方が他者から命令を受けるという一方的な関係でなく、共同行動の責任を双方が担うということです。

9.　よりよい協働のために

田島　NPOと行政、NPOと企業の協働がうまくいくためには何が重要でしょうか。

久住　まず協働の原則については、次の3点が重要となります。

①対等な関係

　上下関係、主従関係は協働ではありません。「電車ごっこ」は運転手役が勝手に行き先やスピードを決めて乗客役を引きずり回すので協働とはいえません。「二人三脚」は、双方が相談して行き先やスピードを決めるので協働だと、私は説明しています。

②双方の独立性

　定義にも関連しますが、特に、NPOの自律性（自立性）がポイントになります。

　行政がお仕着せで決めた「枠」にはめることもよくないことです。逆に、NPOが行政に「おんぶにだっこ」で「行政依存」になってしまうこともいけません。

③互いが違うから成り立つ関係

　双方が異質だから補えるし、協働する意味があるのです。前にセクターの違いを示しましたが、「違い」が大切なのです。よくある失敗例は、行政が共同事業の内容を事細かに指示して、NPOの特性を失わせてしまうことです。

　さらに、協働を創造的で効果あるものとするための具体的な方法として、次の6点が求められます。これは主に、行政の側に肝に銘じてもらいたいことです。

①大胆な発想転換

　公共サービスの主体は行政が「主役」として独占するものだという発想を切り替えて、むしろ、NPOが本来の主体であるというくらいの転換が求められます。

②パートナーとしての相互認識と分担・協調

　行政とNPOの価値基準、文化、規範の違いが基本にあるとの前提をしっかりと認識した上で、手を組んで共同事業のパートナーとして認め合うことです。

③パートナーシップを結ぶ目的

　「安上がりのサービスを目的としてはならない」、これが大切なことです。目的は公共サービスの量的確保と質的向上です。さらに、サービス企画、政策形成の社会化と市民化を図ることにあります。

④プロセスにおける協働

　政策形成やサービス企画のプロセスを変えていくことが必要です。例えば、未成熟な段階の情報から共有していくことが大切になります。双方のやり取りも「命令―服従」はありえません。またコミュニケーションも、「要求―回答」ではなく、「提案―逆提案―合意」という形に変えていかなければなりません。

⑤資金や組織力の不均衡を前提とした上で対等となる努力を

　対等となる努力を怠れば、NPOは「下請け」になってしまう危険性があります。

　また、NPOと行政は、資金力や組織力では「不均衡」があります。だから、それを無視すると、「形式的な対等」となってしまい、かえって弊害が生まれます。

⑥受益者からの視点

協働の効果があがっているかどうかを判断する際に大切なことは、「サービスの受益者」からの視点です。行政やNPOが「仲良く」なることや満足することが、協働の目的ではありません。

最後に強調しておきたいのは、「協働は"せめぎあい"の連続」だということです。「協働」は新たな公共サービスのシステムです。「ガバナンス(共治)」の新たな手法ということもできます。まだ、開拓途上のチャレンジなのです。ですから、不断の努力や創造力が求められるのです。

私は、1997年から2年間、ニューヨーク大学でノンプロフィット・マネジメントを修めつつ、修士論文のテーマとしてニューヨーク市政府とNPOの協働を取り上げ、アンケートと実地調査を行いました。調査を通じて分かったことは、NPO先進国、NPOと行政の先進国である米国においても、実際の協働においては不断のチャレンジが求められ、"せめぎあい"の連続であるということです。

NPOの皆さんにも、行政の皆さんにも、倦まず弛まず、あきらめないで、協働にチャレンジしてほしいと思っています。これは新たなフロンティアなのですから。

10.　ＮＰＯ支援システム

田島　次に、NPOの支援システムに関して、その構造やあり方についてどのようにお考えですか。

久住　NPOの支援システムに関しては、1995年に日本ネットワーカーズ会議で研究報告をまとめたという話をしましたが、実際に日本の中で支援システムを立ち上げるという取り組みをしたのは、「日本NPOセンター」の設立です。この際にも、これまでの調査研究と国内・国外の人的なネットワークをいかして取り組んだのです。

直接的なきっかけは経済企画庁の委託調査として社会開発研究所が、委員会を結成して、「NPO支援システムの調査研究」を進めていました。山岡義典さんが委員長で、経団連の田代正美さんや、大阪ボランティア協会の早瀬昇さん、それに私などが委員でした。

その委員会には経済企画庁の課長も出ていたのですが、1995年12月頃の会議の際に、「経団連が会員企業からお金を集めて『NPO支援センター』を立ち上げてもらえないか」、というような提案をされたのです。これに対して、田代さんからは、「そうしたやり方は中央官庁の常套手段だ」「NPO支援センターはそうした

やり方にはなじまない」との反論があり、委員全体から「そういうことなら我々の方でつくることにしよう」という話になったのです。暮れも押しせまった1995年12月22日に、委員であった山岡さん、田代さん、早瀬さん、私と、日本ネットワーカーズ会議の中核メンバーであるトヨタ財団の渡辺元さんに加わってもらって、「NPO情報センター設立準備企画委員会」を結成し、「NPO支援センター」創設に向けた初めての戦略会議を持ったのです。委員会の名称のように、当初は、「NPO情報センター」という名称でスタートしていました。

11. 財界と市民活動の協働

田島　この時の戦略というか、手法はどのようなものだったのですか。
久住　その日の会議で、市民活動関係者と財界の社会貢献関係者がタッグを組んで、センターの立ち上げを図ろうという方針を立てたのです。財界がこのようにパートナーになったのは、1990年代から始まった企業の社会貢献活動が、その背景にあったのです。日本ネットワーカーズ会議でも、1992年には市民活動団体と企業の社会貢献担当者をメンバーとした「パートナーシップ活動研究会」を設置し、双方の協働を模索し、研究の場を設けていました。それに加えて、阪神淡路大震災の被災地支援活動においても、企業の社会貢献担当と市民活動団体の具体的な連携・協働が進展していたのです。

　1996年2月22日には、財界から経団連社会貢献推進委員会委員長である椎名武雄IBM会長、経団連ワンパーセントクラブ会長である若原泰之朝日生命会長、市民活動サイドからは、播磨靖夫日本ネットワーカーズ会議代表、山本正日本国際交流センター理事長、山崎美貴子東京ボランティアセンター所長らが中心となって、呼び掛け人の組織として、「NPO情報センター設立懇談会」を立ち上げました。パレスホテルでの朝食会でした。その呼び掛け人により、NPO情報センターの設立発起人や賛同者を募集していくことになったのです。この呼び掛け人から、発起人や賛同者を募るという手法は、かつて1985年に、自治体学会の創設に当たって採用した組織立ち上げの手法でした。

　そして、経団連の会員企業に対して主に資金支援をお願いして、ファンドレイジングを実行していくことにしました。併行して、国際交流基金に助成を申請し、立ち上げのための準備資金をファンドレイジングすることとしました。この申請は、主に私が担当することになりました。当時の申請書の中に、「NPOサポートシステム構想図」があります。ここには、それまでの日本ネットワーカーズ会議

の調査研究や海外調査のエッセンスが盛り込まれており、その後の日本における
NPO 支援システムの展開を裏付ける資料として参考になると思います。例えば、
この中の「支援機能別サポートセンター」を見ていただくと、岸本幸子さんと私が
中心となって立ち上げた「パブリックリソースセンター」は、この専門の「支援機
能」を持った「専門店型の支援センター」なのです。それに対して、NPO 情報セン
ターは、いわば「百貨店型の支援センター」と位置づけていました。

12. 国際的な連携

田島 日本国内の NPO 支援センター創設をなぜ国際交流基金に助成申請をした
のですか。

久住 国際交流基金に助成申請したのにはわけがあります。つまり、この「NPO
支援センター」の創設を、日米の英知と経験の連携・協力のもとで進めていこう
という構想であったからです。事実、その後、予備調査(1996 年 5 月 18 日〜 26 日)
を含めて、2 度にわたる訪米調査を実施したのです。1996 年 9 月 21 日から 29 日
にかけての本調査の際には、市民活動側の調査団と財界側の調査団が合同で調査
を行うというスタイルが実現しました。ワンパーセントクラブの若原会長が団長
となり、皆でニューヨークのブロンクスを訪れ、地域のヘルスケアセンターや瓦
礫の残る町を一緒に歩いたことをよく覚えています。

　この訪米調査では、2 つの成果がありました。まず、第一に「インフラストラク
チャー・オーガニゼーション(基盤組織)」という概念に出会ったことです。これは、
調査のアレンジを担当してくれた日本国際交流センター米国事務所長であった嘉
村弘さんが、事前調整の際に、「ロックフェラー財団」のスーザン・ベレスフォー
ド理事長から、「日本の皆さんが作ろうとしているのはインフラストラクチャー・
オーガニゼーションではないか」というアドバイスを受けたことによります。そ
の当時、**図表 I − 3 − 8** の「NPO サポートシステム構想図」にもあるように、私た
ちは「インターミディアリー・サポートセンターズ」という概念で説明していたの
です。その後、インフラストラクチャー・オーガニゼーションに関する報告書『ミッ
ションポッシブル』をワシントン DC の「ユニオンインスティテュート」で入手し、
目から鱗が落ちる思いをしました。まさに、私たちが創設したいと思っていた組
織の実例が並んでいたからです。

　このインフラストラクチャーという概念からは、後に、岸本さんとともに考案
した「パブリックリソース」という対になる概念が生まれていくことになります。

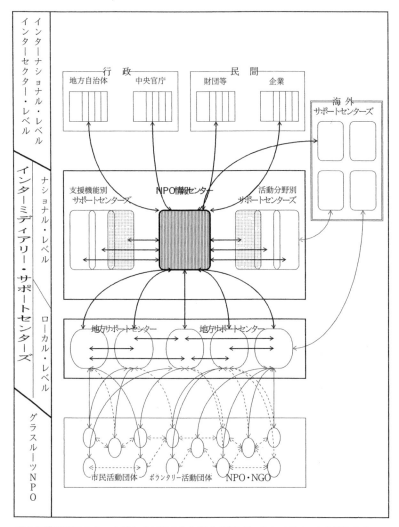

※上記構想図のうち、太線(—)に囲まれた部分が「サポートシステム」の中核となる。
※本プロジェクトでは、概ね次の3点が主な狙いとなる。
　①「NPO情報センター」創設
　②ナショナル／ローカル・レベルのサポートセンター間のパートナーシップ形成
　③インターセクター／インターナショナル・レベルのパートナーシップ形成

図Ⅰ−3−8　NPOサポートシステム構想図

出典：国際交流基金への助成申請書、NPO情報センター設立準備企画委員会

すなわち、「インフラストラクチャー（基盤）」とともに、「リソース（資源）」がないとNPOは十全に機能しないことに気づいていくわけです。

　話を戻して、訪米調査の2つめの意義ですが、調査に参加したメンバーが、経験と情報を共有したことにより、私たちが創設しようとしている組織に関して共通のビジョンやイメージを持つことができたことです。前記のインフラストラクチャー・オーガニゼーションという概念もそのひとつでした。そして、いくつもの団体を訪問した中で、かつて私が年次総会にも参加したことがあるNPO連合組織「インディペンデントセクター」が具体的にモデルとすべき組織であることが共通認識となったのです。

　こうしたプロセスを踏んで、全国からさまざまな分野の235人の発起人・賛同者を集め、1996年11月22日、「日本NPOセンター」が創設に至ったわけです。また、翌年1997年6月7日、8日には、第1回の全国レベルの「NPOフォーラム'97 inかながわ」を、「市民社会の創造とNPOの役割」をテーマに横浜で開催し、インディペンデントセクター副理事長であったバージニア・ホジキンソンさんをお招きしました。すなわち、引き続き、米国との連携・協力関係により、日本のNPOセクターを強化していこうという狙いがあったのです。

13. 「パブリックリソースセンター」創設へ

田島　その後、久住さんは米国に留学したのですか。

久住　私は、そのフォーラムの直後に、米国留学に向かい、「ニューヨーク大学大学院」で学ぶことになりました。そこで改めて、NPOの理論を学ぶとともに、NPOや協働の実態を研究する機会を得たのです。前に、「ネットワーキング社会のためのマトリックス」や「私のネットワーカーズ提案」をお示ししましたが、こうした「構想」の中に盛り込んであったプランが、内実はともかくも、私の想定よりもかなり速いペースで実現していってしまったのです。そのため、私は「次の10年、20年のビジョン」を、改めて描く必要に迫られたのです。日本での「現実」から離れて、未来を展望したかったのです。実は、これが私の留学の本当の狙いでした。

　ですから、日本から持ち込まれる「仕事」は原則としてお断りしていました。ただし、1つだけ例外として手がけたのが、国際交流基金日米センターと日本NPOセンターの協働で創設することとなった「NPOフェローシップ」制度の立ち上げでした。これは、かねてから米国のNPOに日本人を送り込み、実務経験を積みな

からマネジメントなどを実践的に学ぶ研修プログラムを作りたかったからです。日本ネットワーカーズ会議でも、1994年から95年にかけて、「NPOスタッフ研修に関する調査研究」（国際交流基金日米センター助成）を実施し、米国とのNPO交流研修の具体化を提言していたのです。

　当時、私より1年早く岸本さんが「ニュースクール大学大学院」でノンプロフィット・マネジメントを学ばれていました。1998年に、「NPOフェローシップ」制度のパイロット第1号となっていただき、「ニューヨーク・コミュニティ・トラスト」や「ユナイテッドウェイ・ニューヨーク」で実践経験を積んでいただくことになったのです。

　その後、日本のNPOが十全に機能するために何が必要なのか、岸本さんと討議を重ねていきました。岸本さんは、主には「共的」な「資金」の必要性に関心を持っていましたし、私はNPOを運営したり、ノンプロフィット・セクターを強化できる能力をもった「人材」の必要性に着目していました。そうしたいわば「社会的資源」を「パブリックリソース」と呼ぼうと話がまとまったのです。

　そして、帰国後に、NPOのための資金や人材などの「パブリックリソース」を生み出す仕組みを作るシンクタンク「パブリックリソースセンター」を創設したわけです。パブリックリソースセンターは、日本における専門性を持ったNPO支援機関の第一号として創設したものです。特に、機動的に社会問題に対応できる「シンクタンク」となるよう、運営面でも工夫をしてきました。これまで、いくつかの分野でリソース開発の仕組みをつくってきました。寄付の増大と寄付文化醸成の分野では、例えば「かながわ子ども未来ファンド」の創設や、オンライン寄付システム「Give One（ギブワン）」の運用、日本初の「オンライン職場募金システム」の開発、寄付税制改正への働きかけなどを進めています。マネジメントに関しては、NPOの「キャパシティ・ビルディング」のために、2003年度、2004年度の調査研究（国際交流基金日米センター助成）や2004年からのパイロット事業（経産省支援）を踏まえ、組織診断手法の開発やコンサルティング人材育成の研修講座（2007年からパナソニック助成）を含む「協働型支援基盤」の構築を進めています。さらに、企業の社会貢献や社会性を促進するための本格的な「SRI（社会的責任投資）」に2000年から評価作業を開始（朝日ライフアセットマネジメントと協働）、2002年からは日本唯一の「SRI株価指数」の開発に取り組んでいます（モーニングスターと協働）。このほか、CSR（社会的責任）の調査や促進にも取り組んできています。パブリックリソースセンターは、このように社会創造に向けて時代の先端を切り拓いていくことを目指して、チャレンジを実践しているのです。

14.　NPOの展望〜新たな仕組みづくりのために

田島　社会創造に関連して、NPO の現状と将来ついてどのようにお考えですか。

久住　私は、まさに社会変革、社会創造を進めていくために NPO をつくる必要があると考えてきたわけです。ですから、公共サービスの担い手だけにとどまっていては、NPO は社会変革の担い手としての役割を果たしているとはいえません。

　一方で、政府や自治体などの行政は、NPO を安上がりのサービス供給手法として「活用」「利用」しようという意図を強く持っているように思えます。だから、創造的で効果的な「協働」はなかなか生まれないのが現状ではないかとみています。

　このように NPO 及びそれを取り巻く状況は楽観できるものではありません。ただ、NPO が、20 数年前までは日本に言葉すら存在していなかったということを考えると、社会にとっては「進歩」であり、社会創造という意味ではその端緒を開くことはできたのではないかと思っています。NPO と行政の「協働」に関しても、以前は、影も形もなかったわけですから、「試み」であってもチャレンジが始まったことは評価していいと考えています。

　私自身、仲間とともに、社会に存在していなかった「新たな仕組み」を作り出してこられたことを幸せに思っています。これまで 20 数年間にわたり続けてきたのは、「調査・研究」を積み重ねながら、「ビジョン」「構想」を描き、実現までのステップを含めた「計画」を作り、人的な「ネットワーク」をフルにいかして、「実現」し、さらに「見直す」というサイクルです。

　今、NPO に関わりを持っている人や、関心を寄せている人にも、ぜひとも、まだ見ぬ「新しい夢やビジョン」を生み出すことができ、皆さんの手で現実のものにできるのだということを、一人ひとりの心に「希望」として刻み付けてほしいと願っています。

15.　新たな「市民社会」へ

田島　「新しい社会」に向けてのポイントはどのあたりにあると考えていますか。

久住　誰もが新しい社会の創造に参画できるということが重要だと思います。何も、NPO の活動をしている人だけではなく、仕事をしているサラリーマン、子育てをしているお父さん・お母さん、学生でも、誰もが社会創造の担い手であるべ

きです。そうした「自由」と「権利」を皆が持てる社会が求められています。逆に言えば、現在の社会はそうした自由と権利が全ての人に与えられてはいないのです。これは播磨さんの「ソーシャル・エクスクルージョン（社会的排除）」に通じますし、佐野さんの言う「国家と個人の間に中間領域の組織がどんどんなくなり、個人がいわば丸裸にされるような状況」という問題意識と共通するものだと思います。

そこで、目指すべきは「市民社会」だと思います。「市民社会」というのは、市民が自由闊達に社会に働きかけ社会創造に参画する社会であり、市民が市民を支える社会です。NPOが社会の主要な構成要素となる社会でもあります。そして、旧来型の「政治」ではなく、政策の意思決定において市民やNPOが主体となるような「ガバナンス（共治）」が実現する社会だと考えています。

社会に働きかけをする自由と権利を持てることこそが、「市民」が市民たるゆえんです。それを効果的に実現するひとつの「社会的ツール（道具）」がNPOなのです。ぜひ、「新しい社会」をともに作っていきましょうと申し上げたいです。

田島 パブリックリソースセンターもそうした「希望」をつむぎ出す仕組みづくりを続けていきたいと思います。ありがとうございました。

II　実践編：NPOマネジメント

第1章

ミッション・ベースト・マネジメント

岸本幸子

狙い

☑ NPOにもマネジメントが必要なことを理解する
☑ NPOのマネジメントの特色を理解する

学習のポイント

☑ NPOにもマネジメントが必要である
  ・NPOにおいても組織管理の基本的サイクル、Plan － Do － Check － Action
   というプロセスを共有していることは営利企業と変わらない
☑ ミッション・ベースト・マネジメント
  ・ミッションが組織を規定する
  ・受益者が費用負担できない社会サービスの提供
  ・支援的資源を獲得するためのマネジメントの重要性
  ・統治機構としての理事会
  ・ミッションが人をつなぐ参加型のフラットな組織
  ・業績評価の基礎はミッション
  ・ミッションの定期的な見直し
☑ キャパシティ・ビルディング
  ・リーダーシップと環境適応力の重要性

岸本　幸子(きしもと　さちこ)　公益財団法人パブリックリソース財団　共同創設者、同代表理事・専務
理事

1. 本書で取り上げるNPOとは

1−1. NPOの定義

　NPOとは、Non-Profit Organization（非営利組織）を指す。レスター・サラモンは、ジョンズ・ホプキンス大学非営利セクター国際比較プロジェクトにおいて、各国の非営利セクターに共通する固有な特徴として、以下の6点をあげている。

---
　①正式に組織されたものであること
　②政府とは別の組織であること
　③営利を追求しないこと
　④自己統治組織であること
　⑤ある程度自発的な意志によるものであること
　⑥宗教組織でない、政治組織でないこと

図表Ⅱ−1−1　レスター・サラモンによる非営利組織(Non-Profit Organization)の基準

　まず、「非営利」とは、利益をあげてはいけないという意味ではなく、株式会社に代表されるような、出資者への利益配分をしないという非配分という原則を意味している。したがって、「営利を目的としないで、社会的な課題の解決に向けて、自発的に組織的・継続的に活動を行う、民間の団体」がNPOなのである。

　日本において、NPOという概念のあてはまる範囲は非常に幅広く、一般社団・財団法人、公益法人、社会福祉法人、学校法人、医療法人、独立行政法人、特定非営利活動法人等に加え、さらに法人格をもたない任意団体の市民活動団体も含む。また最近では、株式会社として成立しつつも、定款において利益配分を自ら禁ずる「非営利株式会社」も登場している。

　本章では、広義のNPOのなかの、特定非営利活動促進法に基づいて成立している法人「特定非営利活動法人」を主たる対象として、そのマネジメントについて論じていく。

1−2. 社会変革型NPOへの期待

　日本では、急速な少子高齢化の進行や、グローバリゼーションや科学技術の発展などに伴う環境変化や構造変化の中で、介護、子育て、教育、ニート、失業、ホームレス、犯罪、児童虐待などに関するさまざまな社会的課題が顕在化している。また、国際社会に視野を広げても、貧困、飢餓、感染症、災害、紛争、環境問題などの諸課題が山積している（**図表Ⅱ−1−2**）。

　最近では、「社会的排除(social exclusion)」という言葉に代表されるように、社会的なつながりが断たれ、機会が与えられない、あるいは再挑戦が困難な状態に置かれた人々にかかわる問題、すなわちニート、長期失業、ホームレス、不登校、ひきこもりなどが深刻化しており、長期的な社会の不安定要因として懸念されている。

　こうした複雑化・多様化する社会的課題に対し、政府や自治体が政策によって対応するようになるまでには10年単位の時間を必要とする場合が多く、それまでの政策の空白期間においては、当事者の救済はなおざりにされてきたというのが常であった。また、政府による画一的な対応だけでは、根本的な解決が難しいことも否定できない。さらに、国と自治体の膨大な財政赤字に直面するわが国で

保健、医療、福祉
　　急速な高齢化
　　障がい者の経済的自立、雇用促進
　　障がい者に対する医療サービス
　　精神障がい者の地域生活支援
　　ＨＩＶ／ＡＩＤＳ感染者支援
　　医療情報、医療評価、医療過誤救済、患者本位の医療
　　自殺の増加
　　ホームレス支援など

社会教育
　　コミュニティカレッジ、人材バンクなど

まちづくり
　　景観保全、環境保全型農業、地産地消費など

学術、文化、芸術、スポーツ
　　芸術家支援、芸術家と地域の交流、地域スポーツクラブなど

環境保全
　　CO_2削減、自然エネルギー開発、森林認証、里山保全など

災害救援活動
　　緊急支援ネットワークの構築など

地域安全活動
　　犯罪と不安感の増加、地域コミュニティの再構築など

人権、平和
　　在日外国人、セクシャルマイノリティ、難民問題など

国際協力
　　国際的緊急支援、人間の安全保障、途上国環境問題、フェアトレードなど

青少年、子ども
　　子どもたちの「生きづらさ」、不登校、ひきこもり
　　児童虐待、在日外国人児童の就学権など

女性
　　女性就労をめぐる障壁、家庭内暴力、単親家庭の増加など

情報化社会
　　デジタルデバイド、電子取引をめぐるトラブル、市民メディアの育成など

科学技術と市民
　　生命倫理、遺伝子操作技術など

雇用機会の拡充
　　所得格差拡大、ニート、ホームレス就業支援など

消費者保護
　　企業評価、食の安全性、グリーンコンシューマー、金融・電子取引など

図表Ⅱ－1－2　山積する新たな社会問題

は、あらゆる社会的課題の解決を「大きな政府」によって、すべて"官"に依存するような社会システムは、もはや持続不可能であることはあきらかである。

　こうした中で、新しい発想と機動力で社会変革に取り組むNPOや社会的事業体への期待が高まっている。

　本章においては、複雑化・多様化する社会的課題を解決することを「ミッション（組織の使命）」としたNPO、いわば「社会変革型NPO」に着目することとする。こうした社会変革型NPOが、高い問題意識と専門能力を持って、革新的な問題解決方法を編み出し、社会的課題に取り組み、十全にその機能を果たせるよう支援していきたい。また、NPOが政府や企業とも柔軟かつ戦略的に連携し、各々の専門知識・能力・資源を結集し、総合力を発揮することによって、より効果的に社会問題を解決していくことも視野に入れておきたい。

1－3.　中規模ＮＰＯへの着目

　それではNPOの現状はどのようになっているのだろうか。「社会的起業家の実態に関する調査」（日本総合研究所、2003年）によれば、コミュニティビジネス（その多くはNPO法人である）の運営上の課題は、スタッフの人数不足（48.9％）、事業収入の低迷（45.0％）、一部のスタッフへの過度な負担（42.0％）、賃金の低さ（30.0％）、認知度の低さ（29.5％）となっている。

　経済産業研究所の「全NPO法人の財務状況等のデータに関する集計分析結果」によれば、2005年におけるNPO全体の事業規模は総額383億円で、予算規模の平均は2,011万円である。しかし、NPOのうち1,000万円を超える予算規模をもつ団体は37％、3,000万円を超える団体は16％にとどまっている。NPOでは、介護系団体と国際協力団体を中心に大規模な組織が成長しつつあるものの、全体の事業規模は小さいといえる（図表Ⅱ－1－3）。

　図表Ⅱ－1－4は、NPO法人を「運動・キャンペーン重視型」（受益者等から対価を得にくい事業分野）と「事業・サービス提供重視型」（受益者等から対価を得ることが可能な事業分野）の2つに分類し、それぞれ事業規模の発展段階で直面する経営課題を整理したものである。

　今後、これらのNPOが企業や行政と対等にわたりあい、必要に応じてパートナーシップを組みつつ、社会の課題に対応していく力をつけることが求められている。そのためには、自発的なボランティア労力だけでなく、賃金を払うことによって仕事に対する責任を負わせることのできる有給職員の設置が必要となる。前掲の経済産業研究所のデータによれば支出総額に占める人件費の割合は約3割

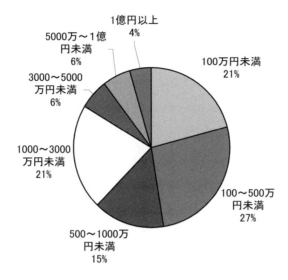

図表II－1－3　ＮＰＯ法人の財政規模

出典：経済産業研究所「全NPO法人の財務状況等のデータに関する集計分析結果」より作成

であることから、フルタイム職員を抱えるためには、一般的には事業規模として1,000万円以上が必要と推定できる。実際に、労働政策研究・研修機構の調査「就業形態の多様化と社会労働政策」(2004年)によれば、事業規模が増加すると有給職員がいる割合が上昇する。正規職員のいる割合は、事業規模が3,000万円以上で85.5％にまで上昇し、5,000万円以上の団体になると9割が正規職員を雇用している(図表II－1－5)。

　こうした観点からすると、現在事業規模で3,000万円程度以上の中規模NPOの強化が重要であると考えられる。本書では、事業規模3,000万円程度以上の団体が、どのように組織力を強化していくかという問題意識を重視して記述を展開していきたいと思う。

2.　ＮＰＯのマネジメント上の課題

2－1.　組織運営の課題に直面するＮＰＯ

　NPOは、そのボランタリズムや非営利性のために、しばしば「経営」「マネジメント」という考え方と相容れないようにみられることがある。また、NPO関係者

事業規模 運営体制 ＼ 事業類型	運動・キャンペーン重視型 例）環境問題、まちづくり、防災、消費者問題、文化財保護、国際交流、人権団体、虐待防止	事業・サービス提供重視型 例）介護サービス、障がい者自立支援、国際NGO、子育て支援、青少年育成、情報化支援、シェルター、フリースクール、認証・評価事業
100万円未満（15.5%） ボランティアスタッフ中心	＊ボランティアに支えられた、「手弁当」の活動	＊ボランティアに支えられた、「手弁当」の活動
100万以上500万円未満 （27.0%） ボランティアスタッフ中心	＊支援的、内発的資源の獲得の段階 ・会費、小規模寄付が財源の中心 ・小規模補助金 ○組織の立ち上げ手法研修	＊支援的、内発的資源の獲得の段階 ・会費、小規模寄付が財源の中心 ・小規模補助金 ○事業のシードマネー（寄付、助成）
500万以上3000万円未満（44.3%） 有給スタッフ配置	＊小規模組織の強みを生かした、企画、マーケティング、ネットワーキングで勝負の段階 ・助成金、補助金の開拓 ・企業協賛 ・自主事業収入 ○事務所の確保、スタッフ獲得が課題 ○ボランティアによる組織運営を可能にするマネジメントが重要。 ○会員拡大能力が弱い。ミッションの明確化と会員拡大のための広報戦略の支援が必要。 ○中核事業の確立のための2～3年の継続的支援（助成、委託） ○運営の組織化、経理管理、情報化対応、事業計画策定等の運営支援	＊事業型組織へのテイクオフの段階 ・委託事業（行政）の受託 ・助成金、補助金の開拓 ・企業協賛 ・自主事業収入 ○施設型サービスの場合、安価な施設の確保 ○労力提供型や専門家型など多様なボランティアの確保 ○自治体、公的機関との関係構築 ○中核事業の確立のための2～3年の継続的支援（助成、委託） ○運転資金、つなぎ資金の必要性 ○運営の組織化、経理管理、情報化対応、事業計画策定等の運営支援
3000万円以上（13.3%） 有給スタッフ中心	＊政策提案能力が鍵をにぎる段階 ・会員拡大キャンペーン ・プロジェクト寄付の開拓 ・独自の調査、分析、提案事業 ・企業との協働 ○キャンペーン ○ファンドレイジング ○専門的情報収集、分析、提案 ○中期計画策定	＊社会的事業体への発展の段階 ・大口寄付、遺贈 ・市民提案型公共事業 ・委託事業（行政、企業）の受託 ・企業との協働 ○施設拡大・改修・新規事業に伴う設備投資費用 ○スタッフ待遇の改善 ○スタッフ研修、人材育成 ○営業力、競争力強化 ○中期計画策定

図表Ⅱ－1－4　ＮＰＯの類型別課題

注1　運動・アドボカシー重視型と事業・サービス提供重視型の区分は、サービスに対して受益者からの対価、もしくは公的給付を徴収することができるかどうかによるものとした。

注2　（　）内の％は、全NPO法人に占める当該類型の割合。四捨五入のため100％にはならない。

注3　「・」はその段階で主に必要とされる財源。

注4　「○」はNPOのマネジメント・ニーズ。

(%)

		全体	団体の年間収入 (昨年)						
			0円	1-499万円	500-999万円	1000-2999万円	3000-4999万円	5000-9999万円	1億円以上
役員		97.9	96.7	96.7	97.8	98.2	99.1	99.2	100.0
有給職員	うち有給役員	30.6	17.5	10.3	23.8	41.8	59.0	57.1	63.2
	正規職員	43.4	19.4	11.4	29.4	68.6	85.5	91.3	91.2
	非正規職員	47.7	19.4	18.4	39.7	70.9	82.1	84.1	77.9
	出向職員	7.7	11.8	3.7	6.1	10.4	4.3	9.5	14.7
		63.9	37.9	28.3	57.1	89.6	94.9	97.6	95.6
ボランティア	有償ボランティア	42.7	18.0	30.5	47.9	50.4	49.6	47.6	47.1
	無償事務局ボランティア	50.1	57.8	73.2	57.8	35.4	25.6	27.8	17.6
	無償その他ボランティア	54.5	51.2	62.5	59.6	50.9	38.5	48.4	36.8
		79.5	70.6	86.0	83.8	78.0	70.1	74.6	67.6

(n=1930：年間年収に回答したサンプル)

図表Ⅱ－1－5　活動者がいる割合（団体の年間収入別）

出典：労働政策研究・研修機構「就業形態の多様化と社会労働政策―個人業務委託と NPO 就業を中心として―」労働政策研究報告書 No.12, 2004, p.133

の中にも「経営」「管理」「戦略」といった言葉に拒否反応や違和感を持つ人も少なくない。しかし、実際に NPO が社会的課題の解決に向けた事業主体としての役割を果たすようになるにつれて、事業遂行や組織運営のためのマネジメント能力の向上を必要とする局面が多くなっている。

ケース1：NPO 法人化を契機としてフォーマルな組織運営の必要性に迫られる。

　　小規模の NPO では、まず組織体制の構築や適正な会計処理といった基本事項の充実が必要だろう。またボランティアを中心にしながらも継続的に活動ができるような組織体制の整備が求められる段階もある。

　　さらに法人化の認証申請にあたっては、定款などの組織運営の基本的なルールの策定、理事会の結成、事業計画や予算書の策定などを求められる。また法人化後は、決算報告書や事業報告書の作成や、税務申告などの書類作成が必要となる。

　　任意団体の時は、皆同じ立場で関わってきた人たちが、理事、事務局、会員と立場が分かれるなかで、それぞれの役割分担と責任を明確にしつつも、やりがいを持って継続的に参加できるようにするにはどうしたらよいのかといった悩みに直面する団体は多い。

　　また経理・財務の処理をより透明なものにして、外部に対して説明責任を

果たすために、これまでの事務処理方法の見直しを行う必要に迫られる場合もみられる。

ケース 2：継続的事業の開始により、事業体制の構築が求められる。

　社会的インパクトを増大させるためには、何よりも社会のニーズに応えるNPO ならではのユニークな事業の立ち上げが重要である。初期には「できるときに」「できることから」始めていた活動が、継続的に行う事業に変容していく過程では、関わる人の人数も増え、助成金や補助金のような外部の支援的資金が投入されることも多くなる。

　最近では指定管理者制度の導入を初めとして、自治体から NPO への業務委託や協働事業の実施が増加している。これに伴い、ある事業を実施するかしないかという判断に当たっての経営分析や組織としての合意形成、事業実施の進捗管理、人事、資金繰り、事業に伴って派生するリスク対策など、NPO においても企業と同様の組織運営のノウハウが必要とされる局面が増えてくる。

ケース 3：有給職員の雇用に伴い、福利厚生、労務管理、人材育成など対応が必要となる。

　事業の継続的実施には、有給職員の雇用が必要になる。また、NPO の給与水準は極めて劣悪だが、やりがいのある仕事を求めて NPO で働くことを希望する人たちは増加している。満足できる労働環境を整え、優秀な人材を確保できるようにならなければ、組織として質の高い仕事はできない。こうした危機意識は、NPO でも高まっている。

ケース 4：組織基盤の確立のために、多様な財源の開拓が必要である。

　組織基盤を確立させるために、安定的な財源を確保する必要がある。寄付は NPO にとって使途などの自由度が高い財源である。寄付開拓においては、寄付を依頼する対象者を明確に定め、そのターゲットに合った広報活動を展開し、活動や資金の流れの透明性を徹底的に高めるなどの創意工夫が求められる。最近では、NPO に対する寄付に関する税制優遇の仕組みも徐々に整備されつつある。また、NPO を対象とする融資制度も少しずつ整い始めた。企業や財団による助成制度や、国や自治体による補助制度や委託事業も増えている。もちろん、可能であれば自主事業による収入も充実することが望まれる。これらを活用して財源を多様化し、財政を安定させなければならない。

ケース 5：融資、寄付を契機に社会に対する説明責任が求められる。

　　資金調達の機会が拡大するにつれて、NPOの説明責任は重くなってきている。的確な経理処理、財務判断、コンプライアンス、情報開示が欠かせなくなる。また、NPOの活動の必要性や効果について「もともと、わかってくれる人」とのコミュニケーションをとるのではなく、「知らない人、普通の人にアピールする」コミュニケーション戦略が必要になってくる。

ケース6：社会変化等に応じて、ミッションの見直し、中期計画の策定が求められる。

　　活動をある程度継続している団体のなかには、組織の方向性の見直しをする必要があるものもある。福祉や環境問題などの例を挙げるまでもなく、NPOが活動する分野における政策・制度が大きく変化したり技術革新が生まれるなど経営環境が大きく変化する場合もある。他方で、組織内部にも変化が生じている場合がある。活動開始から一定の期間を経過した後には、社会問題の変化、行政や企業との関係の変化など外部環境変化を把握し、組織の現状を改めて見直して今後の目標設定を行う、中期計画の策定の必要性に迫られている場合も少なくない。

　　また、行政からの委託事業の受託をきっかけに組織の方向性などの見直しが必要となる場合もある。

2－2．マネジメントとは

　　前述したように、NPOとは「営利を目的としないで、社会的な課題の解決に向けて、自発的・組織的・継続的活動を行う、民間の団体」と定義している。つまり、NPOも「事業活動を行う組織」の一類型である。

　　組織管理論で有名なチェスター・バーナードは、「組織」を「二人以上の人々の意識的に調整された活動や諸力の体系」であると定義している。そして、組織が成立するためには、①共通目的、②コミュニケーション、③貢献意欲が必要であると指摘する。島田恒はバーナードの理論をもとに、「マネジメントとは、組織の共通の目的の設定と、それを推進するための意思決定やコミュニケーション、貢献意欲の確保を実現することによって、組織の能力や参加者の力を最大限にしていく仕事」と整理している。

　　サラモンによるNPOの6つの基準の1つに「正式に設立されたもの」という条件があるように、NPOは、ボランティアという個人の働きを越えて、ミッション（組織使命）を達成するためにつくられた組織である。従って、組織を機能させ、個人の力を結集して社会を変えるためのマネジメントが必要とされるのである。

およそ組織が成果をあげるために必要な仕組みがマネジメントであるといえる。したがって、NPOも事業活動を行う組織である以上、マネジメントが必要なのである。

また、NPOは事業を行う組織であるという側面では、企業の運営と大きな違いはなく、事業を効果的に進めるために必要なマネジメント手法にも共通要素は多い。さらに、組織管理の基本的サイクルである「計画(Plan)－実行(Do)－評価(Check)－改善(Action)」というプロセスが求められることも企業と同様である。

3.　NPOにおける「ミッション・ベースト・マネジメント」

NPOのマネジメントと営利組織のマネジメントは共通項があるものの、他方で、大きく異なる側面もある。ここでは、両者を比較した場合のNPOマネジメントの特色を指摘しておきたい。

NPOと企業など営利組織との最大の違いは、NPOの存在目的が「ミッション」の達成にあることである。他方、営利企業の最大の存在目的は「利益追求」にある。NPOの「成功」はミッションの実現にあり、企業の「成功」は利益の極大化なのである。

このことから、NPOのマネジメントには、ミッションを起点としたマネジメント、すなわち「ミッション・ベースト・マネジメント」が重要なのである。

また、NPOでは、事業実施や組織運営に関わる者が多種多様であり、投入される人、モノ、金、情報などの「経営資源」(リソース)にも特徴があり、そのために特別の配慮が必要となる。以下でNPOマネジメントの特色を述べる。

3－1.　ミッションが組織を規定する

NPOの組織運営の第1の特色は、NPOが「所有者なき組織」であり、組織使命である「ミッション」だけが組織を規定するという点にある。株式会社ではいうまでもなく、第一義的には株主が「所有権」を有している。しかし、NPOには、株式会社における株主のような「所有者」は存在しない。あえていえば、NPOは「社会のための組織」である。そして、社会のための組織というあいまいさを越えて、組織の方向性や独自性を規定する役割を担っているのが、ミッションなのである。つまりミッションとは、NPOが何のために、どのようなことをする組織であるかを定義づけるものである。

オスターはNPOにおけるミッションの役割として、「組織の中核的価値を含

み、基本的な事業領域とオペーレーションを幅広く示すもので、専従職員と寄付者を動機づけると同時に、組織の業績評価に活用されるものである」と述べている。また、ミッションを文章化したものである「ミッション・ステートメント」（組織使命の宣言文）の構成要素として、以下の要素を含むべきものと指摘している（図表Ⅱ－1－6）。

```
目的「〜のために」
事業「〜を行う」
対象とする範囲
大切にしている価値、哲学
競争力の源泉
```

図表Ⅱ－1－6　ミッション・ステートメントの構成要素

　つまり、ミッション・ステートメントには、究極的な「組織目標」と、それを実現するために行う具体的な「事業内容」、さらに事業実施において「大切にしている価値や理念」が定義されていることが必要である。

　ミッション・ステートメントは、究極的な組織目標である「ミッションA」と、それを実現するための手段である具体的な事業内容である「ミッションB」とから構成されている（図表Ⅱ－1－7）。例えば、世界平和の実現が究極の目標であるとしても、その実現の手段はさまざまである。世界平和の実現を目指し、調査研究を行う場合もあれば、平和教育を行う場合もあれば、世界連邦の創設を目指す団体もある。「ミッションB」には、その団体の沿革や経営資源によって、具体的な事業領域を記述しなければならないのである。さらに、同じ平和教育という活動領域をもっていても、平和教育を文化の多様性を許容するところからスタートさせる場合もあれば、普遍的な倫理感を基礎におく場合もある。よって、ミッション・ステートメントには、当該組織が大切にしている価値観やアプローチも記述される必要がある。

　これらがわかりやすく記述されたミッション・ステートメントが存在して初めて、その組織の中期的な目標を具体的に設定することが可能となり、さらに事業計画を的確に設定することができるようになる。また、NPOの組織評価や事業評価を行う場合、ミッション・ステートメントを基礎として実施することになる。

　また、理事やスタッフ、寄付者などの支援者はNPOのミッション・ステートメントに共感を寄せることができるようになり、NPOに貢献・協力するようになる。

　例えば、高齢者への食事サービスを提供するNPOを考えてみる。「食事サービ

ミッションA　＜〜のために、目指して、＞

【例】
高齢者を含めた誰もが住みなれた地域で住み続けられるコミュニティづくり

ミッションB　＜〜をしています。〜を大切にしながら、＞

【例】
助け合いの精神を大切にしながら、地域の独居高齢者に栄養バランス
の良い安全な食事を届け、手渡しする。

図表Ⅱ−1−7　ミッション・ステートメントの構造

スの実施」は、ミッションBに記述されるべき具体的な事業領域である。ただし、それは何のために、何を目指して行われている事業であるのか、つまりミッションAが明確でない場合には、当事者以外の人の共感を呼び起こすことはできない。例えば、この食事サービスの実施は、「誰もが住みなれた地域で住み続けられることを目指すコミュニティづくり」のためであるという大目標が掲げられていれば、地域のより多くの人が、自らの問題としてその組織を支援するようになる。

3−2. 社会的なサービスの提供

　NPOのマネジメントの第2の特色は、NPOは通常の取引市場では採算上成立しづらい社会的なサービスを提供するために、サービスの「受益者」と「費用負担者」が一致しないという点にある。例えば、難民支援活動において、受益者である難民の人々は、支援物資についての費用を負担することはできない。費用は、政府、財団、企業、市民等の第三者から提供されている。

　この点を、営利組織による通常の弁当配達事業とNPOの行う高齢者向け食事サービスで比較して、検討してみよう（図表Ⅱ−1−8とⅡ−1−9）。通常の弁当配達事業においては、事業者は弁当を売り、消費者は代金を払うという1対1の契約関係が成立している。しかし、NPOの行う食事サービスの場合には、通常の弁当配達事業とは異なり、NPOという事業者（提供者）と受益者のほかに、第3の

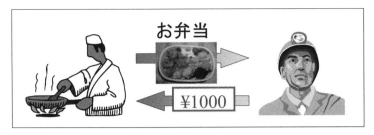

図表Ⅱ－1－8　受益者と費用負担者（営利組織による弁当配達事業の場合）

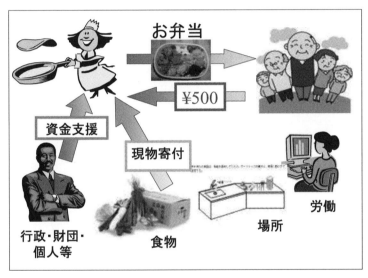

図表Ⅱ－1－9　受益者と費用負担者（ＮＰＯによる食事サービスの場合）

「資源提供者」が存在する。この第3の「資源提供者」の存在により初めて、NPO の
食事サービスが成り立つのである。

　また、多くの NPO が食事サービスを提供する動機は、「地域の独居高齢者に栄
養バランスの良い安全な食事を届け、手渡しするなどしてコミュニケーションの
機会も提供したい」といった「助け合いの精神」である。これが NPO が大切にして
いる価値観なのである。そのために、例えば、無添加食材の使用、地産地消、「き
ざみ食」などの個人別メニューの導入、安否確認など、多様な価値が付加される
ことが多い。その結果、個々のお年寄りの個性に合わせた、質の高い食事とサー
ビスが提供されることになる。

　仮に営利企業であれば、こうした高付加価値の食事は、それに見合った価格が上乗せされ高額となり、それが消費可能な層に向けて販売するマーケティング戦略をとるだろう。しかし、NPOの最終的な目標が「誰もが住みなれた地域で住み続けられる」と設定されているような場合には、「誰もが支払える」価格レベルを目指して、ぎりぎりまで価格を下げる努力がなされる。そのため第3の「資源提供者」として、ボランティアの登用や食材の現物寄付を募るほか、店舗をもたずに公共の調理施設を活用するといった工夫をするのである。さらに、財団からの助成金や行政の補助金を活用する場合もある。これらの第3の「資源提供者」の掘り起こしと活用によって、「地元の食材を活用したお弁当を、温かいうちに、手渡しして、安否確認の会話をする」といった高度なサービスを手ごろな値段で提供することが可能になっている。

3－3.　支援的資源を獲得するマネジメントの重要性

　第3に、営利企業にはないNPOの特徴として、前述の「資源提供者」にも関わるが、「支援的資源」を獲得するためのマネジメントの領域があることがあげられる。つまり、寄付金や助成金を調達する「ファンドレイズ」の技術であり、無償で労力を提供しようとする人「ボランティア」を発掘し、訓練して配置する「ボランティア・マネジメント」の技術である。

　また、通常の営利企業においては、受益者である消費者の意向が最優先であり、消費者の側に向いたマーケティングが展開される。一方で、NPOにおいては、受益者の側に向いたマーケティングとは別に、費用負担者や資源提供者の側に向いた独特のマーケティングが展開される必要性がある。

　ところで、このようにNPOが支援的資源を必要とするのは、NPOが経済的に弱体であるからであるという議論がなされる場合がある。しかし、これは誤解である。いくらNPOが大きくなり、財務基盤が強固になっても、費用負担のできない受益者に対するサービスを提供し続ける以上、NPOは寄付金やボランティアといった支援的資源を必要とするのである。それは例えば、義務教育のような無料の行政サービスが税金によって賄われているのと類似した構造といえる。NPOの行う社会的なサービスは、税金によって賄われる行政サービスと同様に、いわば「社会が負担すべきサービス」である。これは、「非営利セクター」が、民間寄付やボランティアの労力提供という「支援的資源」いわば「もうひとつの公共」によって支えられ、提供しているサービスなのである。

　しかも、「社会が負担すべきサービス」といっても、税金は義務によるものだが、

寄付などは自発性に基づいている。寄付者やボランティアは、なぜ金銭的な見返りを求めず、自らの貴重な資源である資金や労力を自発的に提供するのだろうか。その個人的な動機はさまざまなものがあるが、共通する動機はミッションへの共感である。しばしばNPOにおける資金の不足がファンドレイズの必要な理由に挙げられるが、寄付者サイドからみると、NPOがお金に困っているからではなく、NPOの掲げる理念や実践している活動に対する共感があるから、寄付を行っているのである。したがって、問題を抱えた「財政的に困っている」NPOに寄付が集まりやすいということはない。そうではなくて、人々が共感できる「善き」活動をするNPOだからこそ、寄付を集めることができるのである。

　こうしたことから、支援的資源を獲得するマネジメント「ファンドレイズ」においても、いかに明確なミッションを掲げ、革新的な事業をもって共感の輪を広げるかがポイントとなる。

3－4.　理事会をいかに活性化するか

　NPOにおいて、理事、理事会は、常置必須の「最高経営管理機関」である。法人を代表して、意思決定や執行責任を負っている。この「理事会のマネジメント」もNPOマネジメントの特色のひとつである。

　ドラッカーは、営利企業の取締役会と比較して、NPOの理事会を高く評価している。さらにNPOの理事は「governor, sponsor, ambassador, consultant」の4つの役割を担うと指摘している。このうち「sponsor（資金提供者）」については、理事が資金を自ら提供し資金調達にも責任を持つ米国とは異なり、日本の現状ではまだ理事の役割として、浸透していない。しかし、残りの3つの役割は、理事の役割として、日本でも担われるべきであろう。つまり、「governor（統治者）」として組織の中長期的な目標を設定し、執行を監督すると同時に、「consultant（コンサルタント）」としてアドバイスや評価を行う。また外部に対しては、「ambassador（外交官）」として説明責任を果たすことが求められている。

　NPOの理事会は、一般に非常勤の外部専門家で構成されている。営利企業になぞらえれば、取締役会のほとんどが社外取締役で占められているようなものなのである。さらに経営分野に専門性を持つ理事が少ないことが多い。このような条件のもとで、理事会が形式的なものにならないように、あるいは逆に理事会が現実を無視して暴走をしないようにしながら理事会を活性化していくことは、NPOマネジメントの重要課題の1つとなっている。

　具体的には、理事に「組織統治に関する責任感（ownership）」を醸成するような「理

事会構築（board development）」や「理事教育（board education）」が必要となる。まず、理事会構築とは、理事のリクルートを指す。リクルートの第1の条件は、ミッションへの共感であることはいうまでもない。さらにミッションから導き出される「ビジョン（実現したい姿）」や「ゴール（数年後に達成したい具体的な目標）」に照らして、必要な人材の条件を明確にすることも理事選定には必要となる。また、就任したばかりの理事は、組織の現状について知らないことが多い。したがって、組織の沿革やミッション、事業展開の現状と課題を伝えたうえで、理事に期待されている役割を具体的に要請することが、理事教育として必要になる。

　加えて、非常勤の理事による意思決定を迅速かつ的確にするためには、現場の執行責任者である事務局長の権限を明確に定め、理事会とのコミュニケーションの仕組みをどのように構築するかについて配慮することも必要である。ひとつの方法として現場責任者である事務局長を理事にするケースもある。

3－5．参加型のフラットな組織

　NPOに関わる「ステークホルダー」は営利組織に比べ多様である。このため、組織目的の達成を目指し関わる関係者の参画の目的は多様であり、その間の意思の統合はより複雑となる。例えば、事業の方向性や資源の使途について、資源提供者（政府、財団、企業、寄付者、ボランティアなど）の意向を尊重しなければならない場合がある。資源提供者の意向とサービスの受益者の意向、スタッフの意向は時に食い違う可能性をもっている。

　またNPOは、スタッフにとって能力に応じて働く自己実現の場ともなっているため、通常の営利組織とは異なる「人事管理」が必要とされている。NPOのスタッフは、組織に対する忠誠心より、ミッションや社会的問題に強い関心を示し、有意義なミッションに奉仕しようとして、NPOで働くということを選んでいる場合が多くみられる。また、組織規模が小さく、財政力も弱いことが多いため、地位や賃金の向上をモチベーションとして活用する伝統的管理手法は使いにくいといえる。代わりに、個人の自己実現の方向性と組織のミッションや事業の方向性をいかに合致させるかが、人材の定着と育成の重要な鍵となる。従って、ミッションを理事とスタッフが共有し、信頼感と参加意識を向上させる「コミュニケーション」が、営利企業以上に必要となる。

　つまりNPOは、異なる立場のステークホルダーが金銭ではあらわすことのできない目的のために参画している組織であり、その間の統合の基礎となるのがミッションであり、ミッションを共有させるためのコミュニケーションが非常に

重要であるといえよう。コミュニケーションの促進と合意形成の重視のために、NPOの組織構成は営利組織に比べて、「非ヒエラルキー型」の「フラットな組織」や「参加型の意思決定システム」をもつことが必要とされる。

3－6. 業績評価の必要性

　NPOでは、営利企業とは異なり、ミッションの成果や達成度を「利益」「利潤」という具体的で明確な指標で示すことができない。NPOの提供するサービスは、定量的評価になじまない場合が多く、そのためにNPOの理事やスタッフは、「業績評価」「事業評価」の導入に積極的でない傾向がみられる。また、受益者は費用負担者でないために、顧客志向の営利組織に比べ、評価における受益者意見が軽んじられる傾向にあることも否定できない。あるいは、資源提供者（政府、財団、企業、寄付者、ボランティアなど）の意見が、目標設定や評価に影響を与えることもある。つまり、NPOにおいては、個々の事業や組織全体がうまく成果をあげているかどうかを、評価、判断することが難しいという側面があるのも事実である。

　しかし、組織がそのミッションを効果的、効率的に達成するためには、ミッションを具体的な目標に落とし込み、その達成度を評価する仕組みを構築することが欠かせない。そのためには、まず計画の策定、目標の明確化が必要となる。ミッションが当該組織の存在理由ともいえるものであるのに対し、中長期的な将来においてミッションが実現された状況を具体的に表した姿を「ビジョン」という。さらに、ビジョンを達成するのに必要な個々の事業における具体的な達成目標が「ゴール」である。ビジョンやゴールを設定する際に、何らかの数値目標の導入を図ることができれば、ミッションの達成度の評価がしやすくなる。さらに目標を達成するための中長期的に採用する基本的な方針、枠組みを「ストラテジー」という。

　今後のNPOには、資源提供者や社会に対してきちんとした成果の説明責任を果たすためにも、さらにはNPO自身の力量形成のためにも、目標設定と成果評価のサイクルを確立することが不可欠といえる。

```
ミッション　　：組織使命
ビジョン　　　：中長期的に目指す姿、中期計画
ゴール　　　　：具体的な目標
ストラテジー：目標を実現するためにとる中長期的な戦略
```

図表Ⅱ－1－10　ミッションからストラテジーへ

4. ミッションの見直し

　これまでNPOのマネジメントはミッションが基点になることを述べてきた。従ってミッションは毎年改定するようなものではない。しかしながら、ミッションを「不磨の大典」にしてしまうことも適切とはいえない。NPOが社会のための組織である以上、組織を取り巻く内外の環境変化を踏まえ、ミッションは定期的に見直す必要がある。NPOが社会にとって有意義な組織であり続けるために、必要に応じてミッション・ステートメントを再定義するのである。

　ミッションの見直しが起こるのは、ニーズの拡大や消滅などのように、「外部環境」に大きな変化が生じた場合や、団体の事業能力などの「内部環境」に大きな変化が生じた場合である。例えば、ミッションが想定しないような社会ニーズの発生があった場合にも団体がそのニーズに対応可能な能力をもっていれば、ミッションで規定される団体の目的や事業領域を拡大するなどの変更を加えることがありうる。逆に、ミッションが規定していた社会ニーズが消滅した場合や、団体が担い手の交代や技術の変化等で事業能力を失った場合にも、ミッションの変更を余儀なくされるであろう。

　ミッションの見直しの際には、団体の設立の経緯やこれまでの歴史を踏まえつつ、見直しを必要とする変化の要因は何なのかを明確にする必要がある。団体を取り巻く社会経済環境がどのように変わったのか、関連する政策の動向、外部から寄せられる期待、組織にとっての支援要素や脅威となる要素はどのようなものなのかを把握して、社会の何に対して、あるいは誰に対して貢献をしていくかを改めて検討し、再設定することになる。組織内部の課題や変化に関してもチェックが必要となる。

　また、ミッションの見直しは、単なる文言の修正ではない。組織運営の具体的な姿の変更、つまり事業の再編や優先順位の変更、新規事業開発、計画や目標設定の変更、財源の変化にもつながるものである。したがって、団体が現在抱える課題は何か、自らの持てる力を最大限に発揮できる領域はどこなのかなどについて検討し、変更の必要性を判断することになる。

　ミッションの見直しは、第一義的には理事会の役割であり、理事の強いリーダーシップが求められる。しかしミッションは、理事やスタッフ、寄付者にとって、参加モチベーションの源泉であることから、これらの重要なステークホルダーがミッションの見直しに共感をもつことが重要となる。このため、ミッションの見直しの過程に、ステークホルダーに参加してもらう機会を設け、合意形成を図り

ながら進めることが求められる。

4－1.「キャパシティ・ビルディング」というアプローチ

　NPOにおける経営上の課題に対応するために、「キャパシティ・ビルディング」というアプローチが注目を集めている。キャパシティ・ビルディングは「組織の実績と効果を高めるために、組織強化を図るプロセス」「NPOが、より効果的かつ効率的に社会の課題を解決できるようになるための組織の基礎体力（キャパシティ）の形成」と定義されている。キャパシティ・ビルディングのポイントは、技術的なノウハウの強化だけでは組織力の強化に十分ではないとの認識に基づき、マネジメント力を確保する基盤としてリーダーシップや適応力を重視するアプローチである。

　米国の非営利コンサルタントである「TCCグループ」は、実態調査に基づいて、NPOがミッションを果たすうえで必要な4つの組織能力は、「リーダーシップ力」、「適応力」、「マネジメント力」、「技術力」であるとしている（図表Ⅱ－1－11）。

①リーダーシップ力

　あらゆる組織のリーダーがもつべき能力であり、発想し、優先順位付けを行い、意思決定し、方向を決めて革新を行う能力のことをいう。効果的なリーダーシップとは、ミッションを達成するために組織がとるべき次のステップをみて、明確な目的や目標を設定し、行動を実行するための指示を出すものである。

②適応力

　NPOが抱える内外の環境変化を観察・評価し、対応する能力のことをいう。内的変化とは、例えば、スタッフや理事の交代、プログラムの質の変化、組織文化の変化などである。外的変化とは、公共政策の変更、財源の変化や減少、コミュニティの抱える課題の性質やスケールの変化などである。適応力とは、自分自身では直接コントロールできない変化に対して、変化を起こし、より自立性を高める能力である。

③マネジメント力

　NPOが組織のもつ資源（リソース）を、効果的、効率的に活用する能力のことをいう。リーダーシップと区分して考えられている。リーダーシップは、未来を見渡し、優先順位をつけ、目的と目標を設定し、リソースの配分についての決定を行うものだが、マネジメント力はすべてのリソースが最も効果的、効率的に使われ、目標や目的を達成するようにすることである。ひとつの組織内の誰もが、リーダーシップやマネジメントの役割を担うことができることに留意すべきである。

リーダーシップ力	適応力	マネジメント力	技術力
あらゆる機関のリーダーの持つべき、発想、優先順位付け、意思決定、方向付け、革新の能力。全て、その機関のミッションを果たすための活動である。	NPOにおける、内部及び外部環境変化に対する監視、評価、反応、創造の能力。	NPOにおける、各種リソースの効果的、効率的な利用をする能力。	NPOにおける、各機関とプログラムの主要な機能を実行するための能力。
● 意思決定機関／ガバナンス ● リーダーシップの開発 ● 経営幹部の入れ替え ● 戦略立案（優先順位付けと意思決定）	● クライアントのニーズ評価 ● プログラム評価 ● 機関評価 ● 協働 ● ネットワーク作り ● 戦略的同盟／リストラクチャリング ● 戦略立案（全クライアント、機関情報、プログラム情報のレビュー）	● 人材マネジメント／人材開発 ● 財政マネジメント ● ナレッジ・マネジメント ● 設備マネジメント	● プログラム／サービスの遂行 ● 資金調達 ● マーケティング ● 技術 ● 会計 ● リサーチ（データ収集と分析） ● コミュニケーション ● パブリック・リレーションズ ● 現状以上のサービス（支援）

図表II－1－11　キャパシティ・ビルディングの構成要素

出典：Grantmakers for Effective Organizations, "Evaluative Learning: A Funder's Guide to Evaluation as a Capacity Building Tool" より作成

④技術力

　NPO が主要な組織運営上の、あるいはプログラム実施上の機能を発揮する能力のことをいう。組織の技術力は、組織のスタッフの知識、技術、経験によって左右される。

　このように、キャパシティ・ビルディングというアプローチは、NPO の経営能力の向上のためには、リーダーシップ、適応力、マネジメント力、技術力のそれぞれに着目することが必要であるとしている。特に前2者に注目するところに特徴がある。

　この点は、現行の日本における NPO のマネジメント支援が、「技術力中心＋若干のマネジメント力支援」に集中していることに照らしてみると興味深い。すなわち、NPO の経営が「ミッションに始まり、ミッションに終わる」ことを考えると、ミッションからビジョン、ゴール、ストラテジーを導き出す「リーダーシップ」の重要性や、社会や地域の要請、ニーズに敏感に対応する「適応力」の重要性に着目することは、今後の日本の NPO の力量を伸張させる上で示唆に富んでいる。

NPOやソーシャルビジネスが社会問題の解決には不可欠との認識が広まり、実際に、その役割を果たすようになりつつある。それに伴い、人、モノ、金、情報といった社会的資源がNPOに徐々に集まるようになってきた。ミッションへの共感に基づいた「志」ある寄付やボランティアなどを十全に活かして、質の高い事業やサービスを継続することがNPOの責務となっている。この傾向は、今後さらに拡大していくであろう。さらに、サービス提供にとどまらず、社会問題の解決に向けて、社会創造、社会変革に貢献することがNPOには求められている。そのためにも、ミッションを原点とした「ミッション・ベースト・マネジメント」や、組織力を強化する「キャパシティ・ビルディング」が重要となってくるのである。

【学習課題】

①「内閣府NPOホームページ」、「全NPO法人の財務状況等のデータに関する集計分析結果（経済産業研究所）」をもとにNPO法人の数、地域別・分野別分布、事業規模等を確認してみよう。
②実際のNPOのミッション・ステートメントをホームページに記載されている団体情報などで調べ、究極的な組織目標「ミッションA」とそれを実現するために行う具体的な事業内容「ミッションB」に該当する部分を分析してみよう。
③「あしなが育英会」http://www.ashinaga.org/index.php は病気や災害、自死（自殺）で親を亡くした子どもたちを物心両面で支える民間非営利団体である。同会の歴史を振り返り、ミッションに基づいた活動内容をどのように社会環境の変化に対応させてきたかを分析してみよう。

【参考文献】

河口弘雄、『NPOの実践経営学』同友館、2001年。
小島廣光、『非営利組織の経営―日本のボランティア―』北海道大学出版会、1998年。
Lester M. Salamon, Helmut K. Anheier, *The Emerging Nonprofit Sector: An Overview*, Manchester University Press, 1996.（＝今田忠監訳、『台頭する非営利セクター』ダイヤモンド社、1996年）
Peter F. Drucker, *Managing the Non-profit Organization*, Butterworth-Heinemann Ltd, 1990.（＝上田惇生・田代正美訳、『非営利組織の経営』ダイヤモンド社、1991年）
Peter F. Drucker, Gary J. Stern, *The Drucker Foundation Self-Assessment Tool*, Jossey-Bass Inc Pub; Revised edition, 1980.（＝田中弥生監訳、『非営利組織の成果重視マネジメント』ダイヤモンド社、2000年）
坂本文武、『NPOの経営資金調達から運営まで』日本経済新聞社、2004年。
Sharon M. Oster, *Strategic Management for Nonprofit Organizations: Theory and Cases,* Oxford University Press, 1995.
島田恒、『非営利組織のマネジメント』東洋経済新報社、1999年。
スミス・バックリン・アンド・アソシエイツ、『みんなのNPO』海象社、1999年。
山岡義典他著、『NPO基礎講座―市民社会の創造のために―』ぎょうせい、1997年。

第2章

ガバナンス

今田　忠

本章ではNPO法人のガバナンス、倫理、コンプライアンスについて解説する。NPO法人がミッションを達成し、社会的責任を果たすマネジメントを実現するには、ガバナンス体制が整っていなければならないので、ガバナンスを意識した組織設計・組織運営が求められる。

狙い

- ☑ 「コーポレート・ガバナンスとは何か？」を理解する
- ☑ NPO法人の機関を理解する
- ☑ 倫理とコンプライアンスを理解する

学習のポイント

- ☑ コーポレート・ガバナンスの重要性を理解する
- ☑ NPO法人のガバナンスについての法的規定は少なく、具体的なガバナンスのあり方は定款に委ねられている。定款自治の原則を理解する
- ☑ NPO法人における総会、理事会の機能分担について理解する
- ☑ ガバナンスにおける理事、理事会の重要性を理解する
- ☑ NPO法人においては営利企業以上に倫理が厳しく問われ、コンプライアンスが重要であることを理解する

今田　忠(いまだ　まこと)　市民社会研究所　所長、公益財団法人パブリックリソース財団　顧問、日本NPO学会　前会長、2017年11月逝去

1. コーポレート・ガバナンスとは何か

　近年、ガバナンスという用語が良く使われるようになった。政治の世界では、小渕恵三内閣時代に首相の諮問機関として設置された「21世紀日本の懇談会」（座長河合隼雄）で「統治からガバナンス（協治）へ」が提唱されている（2002年1月19日の日本経済新聞）。

　ガバナンスとはラテン語で帆船の「舵取り」を意味するが、それが社会の「舵取り」を行う意味になってきたといわれている（篠田 2003）。また角瀬保雄によると政治学では、帝国主義の宗主国が植民地を統治することを指してきた。この言葉がコーポレート・ガバナンスとして企業に関して使われるようになり、今日では、ポリティカル・ガバナンスやグローバル・ガバナンスといった政治学上の言葉としても復活している（角瀬 2005）。

　コーポレート・ガバナンスという用語は企業統治と訳されるが、コーポレート・ガバナンスとは強大な権力を持つ経営者を牽制する制度である。具体的には、①企業の経営者を誰がいかにして任免するか、つまり企業を誰のものと考えるか、あるいは企業の中の主権者を誰にするか、②経営者を選ぶことのできる人びとは、企業の経営に対してどのような責任を負うか、③どのような範囲の人びとを将来の経営者の候補群とするか、④経営者に対して、誰がどのような牽制を加えるか、といった問題についての選択を行うための制度的な枠組みである（伊丹・加護野 1989）。

　コーポレート・ガバナンスは、経済のグローバル化に伴い、改めて重視されるようになった。2003年3月の証券取引法（2007年9月に金融商品取引法に改題施行）の改正に際し、「コーポレート・ガバナンスの状況」の項目が新設され、有価証券報告書に次の項目が記載されることになった。

・会社の機関の内容
・内部統制システムの整備の状況
・リスク管理体制の整備の状況
・役員報酬の内容
・監査報酬の内容

　また2005年6月に制定された会社法では、ガバナンスという用語は使われていないものの、内部統制システムが制度化されている。会社法は会社の規模等により規定が複雑であるが、内部統制についての取締役および監査役の責任が重要

になっている。

　会社法の改正には、経済のグローバル化とともに頻発する企業の不祥事が背景にある。不祥事には、製品の偽装あるいは虚偽表示に関するもの、不当な取引を強制するもの、従業員の労働条件・労働環境に関するもの、決算数字の偽装に関するものなどさまざまである。

　これらの不祥事には横領のように個人の利益を図るものも少なくないが、多くの場合企業の利益のためを思っての行為である。しかし、不祥事が発覚すれば企業の信用は一挙に失墜し、甚だしい場合には倒産に追い込まれることになる。

　そこで、このようなことに追い込まれないためにリスク・マネジメントが重視されるようになり、リスク回避を可能にするコーポレート・ガバナンスが求められ、ガバナンス上コンプライアンスが重視されるようになった。コンプライアンスは一般的に法令遵守と訳されるが、さらに幅広く倫理・道徳といった社会的ルールを守ることであると理解されている。

　このような株式会社をめぐる動きはNPOにとって無縁ではない。むしろ多数の善意によって支えられているNPOこそコンプライアンス重視のガバナンスが求められる。

　日本でもNPO法人ではないがKSD[1]のような例もあり、NPO法人の不祥事も伝えられるようになった[2]。NPO法[3]施行から2008年12月で10年を迎えるが、2009年1月末で36,552のNPO法人が認証されている。その一方で2,488法人が解散し、330法人が認証取消処分を受けている。認証取消の大部分は3年以上にわたって事業報告書等を提出してないため、NPO法第43条[4]が適用されたものである。そのほかにも刑事事件を引き起こしたNPO法人もある。刑事告訴に至らないまでも行政庁に摘発された例もある。

　2008年12月に施行された新しい社団法人・財団法人法にも、会社法の影響があり、細かいガバナンス規定が盛り込まれている。

　また新社団法人・財団法人法の施行に伴い、NPO法も民法を準用している部分を中心に改正され、ガバナンスの規定が若干盛り込まれ、2008年12月から施行された。

2.　NPO法人のガバナンス

2-1.　定　款

　NPO法のガバナンスに関する規定はきわめて簡単で、ガバナンスの規定は定款

自治に委ねられており、比較的自由に定款で定めることができる。組織の管理・運営は定款に基づいて行われることから、組織の実態に適した定款を作成することが重要である。

多くの場合、所轄庁のモデル定款に従って定款が作成されているが、組織の実態に合わない場合は適宜モデル定款を修正すれば良い。設立当初は良く分からないためにモデル定款通りにつくってしまった法人が多いが、実情に合わない場合には定款変更の手続きを行うことが求められる。

なお、定款自治とは言っても定款に記載しなければならない事項は法定されている（NPO法第11条）。

ガバナンスについてコンサルティングを求められる場合には、組織設計（組織の枠組み）の変更が必要な場合が多く定款変更を伴うことも多いので、NPO法について十分理解しておくことが求められる。

NPO法については多くの解説書が出版されているが、基本的なものは巻末の参考文献に掲げてある『NPO法コンメンタール』である。もっとも、この本は法律制定時のものであるから、その後の法律改正については内閣府ホームページ等で確認されたい。またNPO法その他NPOに関するトピックについては「シーズ」のホームページが有益である。

定款作成はもちろん、その後のガバナンスに際して重要なことはNPO法の理念に忠実でなければならないということである。即ち**図表Ⅱ－2－1**に掲げるNPO法の目的と定義に合致していなくてはならない。

目的：第1条　この法律は、特定非営利活動を行う団体に法人格を付与すること等により、ボランティア活動をはじめとする市民が行う自由な社会貢献活動としての特定非営利活動の健全な発展を促進し、もって公益の増進に寄与することを目的とする。

定義：第2条　この法律において「特定非営利活動」とは、別表に掲げる活動に該当する活動であって、不特定かつ多数のものの利益の増進に寄与することを目的とするものをいう。

図表Ⅱ－2－1　ＮＰＯ法の目的と定義

2-2. 役　員

NPO法人の機関については、理事3名以上、監事1名以上という規定があるだけであるから、具体的なことは定款で定める必要がある。

　役員に関し法律で規定されているのは、「役員のうち報酬を受ける者の数が、役員総数の三分の一以下であること（NPO法第2条第2項第1号ロ）」、および「役員のうちには、それぞれの役員について、その配偶者もしくは三親等以内の親族が一人を超えて含まれ、又は当該役員並びにその配偶者及び三親等以内の親族が役員の総数の三分の一を超えて含まれることになってはならない」（NPO法第21条）ということだけである。前者はNPO法がボランティア活動を前提に制定されているためであり、後者は特定の役員が支配することを避けるための規定である。

　役員の選任方法、任期、職務、解任、報酬等については定款で定めることが必要となる。役員の選任、解任は法的には総会でなくても良いが、定款で総会の議決によると定めているものが殆どであると考えられる。理事会で次期の役員を選任する方法や、理事長の指名も法的には可能である。役員の選任、解任を定款で定めていない場合には総会の決議によることになる。

　法律では役員の資格が定められていないため、社員以外から役員を選任することも可能である。

　理事は、複数であっても全員が法人を代表することになるが、一般的には理事の中から理事長（副理事長）、代表理事（副代表理事）等を選任し、これらの役職理事が代表権を持つことになる。役職理事の選任は理事の互選によるのが一般的であるが、総会で選任しても良い。理事の代表権に制限を加える場合は、その旨を定款に明記しなければならない。代表権を持つ理事のみが登記される。いる場合、その定めを登記事項とし、法的に理事の代表権を制限できるようになった。

2－3. 総　会

　NPO法では、NPO法人は10名以上の社員（会員）で構成されると定められているが、社員の権利・義務についての規定はない。一般的には社員総会が最高の議決機関と考えられているが、法律上そのような規定はない（堀田・雨宮1998）。法律上、社員総会での議決を必要とするのは、定款変更、解散、合併のみである。定款変更は頻繁に行われることではなく、解散、合併に至っては、法人が消滅するときのみである。その一方でNPO法第14条の2により、少なくとも毎年1回通常社員総会を開催することが求められており、社員総会の権能を定款で定めておく必要がある。

　ガバナンスの体制は定款で自由に決定できることから、組織の大きさ、性格によって定款をつくれば良い。とくに理事だけで決定できる事項、総会の議決を要する事項の区別をしなければならない。民主的ガバナンスという観点からは総会

の権能を強くすることが求められるが、スピード経営にとっては、理事会に権能を集中させる方が効率的である。

　一般的には定時総会で事業報告・収支決算の承認を求める規定を置いている。事業計画・収支予算については、総会の権能としている場合と理事会の権能としている場合がある。社員の人数にもよるが、総会の権能を広くすると臨時総会を度々開く必要性が出てくるので、機動的な組織運営をするには総会の権能を狭くして理事会の権能を広くしておく方が良い。ただNPOの基本は民主的運営であるから、理事以外の社員もオブザーバーとして理事会に出席できるような運用を行う方法もある。

　理事会に理事以外の者の出席を認めるかどうかは定款に規定するようなことではなく適当に運用すれば良い。事務局員が陪席するのは一般的であるし、理事以外の社員にも出席を呼びかけることは良くあるが、社員の数や参加意識にもよるので一概には言えない。発言を認めるかどうかも運用で決めれば良いことであるが単なる傍聴ではあまり意味がないかもしれない。オブザーバー参加を認めるメリットは多様な情報と意見が得られること、社員の理解が得られれば業務執行がスムーズになること、デメリットとしては議事が長引くことである。案件によっては情報漏洩の心配があるが、そのような議題の時はオブザーバー参加を認めないようにすれば良い。

　総会の定足数も自由に決められることから、社員数が多い団体では定足数を少なくすることもできる。また細かいことではあるが、定足数の分母となる社員は何日現在の社員か、即ち、何日現在の社員が議決権を持つかについて規定している定款は見たことがない。実務的には議案書の発送先など、面倒なので定款に決めておくのも一法である。

　また、有力者に評議員、諮問委員、顧問等を依頼することがあるが、混乱を避けるためにも、権限と役割を決めておくことが必要となる。

2 - 4.　理事会

　理事会は法定の機関ではないが、NPO法で「法人の業務は、定款に特別の定めのないときは理事の過半数で決する」（NPO法第17条）とされている。理事全員が常勤の場合は理事会の規定は不要かもしれないが、一般的には理事会について定款に規定する。

　また、ある程度規模の大きなNPO法人にとってはガバナンスの成否は理事会にかかっているといっても良い。

　表面上は総会が議決機関であり、理事会が執行機関であると解されているが、現実には理事会が実質的な意思決定を行う。

　マネジメントサイクルのPDCAすべての局面で理事会の意思決定が求められており、Planの部分、とくに中長期計画の策定については理事会の合意が決定的に重要となっている。

　ガバナンスが機能しているかどうかをチェックするには、理事会の構成と理事会の内容を見ることになる。

　理事会の構成については、理事の人数、理事は全員社員であるかどうか、常勤理事と非常勤理事との割合、非常勤理事の属性といったことを検討する。現実には社員以外から理事を選任する場合はまずないと考えられる。

　理事の人数は法律では3名以上と規定されているだけであるが、ある程度の事業規模の法人の場合は最低でも5～7名程度の人数が求められる。しかし、多くすることで出席率が悪くなり機能しないという問題も発生するので、定款では○名以上△名以内と幅を持たせて規定する方が良い。

　非常勤理事は会社における社外重役と同じで、大所高所から法人の方向性に意見を述べる役割があることから、一部に非常勤理事を選任することが望ましい。実例としては、事業内容に精通している学識経験者、事業内容に関連する企業関係者、ジャーナリストなどを選任している場合が多い。

　また、2－2で述べたように「役員のうち報酬を受ける者の数が、役員総数の三分の一以下であること」が求められていることから、常勤役員の数も三分の一以下にすることが必要となる。もっとも、役員が業務執行の対価として得る金品は企業の使用人兼務役員に支払われる給与と同じであって、ここにいう役員報酬ではないと解されているので、無給で働かなくてはならないということではない。

　ただし法人税法上は代表権のある理事や役付理事(副理事長、常務理事等)および監事は使用人兼務役員にはなれない。

　理事会の内容については、開催頻度と審議内容を検討することになる。理事会は総会に付議すべき事項を審議するので、最低でも総会の前に年1回は開催する必要がある。しかし、それでは不十分で定例会を設定することが望まれる。毎月開催している法人もあるが、年6回、年2～3回という法人もある。事業内容により必要に応じて適宜開催することも可能であり、正解はない。内容としては、事業進捗状況、決算案、来年度の事業計画、主要人事といった問題を審議する。大型の委託契約の締結、中長期計画改定、事務所の移転といった大きな案件がある場合には、頻繁に開催しなければならない。しかし、このような特殊な課題が

ある場合であっても、理事会ではなく特別委員会を設けることで対応することもできる。

　一方で、出席率も重要である。素晴らしい非常勤理事を揃えても欠席ばかりでは意味がない。もっとも非常勤理事は多忙であるから、個別に意見をもらう体制ができていれば出席にこだわる必要性は低くなる。

　理事会が機能しているどうかは実際に理事会に何回か出席してみなければわからない。形骸化し、時間の浪費になっている場合も少なくない。このような場合には、ファシリテーションの技術について外部支援者によるコンサルテーションが必要である。

　最も重要なことは理事全員がミッションを共有し中長期の方向性について合意していることである。この点に問題があれば、マネジメントの向上は望めない。場合によってはコンサルタント自身がファシリテーターとなって理事全員によるワークショップを開催し、意識の共有化を図ることが求められる。

2－5.　業務執行

　役付理事の職務についても定款で定めることが一般的であるが、役付理事の具体的な職務は組織によりさまざまである。

　役付理事は代表理事(理事長)、副代表理事(副理事長)が一般的であるが、専務理事(常務理事)や会長を置く場合もある。会長の多くは、非常勤で理事会の Chair (議長)を務めるだけで、日常業務執行にはかかわらない。また、代表理事(理事長)は一般的には業務執行責任者であるが、代表理事(理事長)であっても非常勤で理事会の Chair だけの場合もある。その場合には、専務理事(常務理事)や事務局長が日常業務執行の責任者となる。理事会の Chair を日常業務の責任者と分離するのが良いかどうかについては、具体的な人選にもよるものであることから一概には言えない。

　事務局長のポストを設けている法人と設けていない法人があることや、事務局長が理事の場合とそうでない場合があるなど、一般論はない。事務局長の選任方法もさまざまであることから、役付理事や事務局長の職務を何らかの形で文書化しておかないと業務が混乱することになる。非常勤理事がプロジェクトを担当する場合には、とくに職務権限や指揮命令系統を明確にする必要がある。

　一般的にはスタッフが日常業務責任者の指揮命令のもとに日常業務を執行する。

　組織が大きくなると、混乱を避けるためにも職務権限規定が必要となる。とく

に支払については支払の決裁者と現金出納責任者・預金管理者は別人にすることで、チェック機能が働く。

　日常業務執行で大切なことは、スタッフが組織のミッションや事業の意義を十分に理解していることである。NPOにおいては、スタッフは単なる人的資源ではなくミッション達成のための同志である。日常業務執行責任者には、理事会とスタッフをつなぐ重要な役割があり、労務管理の観点のみでスタッフに接してはいけない。

　いくら理事会で立派な年度計画や中長期計画を策定しても、執行されなければ絵に描いた餅である。スタッフも計画策定に発言することが可能な参加型事業計画の手法を取り入れなければ、計画の実現は難しい。

2−6. 監　事

　コーポレート・ガバナンスで監事は非常に重要な機関である。コンプライアンスの観点からも、監事の役割が重要となる。

　NPO法第18条に監事の職務が規定されている。

一　理事の業務執行の状況を監査すること
二　特定非営利活動法人の財産の状況を監査すること
三　前2号の規定による監査の結果、特定非営利活動法人の業務又は財産に関し不正の行為又は法令若しくは定款に違反する重大な事実があることを発見した場合には、これを社員総会又は所轄庁に報告すること
四　前号の報告をするために必要がある場合には、社員総会を招集すること
五　理事の業務執行の状況又は特定非営利活動法人の財産の状況について、理事に意見を述べること

　監事はこのように強い権限を持っているが、実務上はあまり機能していないと考えられる。これは第三、第四、第五号に規定するような事態が生ずることは稀であること、また監事は一般的には非常勤であることから、日常的な業務執行状況や財産の状況を把握することが難しいためである。

　NPO法の監事の職務に関する規定は上記のみで、極めて簡単であるから、必要に応じ定款に規定しなければならない。定款で監事の職務を拡充することは可能であるが、職務を縮小することはできない。

　法律上、監事は1名で良いが、できれば2名選任しておくことが望ましい。止むを得ない事情で辞任したり、事故の場合に、直ちに後任を選任しなければなら

なくなるからである。業務執行監査担当と会計監査担当と別々に、欲を言えば弁護士および公認会計士・税理士またはそれに準ずる人を選任するのが望ましい。

監事の選任方法は法律に定められていないので、定款に規定する必要がある。一般的には総会で選任するが、それ以外の方法、例えば理事会で選任することも可能である。しかし理事の業務執行を監査する人物を理事会で選任するのは好ましいことではない。また社員の中から選任するのが一般的であるが、私見としては社員以外の方が望ましいと考えている。

監事は理事会の構成員ではないが、理事会への出席要請が行われているのが一般的である。できるだけ理事会に出席して法人の状況を把握しておくのが望まれる。

なお、NPO法第18条第5号は「理事の業務執行又は特定非営利活動法人の財産の状況について、理事に意見を述べること」とあるが、定款では「……理事に意見を述べ、若しくは理事会の招集を請求すること」としている場合が多いようである。

事業年度終了後、決算総会までに決算監査を行う。監査報告書については法定されていないが、一般的には監査報告書を提出することになっている。監事が総会で監査報告を行うことも法定されておらず、定款にも記載されていない場合が多いが、総会で監査報告を行うのが一般的であり望ましい。

監査報告書の例を下記にあげるが、あくまでもひとつの例である（図表II－2－2）。

問題は決算に誤りがあったり、不適切な業務執行が発見された場合であるが、重大なものでない場合には、総会までに補正すれば良い。重大な事実を発見した場合には法律に従って対処する必要があるが、そのようなことにならないように、日常的に理事やスタッフとコミュニケーションを密にしておかなければならない。

監査については「NPO法人 NPO会計税務専門家ネットワーク」から詳細な「NPO法人の監事の監査チェックリスト」が公表されているので参考にされたい。

3. 倫理とコンプライアンス

3－1. ＮＰＯの倫理

NPOと営利企業が異なるのはボランティアの参加・協力である。NPO法第1条に「ボランティア活動をはじめとする」という文言があるように、NPO法人はボランティア精神で運営することが期待されている。

また、NPO法人は寄付金や助成金といった直接の見返りを求めない資金を得て活動している。言わば無償の資源に依存して成り立っている。NPOの場合、サービスの受益者が対価を支払うとは限らない。実際に対価を支払うのは寄付者や助

監査報告書

２００Ｘ年○月○日

特定非営利活動法人○○○○○○
理事長　　○○○○○殿

監事　＊＊＊＊＊印
監事　＋＋＋＋＋印

　私どもは平成○○年度監事として、平成○年○月○日、貴法人の平成△△年△△月△△日から
平成△△年△△月△△日までの事業報告書及び計算書類(財産目録、貸借対照表及び収支計算
書)につき監査を行いました。
　その結果を下記のとおり報告致します。

監査意見
1　　当該期間における業務執行状況は適切であり、法令・定款に違反する重大な事実は認めら
　れませんでした。
2　　事業報告書の内容は、真実であると認めます。
3　　会計処理は一般に公正妥当と認められる会計原則に則って適正に処理されており、財産目
　録、貸借対照表及び収支計算書は、会計帳簿と一致し、貴法人の財産の状況を正しく示して
　いるものと認めます。

図表Ⅱ－2－2　監査報告書の例

成者である場合がある。寄付者は自らサービスを提供できないので、NPOにサービ
ス提供を委託しているとも言える。つまりNPOは寄付者の代理人とも考えられる
のである。この場合、金儲けの代理人ではなく、篤志活動あるいは大義名分の代理人
である。ボランティアや寄付者は、NPOを信頼しているからこそ、無償で人的・金銭
的資源を提供するのであり、NPOは社会全体から支援されている組織なのである。
　サービスの受益者は、NPOであれば営利企業のように顧客を騙さないという信
頼感を持っている。非営利であることから、理事やスタッフは金銭的な利得を目
的としていないという信頼である。
　NPOは営利企業よりステークホルダーの範囲が広く、NPOは典型的なマルティ・
ステークホルダー組織であるから、営利企業以上に倫理、コンプライアンスが求
められる。

ステークホルダーとは何か
　利害関係者の意味。行政や公益法人・NPOは社会全体がステークホルダーである。
　営利企業でもステークホルダーは拡大している。株式会社は株主のために利益をあげ
る組織だが、ストックホルダーからステークホルダーへと言われ、従業員、顧客、取引先、
地域社会、地球全体へと広がってきた。

　日本では NPO の倫理について、あまり取り上げられていないが、アメリカで
は NPO が税制上優遇されていることもあり、NPO の倫理が厳しく問われている。
日本の NPO には縁遠い話であるが、アメリカの NPO の責任者の高額報酬がスキャ
ンダルになったこともあった。

　日本では税制優遇は充分ではないが、NPO は公的存在として社会に役立つ組織、
公益に寄与する組織として期待されていることから、営利企業以上の倫理が求め
られる。

　倫理といっても難しいことではない。常識の範囲で不信感をもたれないように
行動することである。また、倫理は倫理綱領を制定すれば良いというものではな
く、組織文化として定着し、あらゆる行動に現われなくてはならない。

　倫理とは具体的には、首尾一貫性（integrity）、公開性、アカウンタビリティである。

　首尾一貫性とは、見かけと実態がつながっていること、意図と行動、約束と結果が
一致していることである。書類に書かれていることと実際に行っていることを比べ
てみると首尾一貫性があるかどうかが判断できる。法的に求められることはもちろ
んのこと、最高度の道徳的基準を満たさなければならない。崇高なる目標を掲げても
行動が伴わなければ、社会の信用と信頼を得ることはできないのである。

　公開性について NPO 法人は情報公開を義務付けられている[5]。

　NPO のアカウンタビリティについては、シーズを中心とする「NPO アカウンタ
ビリティ研究会」による定義がある（図表II－2－3）。

アカウンタビリティには広狭 2 つの定義が可能である。
　広義（説明責任）：資源提供者は、組織が使命の実現に向かって活動するという約束のも
　　　　　　　　　とに、対価の支払を条件とせずに、資源を組織に委ねるのであるから、
　　　　　　　　　組織は受託者として、資源提供者に対して組織使命の履行一般に関し
　　　　　　　　　て説明責任を負う。
　狭義（会計責任）：委託された資源のうち貨幣単位で表現される資源、および貨幣単位に
　　　　　　　　　換算可能な資源の運用に関する説明責任。

図表II－2－3　アカウンタビリティの定義

　しかし、これでは不十分である。

　アカウンタビリティとは、より一般的に「政策決定から実行に至る過程および
意志決定の基準をすべてのステークホルダー（利害関係者）に対して明らかにする
こと」である。政策という場合、政治・行政的な意味だけでなく、企業・NPO に
おける経営政策も含めている。政策を実施した結果について求められる責任が
responsibility である。

　説明責任における説明のポイントは適正なる手続き（due process）である。due process という考え方は国家権力と国民の関係のことだが、最近の政治家や経営者の不祥事は広い意味での due process の欠如に起因している。政治や経営については、結果責任であるというのはそのとおりであるが、意思決定が密室で行われても良いということにはならない。手続きが定められていても、遵守されなければ意味がない。これは倫理上の問題である。

3－2．ＮＰＯのコンプライアンスとリスク・マネジメント

　営利企業でコンプライアンス体制が強く求められるようになっている背景として、最近は法令が複雑化し、そのつもりはなくても法令に違反してしまうこともあり、コンプライアンスのチェックシステムを組織にビルトインしておかなければならなくなってきたからである。

　NPO においても法的に求められることを遵守するのは当然のことであり、コンプライアンスを意識した経営を行わなければならない。

　NPO のコンプライアンスで最も問題があるのは労働法規の遵守である。現在の労働法規を NPO に適用することは問題があるとしても、NPO であってもリーダーとスタッフは労使関係にあるとみなされるので、違反のないように気をつけなければならない。

　なお、現在検討されている ISO の SR に関するガイドラインは NPO にも適用されるが、ここで最も困難なのは対従業員に対するものである。

　コーポレート・ガバナンスの重要な項目にリスク・マネジメントがある。

　組織はさまざまなリスクに晒されており、思いがけない損害を受けることがないようにリスク・マネジメントに留意しておかなければならない。リスク・マネジメントには組織が他者に損害を与えた場合や盗難・火災等への対処も重要であるが、最大のリスクはコンプライアンスの欠如であり、コンプライアンスを重視しないガバナンスである。

　リスク・マネジメントについては社団法人日本損害保険協会から小冊子「NPOのためのリスク・マネジメント」を入手できるので参考にされたい。

4．おわりに

　コンサルティングとは、「経営分析を行い、その結果を顧客に伝え、それを確実に実行させること」、と言われているが、ガバナンスのコンサルティングは、「実

行させること」が難しい場合が多い。ガバナンスに留意した組織設計を提案することはできるが、それを実行するかどうかはリーダーの性格や人格、経営思想に依存するところが大であるからである。

　また、ガバナンスはいわば予防的な措置で、攻めの経営のツールではないのでコンサルティングの成果が見えにくい。

　NPO のリーダーも様々で全員が社会的使命感に燃え高い倫理観をもっているわけではない。できるだけ多くの NPO に接し経験を積まれることを期待している。

【学習課題】

①内閣府のモデル定款(内閣府 NPO ホームページからダウンロード可)を読み、テキストに述べられている内容を参考に総会、理事(会)、監事の機能とあるべき形について考えてみよう。

②NPO のステークホルダーと企業のステークホルダーを列挙してみて、その範囲と関係の強さを比較し、NPO に求められる倫理、コンプライアンスと企業に求められる倫理、コンプライアンスについて共通する点と異なる点について考えてみよう。

【注】

1　財団法人ケーエスデー中小企業経営者福祉事業団(KSD)が「ものづくり大学」設置に関して行った政界工作。2000 年 11 月に関係者が逮捕された事件で、公益法人改革の一つの論拠ともなった。

2　例えば兵庫県伊丹市で障害者の小規模作業所を運営する NPO 法人が給与明細書を偽造し市の運営費補助 90 万円を不正に受給、また送迎用ワゴン車の購入補助金 100 万円を不正受給し市に摘発された。この場合は「反省している」として刑事告訴は見送られた。

3　NPO 法は正式には特定非営利活動促進法である。NPO 法人は正式には特定非営利活動法人である。

4　NPO 法第 43 条後半：所轄庁は特定非営利活動法人が、3 年以上にわたって事業報告書等、役員名簿等又は定款等の提出を行わないときは、特定非営利活動法人の認証を取り消すことができる。

5　NPO 法第 10 条第 2 項により、認証申請について公衆の縦覧に供される。また第 29 条により所轄庁に提出された事業報告書等について閲覧させなければならない。

【参考文献】

堀田力・雨宮孝子編、『NPO 法コンメンタール』日本評論社、1998 年。

伊丹敬之・加護野忠男、『ゼミナール経営学入門』日本経済新聞社、1989 年。

角瀬保雄、『企業とは何か』学習の友社、2005 年。

河島伸子、「NPO ガバナンスの日米比較—NPO 法人法における構造と課題—」『ノンプロフィット・レビュー』日本 NPO 学会、2005 年。

篠田武司、「ガバナンスと市民社会の公共化」『新しい公共性』有斐閣、2003 年。

第3章

中期計画

鵜尾雅隆

狙い

- ☑ NPOにとっての中期計画の重要性を理解する
- ☑ 中期計画の作成プロセスを理解する
- ☑ 中期計画を実効性・実現性のあるものとするための取り組み(中期計画を作る うえでの7つの視点)について理解する

学習のポイント

- ☑ 中期計画は策定するメリットを十分に理解したうえで、『何のために』作成する のかを明確にしてから作成する
- ☑ 中期計画は策定するプロセス自体も重要である。誰を巻き込み、どの程度の労 力をかけて作成するかは、団体の特性に合わせて決定する
- ☑ 中期計画は、着手し、実現しなければ意味がない。そのために、実行状況をモ ニタリングする枠組みを構築することが大切となる

鵜尾 雅隆(うお まさたか) 認定特定非営利活動法人日本ファンドレイジング協会 代表理事

1. 中期計画の作り方

1－1. NPOの経営者の難しさと中期計画

　NPOを経営する立場にとって、最も重要な問いかけのひとつが、「私たちは、何者で、何故存在しているのか？そしてどこに行こうとしているのか？現在の状況から、その目標まではどうやってたどり着こうとしているのか？」というものである。

　また、NPOには、受益者以外に、会員、寄付者、ボランティア、理事、スタッフ、協働事業者など、さまざまなステークホルダー（利害関係者）が存在し、こうしたステークホルダーのサポートや協働なしに、受益者へのサービスを安定的・効果的に提供することはできない。しかし、ステークホルダーは、それぞれ、さまざまな価値観を有しており、そのNPOに関わっている動機もさまざまである。よって、多様なステークホルダーの意見を調整して効率的に事業を推進することが必要となる。

　そのために、NPOは効率的な経営を目指して計画を策定する。その計画は、数年後のビジョン（到達目標）や戦略的な取り組み課題、アクションプランなどを取りまとめて、組織の活動を推進するうえでの道しるべとして活用するものであり、以下「中期計画」という。

　企業においても、経営目標や中期計画の策定はよく行われる。利益の獲得と株主へ還元がひとつの重要な経営目標であることが多いことから、効率的にその目標点にたどり着くための戦略策定が必要となるのである。

　上述のとおり、NPOにおいては、多様なステークホルダーの支援なくしては活動が立ち行かないこと、そして関係者の価値観の多様性を考慮すると、企業以上に中期計画の必要性は高いといえるかもしれない。しかしながら、実情として、中期計画を有していないNPOが大半を占めている。

　そこで、このセッションでは、中期計画策定を通じて、限られた経営資源を最適に活用し、かつ多様なステークホルダーの方向性をひとつにすることで、効率的なミッション達成を目指す方策について解説する。

1－2. 中期計画策定のメリットと批判的見解

　中期計画の策定は、実情として多くのNPOで行われていない。そこには、「作った方がよいのはわかっているが、労力をかける価値があるのだろうか……」とい

う点に確信が持てないというNPO側の状況がある。そこで、まず、中期計画策定のメリットについて解説する。

　NPOにとっての中期計画策定のメリットとしては次の5つがあげられる。

①3年後なりの到達イメージが明確となり、関係者の動機付けとなる

　　「適正な目標設定」は、スタッフやボランティアのモチベーションを引き出す原動力となりえる。「毎日の仕事」が、数年後には積み重なって、全体としてどのような状態になるのかという「ゴール」がイメージできることで、各課題に取り組む人にとっての潜在的なヤル気を引き出すことができる。

②先手先手を打って、効率的にマネジメントができる

　　民間企業でもNPOでも、経営にとって最も重要なことは、「将来を予測して、先手を打つ」という判断力である。NPOの事務局は、往々にして、「危機が生じてから考える」「誰かが問題提起したことについて対処する」という発想に陥りがちだが、3年後の目標到達点をイメージし、その実現のために着手すべきことやその段取りを明確化することで、組織全体としてのマインドが「先手型」に変わっていくことが期待できる。

③関係者の意識の統一化を図ることができる

　　NPOにとって、重点課題の絞込みやビジョンの策定において、「これが絶対的な正解である」というものは存在せず、多様な「正解」がありうる。しかし、効率的な経営を考えた場合、「当面3年間は、これを『正解』として合意して、前に進もう」という合意形成は、いろいろな議論の堂々巡りを避ける効果がある。

④中期計画の策定、評価のプロセスを通じて組織が成長する

　　中期計画の策定プロセスは、組織の潜在力を発見し、将来の方向性を仮説的に検証するプロセスともいえる。主要な関係者がそのプロセスを通じて組織やその組織を取り巻く状況を適切に理解し、情報を共有すること自体が、組織の強化に貢献する。また、中期計画をモニタリングするという視点は、スタッフに常に自分の担当業務と経営的課題の関係を意識させる効果がある。

⑤世の中に対して、メッセージ力が高まる

　　何を目指すのかということ、そしてその目標に対しての取り組み戦略の明確化は、その団体のことをよく知らない人びと（助成財団、潜在的な寄付者や支援者、行政など）に対して、強く印象づけるメッセージを発するきっかけとなる。そうした外部とのコミュニケーションの改善効果が見込める。

　こういった点が中期計画策定のメリットである。こういったメリットも考慮に入れつつ、NPO経営上のタイミングや必要性を総合的に判断して、適切なタイミングで中期計画策定を検討するとよい。

2.　戦略的思考の中期計画

　中期計画には、うまくいく計画とうまくいかない計画がある。そこで、まず、中期計画を作っても、うまくいかない場合について、その理由を列挙する。

・ゴールが明確でない。
・メンバーや関係者のアイデアや願望がすべて盛り込まれていて、実際のポイントがはっきりしない。
・現実的でない。目標設定が高すぎてどこから手をつけたらいいか具体的なイメージが湧かない。
・主要な関係者がプロセスに参加していない。内容にコミットしていない。
・強いリーダーが一人で決めてしまう。
・実践する人がいない(実現のための手が足りない)。
・実現のためのステップ(スケジュール)が明確でない(いつ、だれが、なにを実現するのか)。
・中期計画をモニタリングする担当者・機能が明確でない。
・外部環境の変化を考慮せずに願望だけがリスト化されている。

　まず、上記のような状態にならない中期計画を策定するという認識を関係者の間で持つことが大切である。また、よりよい中期計画を作成するうえでは、中期計画の目指すゴールに向かい戦略的思考を持つことが必要となる。そこで、まず「戦略的思考」という意味について解説する。
　今回の中期計画の説明では、あえて「戦略的思考」を強調する。この「戦略的である」ということは、どういうことなのだろうか(図表Ⅱ-3-1)。
　戦略という用語自体は、もともと軍隊で用いられた用語である。何か具体的に達成したい状況(軍隊の場合は、どこかの地域なりで戦争に勝つということ)があり、それを達成するために、限られた資源を効率的に配分し、さまざまなアプローチを組み合わせて有機的に連携させ、道筋をつけていくことと解されている。

<従来型の思考>
・過去に基づいて将来に関する決定をする
・事が起こってから反応する
・組織内の活動だけに焦点をあてる
・目標の達成を直線的に考える

<戦略型の思考>
・将来ビジョンに基づいて意思決定を行う
・先手を打って行動する
・外部環境の変化に焦点をあてる
・目標の達成を複合的に考える

図表Ⅱ－3－1　従来型と戦略型の思考

　「戦略的に考える人」とは、ゴールのイメージを明確に持ち、将来のビジョンを元に意思決定を行う者をいう。常に先手を打って行動し、外部環境の変化に焦点をあて、いろいろな戦術を組み合わせて目標を達成していく。さらに、目標達成のプロセスを通じてさまざまな副次効果があることを常に念頭に置いて活動している。

　他方で、ここでは、「従来型の考え方の人」という言い方をしているが、「従来型」では、過去や現状の問題認識だけに基づいて将来に関する決定を行う傾向がある。現状の延長線上で、「今の課題を何とか解決したい」という視点で計画をつくってしまうということである。こうした考え方の場合、事が起こってから反応し、組織内の活動だけに意識を集中することが多い。そして、取り組み方が直線的であり、目の前の問題を単純に解決しようとする。そのため、その過程での組織強化や信用力強化の機会に気づかなかったり、逆に貴重な経営資源をロスすることがある。

　こうした視点を踏まえたうえで、戦略的思考の「良い」中期計画とは、具体的にどのようなポイントを押さえて検討するとよいのだろうか。ポイントとしては、以下のものがあげられる。

・目標がビジョニング（目に浮かべる）でき、高すぎず、低すぎないものでありつつ、外部の関係者にとっても共感できるものである。
・ゴールから逆算して具体的なアクションやスケジュールが検討されている。
・プロセスに主要なステークホルダーが実質的に参加する機会がある。
・プロセスを適切にコントロールし、参加者の意欲や熱意を高めるものである。
・外部環境の変化にきちんと着目し、かつ、これまでに積み重ねた組織の潜在力や比較優位をしっかり認識したうえで検討されている。

・初年度、まず着手するべきことがはっきりとイメージできる。
・プロセス管理の責任者が明確である。
・作った後にしっかり関係者で共有する努力がされている。
・各事業の間のシナジー（相乗効果）が意識されている。

3. 中期計画を作成する

3－1. 中期計画の構成と策定プロセス

　NPOの中期計画の一般的な構成については、下図のとおりである。中期計画策定の背景の解説（事例の「はじめに」）から始まり、3〜5年後に向けたビジョン、団体として何を大切にして活動するかといった考え方の解説の後、重点課題やアクションプランなどについてまとめるというのが一般的である。以下に、一般的な中期計画の構成のサンプルを例示する（図表II－3－2）。

　次に中期計画のプロセスについて説明する。中期計画策定のプロセスについても、「こうでなければならない」というものはなく、各団体にあったやり方を採用することが大切である。本格的な中期計画策定では、外部のコンサルタントを雇って、半年から1年近くをかけて、調査やヒアリングを行いながら取りまとめていくというケースもあり、他方で、簡便に、2〜3回の関係者の会合を通じてまとめ上げるケースもある。極端な例では、事務局長が一人で書き上げてしまってから、コメントだけを関係者に求めるといった中期計画の作り方をする組織もある。

　手間と時間をかければ、それだけ関係者のコミットを得て、かつ外部環境にも

一般的な中期計画の構成

1　はじめに（団体を取り巻く状況の認識）
2　中期ビジョン（3年後に向けた到達・方向性イメージ）
3　重要な価値（何を大切に活動するか）
4　重点課題と各目標の設定
　（重点課題の切り口の例）
　　◎事業活動
　　◎組織運営強化（法人格、体制、会員、人材など）
　　◎財務体質強化（寄付、助成金などの獲得戦略）
　　◎その他、団体にとって重要な課題
5　年次アクションプラン・スケジュール
　（オプション：中期計画実現のために特に留意する点など）

図表II－3－2　中期計画の構成（例）

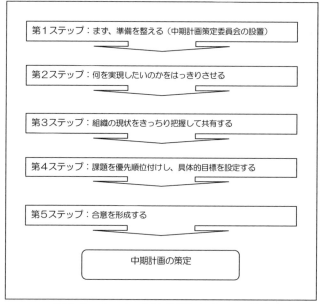

図表Ⅱ－3－3　中期計画策定プロセス（例）

適応した中期計画を作ることができる。しかし、時間や労力、資金が限られている NPO において、すべてのケースでフルスケールの中期計画策定のプロセスが効果的かといえば、必ずしもそうではなく、その団体の置かれている状況によって、常に最適な方法が違ってくる。

　ここでは、一般的なプロセスとして奨励できるものを紹介する（図表Ⅱ－3－3）（フルスケールの中期計画の策定プロセスについては、章末の**参考図1**に例示しているのでそちらを参照のこと）。

(1)第1ステップ：まず、準備を整える

① 中期計画を策定する人たちの特定

　名称は何でもよいが、まず、中期計画を策定する際の検討グループを特定することが大切である。団体の規模にもよるが、概ね5名〜15名程度の人数で、理事、スタッフ、ボランティア、支援者などの主要なステークホルダーで構成するのが一般的である。メンバーを「特定する」というプロセスにより、検討プロセスへの明確なコミットメントを得るだけではなく、当事者意識と責任感を持たせることができる。

メンバー構成を考えるうえでの判断の基準としては、次のようなものがある。

ⅰ）その団体の活動にコミットしているか

ⅱ）その人は将来にわたって関与しつづけて欲しい人材か

ⅲ）業界特性や外部環境の変化について知見を有する人は含まれているか

ⅳ）主なステークホルダーの代表者（代弁者）は含まれているか

② 議論のベースとなる情報の整理

　理事や熱心なボランティアといっても、事務局のスタッフに比べると、組織の現状への理解レベルには格差があるのが一般的である。そのため、中期計画策定のための議論を行う際には、現状を確認できる資料一式を整えて参加者に配布することが必要となる。これにより、効率的な議論を誘発することができる。

　例えば資料としては、次のようなものがあげられる。

　　・過去2年〜3年程度の財務諸表や事業報告

　　　（財務状況については、事務局サイドで簡単な傾向分析などをしておくことで、議論が効率的になる）

　　・団体の現在のミッションや事業内容を説明した資料（パンフレットなどでも可）

　　・会員数、事業の利用者数、受益者数などの実績値情報

　　・団体の設立から現在までの簡単な歴史を要約したもの

(2)第2ステップ：何を実現したいのかをはっきりさせる

　中期計画策定の際に委員会メンバーで集まる場合、第一に行うことは、団体のミッション・ビジョンの再確認である。ビジョンが明確化されていない場合には、ここで、「3年後にありたい姿、実現したいことのイメージ」について委員会のメンバーで協議することとなる。

　このミッション・ビジョンの再確認のプロセスは、ともすれば簡単に済ませてしまうところであるが、「計画を達成したい！」というモチベーションを主要参加者が持つうえで、とても大切なプロセスであることから、時間をかけて、しっかり検討することが求められる。

　具体的な検討の方法はいろいろあり、団体の置かれている状況に応じてさまざまな方法が考えられる。「3年後(5年後)に、組織全体として達成したいこと(状態)のイメージはこんな感じだな(到達点の状態明示型)」という到達点のイメージを示す方法のほか、「今取り扱っているいくつかのテーマのうち、この3年間の中心テー

マはこれだな(中心課題明示型)」ということを共有することを目的とする方法など
がある。**図表II−3−4**にビジョンの文章サンプルを紹介する。

例1　人びとが貧困や紛争などの脅威にさらされることなく、希望に満ち、尊厳を持っ
　　　て生きる世界の実現(国際協力NGO)

例2　2012年までに、
　　　○　地域のNPOが組織能力を高め、地域社会に必要不可欠な存在として認知され
　　　　　ること
　　　○　市民のボランティア活動が推進され、ボランティアセンターの存在と役割が
　　　　　幅広く知られること
　　　○　行政のNPO支援策や市民活動促進の取り組みがすすむこと(中間支援NPO)

例3　今期の中期計画期間では、「水、緑、人」(水供給事業、植林事業、職業訓練事業)
　　　に焦点をあてた活動を展開します(国際協力NGO)

図表II−3−4　ビジョンの文章例

(3)第3ステップ：組織の現状をきっちり把握して共有する

次に、その団体の置かれている状況を確認する。

この第3ステップは、大きく分けて

① 外部環境と内部環境の分析

② 委員会でのSWOT分析(後述)などの方法による、組織の強み・弱みの確認、
　将来的な機会や脅威の確認

の2つに分けられる。

①外部環境と内部環境の分析

　フルスケールの中期計画策定プロセスにおける①のプロセスでは、外部環境(業
界全体のトレンド、競合関係の分析など)の調査と、組織内部の主要なステークホル
ダーの意識調査が不可欠となる。

　他方で、団体の規模や置かれている状況によっては、①についてはある程度簡
便にすませて、②のプロセスにむしろウエイトを置いて進めることもよくある。

○外部環境調査の視点

　外部環境分析において、特に重要な視点をいくつか列挙する。

　・競合関係にある団体(NPO、企業、行政、学校)の分析

・将来、戦略的な連携(Win − Win の連携)の可能性のある団体の把握
・行政や財団などの動向の把握
・潜在的受益者のニーズ把握
・技術的要因の変化
・(事業によっては)地域の人口動態の変化など
・業界全体のトレンド、将来の方向性など

○内部環境分析の視点

内部環境分析においては、次のような方法がとられる。

・グループインタビューやステークホルダーのアンケート調査を通じたステークホルダーの現状認識の把握
　　→質問の視点：顧客の満足度、職員の職務満足度、改善すべき課題の認識、将来への期待、団体の強みや弱みなどであり、統計処理上、団体との関係や属性、団体の個々の活動の認知度やこれまでのサービス利用頻度などについても確認する。
・財務分析(過去３年程度の収支構造の分析や財務コントロール体制の再確認)
・組織分析(労働環境の分析、会員数のトレンド分析、理事会の機能分析)

②組織の強み・弱み・機会・脅威の確認

委員会内、或いはもう少し拡大した関係者により、組織の強みや弱みなどについて議論をすることで、組織の置かれている現状についての認識を深め、今後の課題抽出や戦略の検討がスムースに進む。具体的な議論の進め方については、SWOT 分析ツールを活用して団体の置かれている状況を確認するという方法が効果的である。

〔SWOT 分析ツール〕

SWOT 分析については、以下の**図表Ⅱ−３−５**のとおり、強み、弱み、機会(チャンス)、脅威(心配事)について４つの象限に分けて洗い出し、組織の置かれている現状を整理し、理解する分析方法である。

(内部環境)	強み(Strength)	弱み(Weakness)
(外部環境)	機会(Opportunity)	脅威(Threat)

図表Ⅱ−３−５　ＳＷＯＴ４象限

　具体的なワークショップの進め方は次のようなものである。

ステップ1：メンバーに紙を配布し、次の質問の答えを自分で考え、ポストイット紙などに各自が記入してもらう。各自、各質問について5つ前後の回答を作成する。

　（質問）　この組織の現在の強みは何か？

　　　　　　この組織の現在の弱みは何か？

　　　　　　この組織を取り巻く将来的機会（チャンス）とは何か？

　　　　　　この組織を取り巻く将来的脅威（心配事）とは何か？

ステップ2：ファシリテーターは、あらかじめボードにSWOTの4象限を記載しておき、そのカードを似たもの同士でグルーピングしながら、ボードに貼っていく。

ステップ3：全体を見ながら、参加者で問題の背景や重要性などについて意見交換をする。その結果、論理構成や優先順位などに応じて整理する（この際、「特に重要なもの」について「投票」して参加者の問題意識を共有することもある）。

　更に簡便にする場合、SWOT分析を用いずに、「強み」「弱み」についてのグループのブレーンストーミングを行うだけでも、主要な関係者における共通理解醸成にはとても効果のあるプロセスとなる。

(4)第4ステップ：課題を優先順位付けし、具体的目標を設定する

　SWOT分析により、強みや弱みなどを整理した後、戦略的取り組み課題の抽出の段階に移る（図表II−3−6）。戦略的取り組み課題の抽出に際しては、既に以

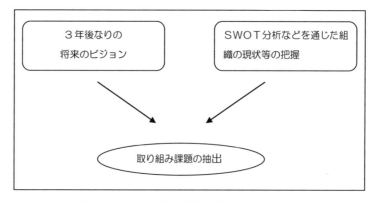

図表II−3−6　戦略的取り組み課題の抽出

前から課題として関係者で認識されている課題を列挙するだけではなく、上述の
SWOT分析のようなワークショップを経て課題の掘り起こしをすることで、より
包括的な視点を得ることや、参加メンバーの納得感を高めることができる。

　戦略的取り組み課題の抽出に際しては、「3年後なりの将来のビジョン」と
「SWOT分析を通じ組織を取り巻く状況の理解」の両方を踏まえた抽出作業が重要
である。戦略的取り組み課題は、あくまで、将来の達成したい状況(ビジョン)の
実現のための課題抽出であるということを念頭に課題検討を行う。
　SWOTツールを用いた課題抽出としては、図表Ⅱ－3－7のように、「強みを伸
ばして機会を活かすには」といった発想でそれぞれの項目を掛け合わせていくこ
とで戦略的な課題の洗い出しを行う(実際の抽出事例は章末の**参考図2**を参照)。

	強み	弱み
機会	強みをさらに伸ばし、機会を活かすには?	弱みを克服し、機会を逃さないようにするには?
脅威	強みをさらに伸ばし、脅威を克服するには?	弱みを克服し、脅威を克服するには?

図表Ⅱ－3－7　SWOT分析をベースにした課題抽出

　なお、この課題抽出では、いったん様々な課題を抽出した後、「重点的に取り
組むこと」に絞り込むという視点が大切である。この重点取り組み課題があまり
多すぎると、焦点が絞れず、実現にも苦労が伴う。
　次に、重点的な取り組み課題が絞りきれれば、それらの課題について、当面3
年間における到達点(ゴール)のイメージや具体的に着手するべき主なアクション
を取りまとめることになる。

(5)第5ステップ：最終的な合意形成―実現に向けて

　これまでのステップを通じて、中期計画のドラフトができあがった後、理事会、
会員、支援者など、さまざまなステークホルダーから、会報などを通じて幅広く
意見を聞く機会を設けることが必要となる。
　その後、組織的機関決定を経て、最終的な中期計画として公表することとなる。
　具体的な中期計画の活用方法には次のようなものがある。
　① ホームページ上での公開
　② パンフレット等への骨子の紹介

③ 助成申請などに添付

④ 新規スタッフやボランティアへの説明資料として活用

⑤ 理事会・運営会での議論の際に必ず手元に置く資料として活用

実現に向けての重要な取り組み

　中期計画は、実際に取り組み、実現するからこそ意味がある。

① 理事会を開催する際、必ず中期計画の達成状況をモニタリングすることを合意する。理事会の検討議題を中期計画の目標設定項目にあわせることもひとつの方法である。

② 各取り組み課題の進捗をフォローするための一覧表を作成する。その表は、いつも理事会への報告資料となる。よって「目標」「取り組み課題」「取り組み時期」「担当者」が明確な一覧表を作成する。

③ 会報やホームページにも、中期計画の達成状況を報告するページを設けることもひとつの方法である。「報告する＝達成しなければならない」という意識を持つことができる。

④ 中期計画は、最初の半年〜1年間にやるべきことをできるだけ具体的に検討しておくことがジャンプスタートを助ける。

　中期計画の策定委員会のメンバーには、3年間の期間中、こうした進捗会議に関与してもらうことが望まれる。

　最後に、これまでの説明を踏まえた中期計画作成上の重要なポイントは、章末の参考図3のとおりである。この7つの視点は、これまでの解説を踏まえて、最後に成功に向けたアドバイスを整理したものである。

【学習課題】

①自分の関わっている団体、関心のある団体をイメージして、実際にSWOT分析を行ってみよう。更に、そのSWOT分析から、具体的な課題の抽出についても取り組んでみよう。

②実際にホームページ上で中期計画を公開しているNPOなどについて調べ、実際の中期計画がどのような形となっているのか確認してみよう。

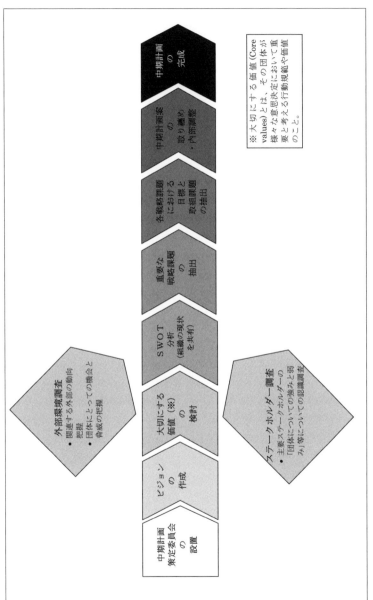

参考図 1　フルスケールの中期計画策定フロー図

アースデイ連合は、1990 年に設立された環境保護を目的とした架空のNPOである。1999 年に特定非営利活動法人格を取得し、ミッションは、「日本の市民社会とともに、環境保護に関する日本社会の意識を高め、持続的な社会を創る」ことである。

（強み）	（弱み）
・熱心で献身的なスタッフとボランティア	・資金調達力が弱い
・これまで何度か助成を獲得した経験	・内外とのコミュニケーション力が弱い
・他の環境保護系団体との良好な関係	・スタッフが足りなく、忙しすぎる
・地元の大手企業数社との協働経験	・理事の中には関与が少ない人がいる
・理事の大半が熱心に関与してくれる	・ボランティアを十分管理しきれていない
・事業面では着実に成功を収めている	・マーケティング力が弱い
・事務所の立地が良い	・主力イベント以外のプログラムは社会的に認知されていない
・大学生や若者の動員力がある	・計画力が弱い
・イベント企画の能力が高い	・事業評価が不十分
（機会）	（脅威）
・メディアの環境問題への関心の高まり	・環境問題への関心の変化、特に助成団体の重点支援対象の変化
・企業の社会貢献活動での環境分野への取り組みの拡大	・行政の環境保護支援のあり方の変化
・ボランティア希望者の拡大	・環境保護系NPOの増加に伴い、企業・行政・助成団体の支援先の絞込みの強化
・大学の環境系講座の増加	
・行政の環境保護への理解の高まり	
・環境保護団体のネットワーク強化の動き	

＜強みを活かし、機会を活用するには＞
● 他の環境保護団体と共同で、大学生を中心とした環境保護イベントを企画し、協賛などの企業の支援を獲得する。

参考図2　SWOT分析の事例：ある環境保護系NPOの場合（仮称：アースデイ連合）

1 参加させる
　主要なステークホルダーをしっかり選んで参加させる。中期計画策定プロセスは、支援者のコミットメントを強化する最大のチャンス。

2 見る
　ビジョンは「見える」ことが大切。夢を描き、語ることがNPOにとっては最大の経営資源。ビジョンが人をひきつけ、やる気にさせる。

3 広げる
　計画策定は、適切なプロセスが生命線。議論が拡散することを恐れない。逆に、一度は拡散しないと、参加者の真のコンセンサスは得られない。また、視野も外に広げて団体を鳥瞰してみる。

4 決める
　適切な目標設定は、人のやる気を引き出す。3年先と3ヶ月先の目標設定が勝負。「石にかじりついても達成したいことは何か」を自問自答する。

5 動き出させる
　中期計画策定後の第一回の理事会が最も大切。最初の3ヶ月で動き出さなければ、3年間動くことはない。誰が何時までに何をするのかをずっと同じ表で追いかけ続ける。

6 見直す
　うまくいっていないとき、状況が変化したとき、そのままにせず、必ず計画を見直す。中期計画が団体のロードマップであるという意識を事務局や理事が常に持ち続ける。

7 実現する
　自分たちは必ずこの目標を達成できると信じる。3（5）年後、その団体の歴史上、最も成果を出した理事会・事務局であったと評価される状態を目指して、チームとして役割分担し、期限設定を明確にしつつ、理事会で必ず進捗確認をし続ける。実現したことは、随時会報などで進捗状況をフィードバックする。

参考図3 「戦略思考」の中期計画を作るうえでの7つの視点

第4章

ファンドレイジング

鵜尾雅隆

狙い

☑ ファンドレイジングの財源の特徴と獲得のためのポイントを理解する
☑ ファンドレイジングの成功のためのポイントを理解する
☑ ファンドレイジングのアドバイスをするうえでのポイントを理解する

学習のポイント

☑ ファンドレイジングとは、「単なる寄付のお願い」ではなく、そのこと自体、「社会を変革するプロセス」であり、「自らの団体を成長させるきっかけ」である。
☑ ファンドレイジングの成功のためには、きちんとした「準備（ステップ）」が必要である。寄付を実際にお願いする前の「準備」段階での取り組みが成否を分ける。
☑ その団体の持つ潜在力をきちんと理解し、最大限活用するという視点が重要である。そのために、既存寄付者の性質や理事・ボランティアの特性などをきちんと把握することが大切である。

鵜尾　雅隆（うお　まさたか）　※既出、Ⅱ実践編　第3章

1. NPOにとってのファンドレイジング

　企業にかぎらず、NPOにおいても事業活動を展開するうえで、資金が必ず必要である。ファンドレイジングとはそうした資金の調達を意味する。企業であれば、事業展開に必要な資金を、①出資者からの出資金、②銀行などからの借り入れ(融資)、③商品やサービスの売り上げなどから調達するという仕組みとなっているが、NPOの場合は若干その構成が異なる。NPOの場合は、出資者への配当が禁じられていることもあり、資金源としては、①寄付や会費、②事業(売り上げ)収入、③補助金・助成金などを中心としている。

　基本的には、企業は何らかの商品なりサービスなりを顧客に販売することで利潤をあげて資金サイクルを回すという発想で経営されているが、NPOの場合、活動分野によっては、サービスの受益者から対価を取らないか、取っても非常に安価なものとしているケースが多くある(例：国際協力NGOが途上国の農村で貧困削減のためのプログラムを実施しても、受益者(農民)からは対価を取ることは困難であるケースなど)。

　こうしたことから、NPOの場合、経営を行い、事業を安定的に行ううえで、寄付や助成金などの財源と事業収入のポートフォリオバランスを考慮していく必要がある。

　まず、今のNPOの収入構造の全体像はどのようになっているのかを見ると、実態として、NPOにとって、事業収入や助成収入の位置づけが大きいことがわかる(図表Ⅱ－4－1)。

　ただし、この統計は、例えば国際協力NGOとまちづくり推進NPOの間でも大きな違いがある。寄付金収入が中心(44%)となっている国際協力NGOに比べて、まちづくり推進NPOでは、事業収入が中心(65%)となっている。このように、それぞれの分野に応じた資金調達上の特性があることにまず注意が必要である。

　「将来的な収入構造」については、3分の1の団体が、多様な財源を持ちたいと考えている。安定的な事業運営のために、財源のポートフォリオの多様化について関心が高いことがうかがえる。

　実際に個々のNPOのファンドレイジングを考えるうえでは、同分野の他NPOの収入構造なども比較検討しながら、最適な収入構造について検討していくことになる。

NPOの収入構造(全NPO)

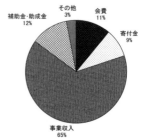

NPOの収入構造(まちづくり推進)

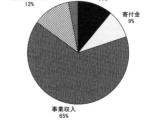

NPOの収入構造(国際協力)

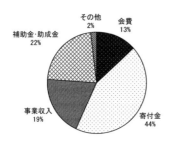

将来的な収入構造の意向(全NPO)

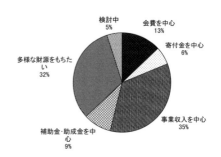

図表Ⅱ－4－1　NPOの収入構造

2. 各財源の特徴と獲得のためのポイント

2－1. 事業収入

　NPO の財源の中で、事業収入は、NPO の経営を安定化させるうえで、非常に重要な財源である。先ほどの NPO 全体の収入構造のチャートの中でも、多くの団体で事業収入が収入の中核である。行政からの補助金や助成金など、特定の財源に過度に依存すると、万一、その財源が途絶えた際、NPO の経営が成り立たなくなってしまう可能性があるので、自主財源としての事業収入の効率的な獲得を図ることが必要となる。

　実際の事業収入では、NPO の提供するサービスの料金、イベントなどの入場料、モノの販売代金、スタディツアーの参加料、講演・研修料金、出版、情報提供料

などのさまざまな形での事業収入がありえる。

　ここで、事業収入をあげる活動を強化するうえでのメリットとリスク要因を整理する。

メリット	リスク要因
・寄付者・助成元などに左右されない資金のため、経営の独立性が高まる。 ・財源の多様化は、外部から見た「信用力」の補完に繋がる。 ・モノの購入やサービスの利用を通じて「潜在的支援者」が増加する。 ・ビジネス力や企画力のある人材が集まる。 ・スタッフの技能（スキル）が向上する。	・資機材の購入や場所の確保など、先行投資的資金が必要な場合に、その資金が回収できないという一定のリスクがある。 ・事業収入に関する活動にスタッフの関心や労力がとられすぎて、ミッションとの不協和を起こす可能性がある。 ・事業収入のイメージが強くなりすぎると他財源の獲得にマイナスのイメージを作る可能性がある。 ・事業形態によっては課税される可能性がある。

　事業収入をあげる活動も、介護サービスなどのように、ミッション達成のための業務がそのまま事業として収益を生み出すものもあれば、国際協力を行うNGOが、切手を集めて現金化したり、イベントでバザーを開いて収益をあげたりするような「副業」的な形での活動もある。

　いずれの場合でもNPOの持つ支援者との関係、受益者や支援対象への貢献のイメージなど、NPOならではのイメージ上の付加価値をサービスや商品に付加することで、購買意欲を向上させるという視点が必要となる。

　多くのNPOにおいて、事業収入について考える場合、①自分たちのこれまでの活動を活かして、何か企画開発することにより商品化・サービス化して事業収入をあげることができないか、②既に実施している事業収入をあげる活動を効率化（販路の拡大や商品の魅力向上による収益の最大化やコストカット）することはできないかという、大きく2つのポイントに分けて考えることができる。

　① 自分たちの活動を活かした新規事業収入活動の企画開発
　自らの団体の特性にあった事業収入活動を新規に検討する際の3ステップは次のように整理できる。

《第一ステップ》　次の3つの切り口で自らの団体と社会ニーズとの接点を探る
　○自分たちのNPOの事業領域（地域）で、社会にはもっと他に「困った」、「苦労した」、「こんなサービスがあればいいのに」というニーズはないか？

○自分たちのNPOに関わった人のこれまでの「幸せ」「感動」体験をもっと拡大再生産できないか？（スタディツアー、体験教室など）

○自分たちのNPOを「応援したい」と思っている人が気持ちよく参加意識を共有できるモノ（グッズ）や場（イベント）は何か？

上記の3つの切り口で、まず、潜在的マーケットの中でのビジネスチャンスを発掘する。

《第二ステップ》自らのNPOの経営資源の洗い出し

「目に見える」資産（施設、機材、物品）やその資産を活用したサービス

○技術・スキル・ノウハウ（スタッフ、支援者）

○プログラム・本業の事業活動自体

○人や情報の「接点」、「参加の場」

○特許、資格、著作権、ガイドライン

○時間（人や施設の未利用時間）

○評判、ブランド力

第一ステップで検討したビジネスチャンスに、自分たちの持つ経営資源をどう有効活用できるかを第二ステップで検討する。特に、NPOの場合、様々な専門力のある人や、チャネル（販路や場所）を非常に安く、時には無料で活用できることがあり、今日の社会貢献への関心の高まりにより、チャリティの要素の入った商品のほうが売れゆきがよいという状況もあるため、自らの団体の評判やブランド力も重要な経営資源である。

《第三ステップ》

上記2つのステップをかけあわせて、市場のニーズと自らの団体の経営資源をうまく組み合わせた事業を検討する。そのうえで、**図表II－4－2**のとおり、その事業のミッションへの貢献度と収益性のバランスや構成を検討し、自らの団体にとって最適の事業収入活動の設計を考えるということになる。最適なのは、ミッションへの貢献度が高く（すなわち、販売するだけでそのNPOにとってのミッションの達成に近づく事業）、収益性が高い事業であるが、なかなかそういう事業は新規に生まれにくい。しかしながら、こうした分析をすることで、事業収入活動の、自らの団体にとってのポジショニングを明確化することができる。

②既に実施している事業収入をあげる活動の効率化

既に何らかの事業収入をあげる活動を行っている場合の効率化であるが、団体の分野や特性、実際に販売するモノやサービスによっても違いがあるので、一概

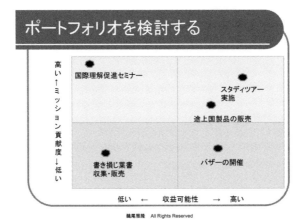

図表II－4－2　ポートフォリオの検討

に言うことが難しいが、ある程度共通に考えられる３つの切り口を紹介する。

● NPOの販売するサービスや商品を購入する人は、実利で購入する人もいるが、NPOへの期待感、共感などで購入行動が後押しされる傾向がある。商品・サービスにいかに共感的要素を加味して見せるかということが第一の視点である。

● 商品やサービス情報の流通経路(チャネル)をいかに拡大するかという視点で、NPOの公益性を最大限活かして、企業や行政、様々な個人や団体の持つ情報ネットワークや人の集まる「場所」の活用可能性を徹底的に検討する。多くの場合、このチャネル活用(借用)戦略は十分検討されておらず、たまたま活用可能な経路のみを利用して販売されている。

● オズボーンの９つのチェックリストを参考にして、事業の見直しを検討する。
(「他に使い道はないか」「他(類似商品)からアイデアが借りられないか」「(色、意味などを)変えてみたらどうか」「大きくしてみたらどうか」「小さくしてみたらどうか」「他のものでは代用できないか(素材などの変更)」「入れ替えてみたらどうか(順序、レイアウト)」「(役割、上下)逆にしてみたらどうか」「組み合わせてみたらどうか」)

　なお、NPOにおけるマーケティングの視点として**図表II－4－3**も参考にされたい。

NPO にとっての 4P ＋ 1P
　企業の販売する商品について、よくマーケティングの 4P ということが言われる。NPO の場合、ここにもう一つの P を足して 5P で考えるとよい。
Product（製品）：いかに魅力のある製品にするか。⇒ NPO ならではの、製品やサービスの生まれたストーリーやこだわりを大切にする。
Price（価格）：①ミッション上の受益者への適正価格 ②その他の顧客への競争価格のいずれの設定を考える。
Promotion（宣伝）：いかに費用をかけずに宣伝するか。
Place（販売のチャネル・場）：NPO の公益性をフル活用して、企業などのチャネルを「借用する」戦略を検討する。
＋ Participation（参加）：製品やサービスのできあがるプロセスや販売プロセスにできるだけ多くの支援者に参加してもらう。「参加することで購買意欲が湧く」というボランティアなどは多い。

図表Ⅱ－4－3　ＮＰＯの５Ｐ

2－2. 助成金

　今日、日本にも助成財団が 1,000 以上あり、NPO などへのさまざまな助成を行っている。助成も、公募により NPO ならどこでも参加できるものもあれば、公募はしないもの、個人を対象としたものなど、さまざまな形態がある。助成財団の情報については、助成財団センターの HP（http://www.jfc.or.jp/）か同財団が発行するNPO・市民活動のための助成金応募ガイド（助成財団）、あるいはシーズ NPOWEB（http://www.npoweb.jp/）にて得ることができる。
　助成金のメリットとリスク要因は次のとおりである。

メリット	リスク要因
・大きな金額がまとめて入る ・助成元法人のさまざまな支援が得られる ・信用力の補完になる ・新しい事業をスタートするうえでのリスクを軽減してくれる	・依存しがち（独立性が失われがち） ・継続性が約束されていない ・使途が制限されがちであり、自由な発想で使えない

　一般的に、助成金獲得のためのプロポーザルに必要な要素は次の５つである。
① 目的の妥当性
　事業のニーズや目的について、当該分野に必ずしも詳しくない人でも理解できるような表現でまとめる。社会的背景からの位置づけの説明や数字や引用なども効果的。
② 事業（企画）の実現性

提案している事業内容が、上記①の目的の実現することができるものであることを説得力を持って説明する。併せて、類似の事業の過去の経験や、これまでの試行的取り組みの結果の説明などを含め、自分の団体が、当該事業を実現させるために必要な専門的能力と経験を有していることを納得させることも重要である。

③ 予算の整合性

事業を実現するための予算計画についても、現実的なものである必要がある。ここでは、特に管理的経費などについて、助成・補助機関で支出割合の上限基準を設けているような場合には、しっかり確認したうえで予算計画を作成する必要がある。予算計画がきっちりしていないと、しっかり検討されていないプロポーザルというイメージを持たれるので注意が必要。

④ 先駆性・独創性

企画には、何らかの先駆性や独創性を含めることが必要である。何か「オンリーワン」のアイデアなり提案があることで、企画の魅力が高まる。

⑤ 経営や会計の透明性や安定性

長い歴史を有している団体や既に社会的に高い評価を受けている団体である場合であったり、特定の法人格(特定公益増進団体や認定NPOなど)を有している等であれば一定の透明性なり安定性を有していると評価されやすいが、小規模の団体の場合、理事会のガバナンスや財務管理のチェックアンドバランス体制などを強調することで信用力を補完することも必要である。

実際の助成金・補助金獲得のためのアドバイス

① 事業内容の説明や成果について、5W1Hをはっきりさせる。

事業計画については、いつ、どこで、誰に対して、何を、どのような形で実現するのかをできるだけはっきりさせることで、具体的な事業イメージを明確にする。

② 事業全体のシナジー感を強調する。

どのNPOも、助成申請する事業以外の活動なりを行っているので、そうした関連した活動と助成申請事業とのシナジー (相乗効果)感を発揮するようなシナリオを構築することで、オンリーワン感とそのNPOならではの助成申請となることが期待できる。

③ 読み手に「希望」を感じさせる。

心理的なところであるが、「マイナスをゼロにする」ということよりは、「少し

でもプラスになる」という表現の方が希望を感じるという側面がある。プロポーザルの中には、受益者の困難な状況についての説明は詳しく書いてあっても、解決後の「希望」の描写がおざなりとなっているものがある。

④ 万一、審査が通らなくても、必ずフォローアップする。

　審査を通らなかった場合、行うべきことは次の3つである。

　　第一に、サンキューレターを出すこと（審査をしてもらったことへの感謝）。

　　第二に、他の助成機関への申請に振り替えることを検討する。

　　第三に、さらに情報を収集して、是非、次の機会に同じ助成機関に再チャレンジすることも検討する。審査に落ちた理由を教えてくれる団体もあるので、こうしたコミュニケーションを通じて、企画力を向上させる。

⑤ 助成金獲得のチャンスを「消費」せず、「投資」する。

　助成金獲得の機会を活かして、人的ネットワークを拡大する、情報発信を通じて知名度と信用力を高める、助成団体との信頼関係を深めるといった取り組みを戦略的に行うことが必要である。

2－3. 寄付・会費

　寄付、会費収入については、これまで集めるのに苦労する団体が多かったのが実情であるが、最近、大口の寄付を獲得することに成功したり、寄付や会費収入を大幅に増やす団体が出てきているのも事実である。

　寄付、会費収入のメリットとリスク要因を整理すると次のとおりとなる。

メリット	リスク要因
・時に大口の支援に発展する可能性がある ・寄付や会費だけではなく、ボランティアとしての支援などさまざまな支援をもらえる可能性がある。 ・寄付、会費を集める団体として社会的信用性が増す。	・寄付や会員集めには手間がかかり、また、関係性のメンテナンスにも手間がかかる。

　実際に寄付や会員を集めるうえでの方法については、さまざまなものがあるが、寄付や会費収入の増は、事業収入や助成金収入と違い、多様性のある個人や企業とのコミュニケーションを総体として改善していくということが必要であり、より困難性が伴う傾向がある。そのため、寄付・会費収入の改善については、3に別項を設けて、その手法について重点的に解説する。

3. ファンドレイジングを効果的に行うために

3-1. ファンドレイジングの本質

　個人や企業の寄付や支援を開拓するために「ファンドレイジングをする」ということは、「私たちはよいことをしている」「困っている人がいる」ので「お金を寄付（施し）してください」ということを単にお願いするという行為ではない。

　ファンドレイジングは、潜在的寄付者や支援元に対して、

① 社会に存在する問題（自分の団体が事業領域としている問題）についてしっかりと説明し、「共感」を得ること。

② そして、その次に自分の団体が提案する「解決策」が、その問題を解決し得ることを納得してもらうこと。

の2つを実現するプロセスである。そのコミュニケーションの結果、寄付に繋がれば良いが、そうでなくとも、このプロセスを通じて、潜在的寄付者がその問題について理解を深めればそれも重要な成果であるという理解が必要である。

　真剣にファンドレイジングをする団体は、そのプロセスを通じて、潜在的支援者に特定の社会の問題について「共感」してもらうよう努力するということであるので、その行為自体が社会の意識改革に貢献しているということがいえる。社会の問題は、社会の多様なステークホルダーを巻き込んで解決していく必要があり、ファンドレイジングはそのためのひとつの手法であるということになる。

3-2. 具体的なメッセージ作成上のポイント

　3-1で解説したファンドレイジングの本質を理解したうえで、実際のコミュニケーションにあたって、具体的なメッセージ作成に際しては、次のポイントに注意する必要がある。

①「人は組織に寄付するのではない。人は人に寄付するのである」

　人間の寄付行動は、基本的に、「右脳（直感系）」から入るといわれている。そのため、寄付者が共感しやすいような、受益者のヒューマンストーリーを伝えたり、受益者の顔（写真）を見せるということは、とても重要なポイントである。

② 信用力補完を常に考える

　寄付者にとって、「右脳」から入って寄付に関心を持ったとしても、次には、寄付を受ける団体の信用性が気になり始める（「左脳（論理系）」の関心）。そこで、パンフレットやHP上でいかにして信用力を印象づけるかということが大切になる。簡単な方法としては、協働している企業や行政機関名を列挙したり、理事などに

社会的信用のある人を入れるといったことや、お金の使途を徹底的に開示していることがわかるような工夫をすることが考えられる。

③「新しさ」「オンリーワン」「夢・希望」を感じさせる

　これらは、そのNPOの持つ「解決策」をいかに表現するかというところに繋がっている。いかに、他にない新しい取り組みにチャレンジしているか、「行政がやったらいいんじゃないの」「寄付しても何も変わらないんじゃないの」という問いかけに対する答えをメッセージの中に盛り込んでおくことが大切である。

　参考として図表Ⅱ－4－4にファンドレイジングの7つのステップを示す。

ファンドレイジングを考えるうえで、重要なことは、「寄付が必要」→「寄付募集の文書作成」→「寄付のお願い」といった単純なステップで寄付をお願いするといった発想から脱却することである。

実際に寄付をお願いしたりする前に、いくつかのステップをきっちりと踏んでから戦略的に取り組むことで、成功の確率を高めることができる。

具体的には、筆者は「ファンドレイジングの7つのステップ」に整理している。

第一ステップ：寄付の目的・ニーズや潜在力の明確化（たな卸し）
　ファンドレイジングを始める前に、目標額、そしてその寄付集めを通じて何を実現したいのか、どのような支援のニーズがあるのか、そしてその団体自体がどのような潜在力を有し、どんな成功体験を過去に持っているのかといったことを洗い出す。

第二ステップ：理事・ボランティアの巻き込み
　多くの場合、すべてのアレンジを済ませてから、最後に「皆さん、このパンフレットを友人知人に配ってください」というお願いをするというような形のファンドレイジングになりがちである。「参加してこそ寄付する気になる」ということもあるため、早期にキーパーソンや潜在的大口寄付者を巻き込む。

第三ステップ：既存寄付者・潜在寄付者の分析
　次に、これまで寄付してくれた人の情報や、寄付までいたらなくても、イベント参加者や過去の関係者など、潜在的支援者の情報を分析する。既存寄付者の分析では、ドナーレンジチャート（後述）を活用することで、戦略設計がしやすくなる。

第四ステップ：ファンドレイジング方法（コミュニケーションの内容と方法）の選択
　具体的なファンドレイジングのメッセージの内容や伝達の方法を検討する。個別コンタクト、企画段階での巻き込み、イベントへの招待、DMなどのコミュニケーション方法も検討する。

第五ステップ：ファンドレイジングプランの作成
　これまでの検討結果をファンドレイジングプランに落とし込む。そのうえで各アクションの担当者を決定し、スケジュールに落とし込む。ポイントは、中間評価や計画の見直しをあらかじめスケジュールに入れておくこと。

第六ステップ：ファンドレイジングの実施
　実施にあたっては、理事会にも実行責任者を決めることが肝要。

第七ステップ：感謝・報告
　寄付をいただいた際には、その人に1年間で7回感謝するという団体もある。お礼状、季節の挨拶、年賀状、会報への掲載、今後の寄付のお願いの際などに感謝する。

図表Ⅱ－4－4　ファンドレイジングの7つのステップ

3−3. ドナーレンジチャートを活用した分析

ドナーレンジチャート(寄付者の層別分析表)を用いた既存寄付者の分析手法を紹介する(図表Ⅱ−4−5)。

金額帯 (円)	人数	寄付金額計 (円)	人数構成比 (%)	金額構成比 (%)
200,000 以上	5	1,500,000	0.9	23.8
50,000〜 199,999	20	2,000,000	3.7	31.7
10,000〜 49,999	55	1,500,000	10.3	23.8
5,000〜 9,999	150	900,000	28.3	14.2
5,000 未満	300	400,000	56.6	6.3
小計	530	6,300,000	100	100

※パーセント表示は、四捨五入しているため、小計が必ずしも一致しない。

図表Ⅱ−4−5　ドナーレンジチャートの例(分析編)

このドナーレンジチャートは、既存の寄付者の寄付金額から、まず、金額帯を設定し、それぞれのカテゴリーで寄付してくれている人数を把握し、その人数・金額構成比を算出する目的で作成している。この表は、寄付者数が一定程度いる場合は、1年分で作成するが、寄付者数が少ない場合などは、過去3年分程度を分析すると、全体としての傾向が出てくる。

この分析編のドナーレンジチャートの作成の目的は、現在の支援者の寄付金額別の総額への貢献度を適切に把握することにある。

多くのNPOの場合、「2割の寄付者が総額の8割の寄付をしている」という状況があり、ファンドレイジングを今まで以上に成功させるためには、それぞれの異なるカテゴリーの支援者層に対して、明確な戦略を持って取り組むことが大切である。

分析結果を踏まえて、具体的な戦略を考えていくために、もうひとつのドナーレンジチャートを作成する(図表Ⅱ−4−6)。

ここでは、カテゴリー別の目標金額(一人当たり)を設定して、それぞれのカテゴリーを具体的に何名獲得するのかを明確にする。そのうえで、誰にアプローチ

目標金額 （円）	目標人数／ 候補者数	寄付金額計 （円）
300,000	8／12	2,400,000
100,000	30／50	3,000,000
30,000	70／140	2,100,000
6,000	200／1000	1,200,000
2,000	400／4000	800,000
小計	708／5202	9,500,000

図表Ⅱ－4－6　ドナーレンジチャートの活用例（戦略編）

することで、その目標を達成しようとするのかということのイメージを積み上げ
で検討する。

　例えば、30万円のカテゴリーで昨年の寄付者が5名だったとすると、今年の総
寄付金額の目標が1千万円だとした場合、少なくともこのカテゴリーで8名はと
らないと目標達成は困難ということになる。

　その場合、まず、昨年の5名の寄付者に確実に継続してもらえるかどうかとい
うことを検討したうえで、残り3名の寄付者の候補者を検討する。実際には、想
定していた寄付者が寄付をしないこともありえるので、この候補者が多めにリス
トアップされている必要がある。

　この分析を通じて、まず、現状をしっかりと関係者と共有する素地を作ること
が大切である。ファンドレイジングは、通りがかりの人がポンと寄付してくれる
ということを期待してプランニングするのではなく、こうした「積み上げ型」の発
想でのプランニングがとても大切である。

3－4．ファンドレイジングの方法の検討

　既存寄付者の分析を行ったうえで、個別のファンドレイジング方法を検討する
際には、次のような表（ファンドレイジング・マトリックス）を作成する方法がある（図
表Ⅱ－4－7）。

　このマトリックス作成の目的は、「支援者は一律ではない」ということから、そ
れぞれの層に別のウエイトづけをしたアプローチをするということである。例え
ば、ダイレクトメールを作成するときに、メインのターゲットは誰なのか、イベ
ントはどういった位置づけで企画するのか、大口寄付者が確実に寄付をしてくれ
るようにするためには、どういった取り組みをやるのかといったことを、個別に

支援者	企画段階での関与	個別事前感謝・報告	DM・チラシ	イベント
大口寄付者・理事	◎	◎	○	○
正会員・賛助会員（継続）	○（一部中核層）		◎	◎
賛助会員・ボランティア			◎	◎
外部関心者			○（一部）	◎

◎重点的に実施　○実施

図表Ⅱ－4－7　ファンドレイジング・マトリックスの例

検討していく。

3－5. ファンドレイジングプランの作成

　ファンドレイジングの計画作りに際しては、各収入ごとに目標内訳を作成し、年間スケジュールに反映させていく（図表Ⅱ－4－8）。

　目標金額があらかじめ、何等かの要因で決まっている場合は、その内訳を作成するという逆のプロセスになる。

　既存寄付者の分析やファンドレイジング方法の検討を既に済ませていれば、そことの整合性を考慮しながら、こうした金額リストに目標金額を落とし込んでい

```
1  個別支援者
   （1）会費            @      円 x     人  =      円
                        @      円 x     人  =      円
                        @      円 x     法人=      円
   （2）イベント        @      円 x     回  =      円
   （3）寄付キャンペーン              目標額      円
   （4）大口（遺産）寄付 @   円程度 x   人  =      円
   （5）その他個別寄付                目標額      円
        小計                                     円

2  財団・企業などの法人
   （1）助成財団        ○○調査        目標額      円
                        ○○プロジェクト 目標額      円
   （2）企業            イベント協賛    目標額      円
                        寄付            目標額      円
   （3）政府委託        ○○業務委託    目標額      円
   （4）宗教組織        寄付            目標額      円
   （5）資金仲介組織                    目標額      円
   （6）労働組合                        目標額      円
        小計                                     円
```

図表Ⅱ－4－8　ファンドレイジング目標内訳の作成

く。

　そのうえで、年間計画の中で、具体的にどのような取り組みを行うのかをスケジュール表に取りまとめる。

　年間スケジュール作成に際しては、通常行う事業活動(イベントや報告会など)をいかにして有効活用するかという視点で考えることが肝要である。いずれにせよ実施する事業をいかにしてステークホルダーの巻き込みに活用していくかを計画段階で検討する。

4.　ファンドレイジングの成功のために

　これまで、事業収入、助成金、寄付・会費収入について、財源獲得のためのポイントについて解説してきた。最後に持続的に成長するNPOとなるために、いくつか重要な点を加えたい。

①すべての前提は、その組織が、しっかりとした組織マネジメントときちんとした事業運営をしているということにある。

　本章では、ページ数の関係もあり、資金調達の考え方や技術的側面を中心に解説したが、忘れてはならないとても重要な点は、こうした資金調達は、それまでの地に足のついたしっかりとした活動の積み重ねや、情報公開に耐えうる組織管理があったうえでのことであるという点である。

②ファンドレイジングの成功のためには、組織化が必要である。

　ファンドレイジングに継続的に成功し、成長するためには、戦略を立案し、実施を管理し、評価する体制とシステムが必要となる。その観点では、理事会にファンドレイジングを担当している理事が存在していることや、理事も含めた数名のチームがファンドレイジングの全体管理を担当することなどを明確化することで、様々な好循環を引き起こすことが可能となる。

③既存の支援者を大切にすることが重要である。

　ファンドレイジングは、地道なプロセスであり、マジックではない。まず、既存の支援者の満足度をしっかりと高めることが、新規の支援者の獲得にもつながる。既存の支援者の分析が、自らの団体のコミュニケーションモデルの検討に気づきを与えてくれることもよくある。まず、自分たちの支援者に達成感や感動をどうやって与えるかを検討することで、支援には広がりが出てくる。

【学習課題】

①様々な NPO のホームページを比較してみて、支援者へのアピールやコミュニケーションをどのように取り組んでいるかみてみよう。特に、支援者を多く獲得している団体のホームページにおいて、どのような見せ方をしているかに注目してみよう。

②関わっている団体、応援している団体を具体的にイメージして、自分であれば収入改善のためにどの部分を改善するか、具体的取り組みについて考えてみよう。同時に、その改善を実現するためには、何が課題なのかについても考察してみよう。

【参考文献】

●ファンドレイジング全般についてより理解を深めたい方に

中央共同募金会、『共同募金の募金ボランティアに関する意識調査』（第一次、第二次、第三次）。

内閣府、「NPO に関する世論調査」2003 年。

大西たまき、「日本の NPO ／ NGO におけるファンドレイズ機能とその発展ストラテジー」東京財団研究報告書、2005 年。

『NPO ジャーナル』3 号「NPO の財源確保」、(特活)関西国際交流団体協議会発行、2003 年。

　　同 11 号「公共サービス新時代－指定管理者制度と NPO －」2005 年。

　　同 12 号「寄附・募金を考える－日本に寄附文化を」根づかせるために－」2006 年。

　　同 17 号「コミュニティファンドの挑戦」2007 年。

坂本文武、『NPO の経営』日本経済新聞社、2004 年。

ファンドレイジング道場 HP　http://dojo.livedoor.biz

シーズ NPOWEB　http://www.npoweb.jp/

公益法人協会 HP　http://www.kohokyo.or.jp/

●取り組み事例などについて理解を深めたい方に

平成 17 年度外務省委託調査、「『我が国における国際協力 NGO 等によるファンドレイジング方法に係る調査』報告書」。

山岡義典編著、『NPO 実践講座 3　組織を活かす資金源とは』ぎょうせい、2003 年。

ファンドレイジング道場 HP　http://dojo.livedoor.biz

●助成金情報を得たい方に

助成財団センター編、『NPO・市民活動のための助成金応募ガイド 2007』助成財団センター、2007 年。

シーズ NPOWEB　http://www.npoweb.jp/

助成財団 HP　http://www.jfc.or.jp/

●その他参考文献

鵜尾雅隆、『ファンドレイジングが社会を変える』三一書房、2009 年。

経済産業研究所、「NPO 法人実態調査」2005 年。

Alex F. Osborn, *Your Creative Power* , Motorola University Press, 1991.（＝ 豊田晃訳、『創造力を生かす－アイディアを得る 38 の方法』創元社、2008 年）

第5章

人材開発

春野真徳

狙い

- ☑ 組織の維持・成長に必要な視点を理解する
- ☑ 人材開発の基本的な仕組みとプロセスを理解する
- ☑ 法的な視点から、最低限必要な労務管理情報と知識を得る

学習のポイント

- ☑ 組織力を発揮するための4つの要素の考え方と機能を学習する
- ☑ 効果的な人材育成の3つのサイクルとOJTとOFF－JTの育成スタイルの留意点を学習する

春野　真徳(はるの　まさのり)　株式会社スプリングフィールド　代表取締役、全能連認定エキスパート・マネジメント・インストラクター

1．NPOの人材開発

1－1．NPO組織を考えるときの前提

　人材開発は組織の中で求められるため、NPO の組織とはどのようなものであるかについて知る必要がある。本節では、NPO の組織の姿として、次のような前提にたって考えていく（図表Ⅱ－5－1）。

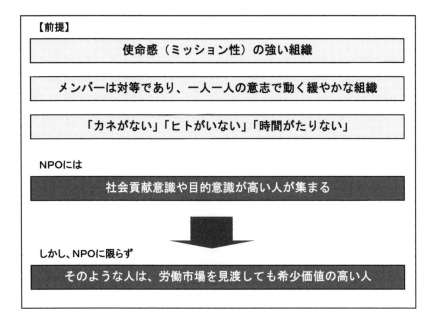

【前提】

使命感（ミッション性）の強い組織

メンバーは対等であり、一人一人の意志で動く緩やかな組織

「カネがない」「ヒトがいない」「時間がたりない」

NPOには

社会貢献意識や目的意識が高い人が集まる

しかし、NPOに限らず

そのような人は、労働市場を見渡しても希少価値の高い人

図表Ⅱ－5－1　NPO組織の姿

　まず、NPO の組織は、「使命感（ミッション性）の強い組織」であるといえる。これはまさに自己実現志向の高い人たちが集まり、自己実現を求めて組織に入っているということである。
　また、「メンバーは対等であり、一人一人の意志で動く緩やかな組織」であるともいえる。企業のようにトップダウンでの命令がくるのではなく、みんなで話し合いながらさまざまなことを決めていく。
　しかし一方で、NPO は、「カネがない」「ヒトがいない」「時間がたりない」組織でもある。これらは、規模が小さい組織であればあるほど、切実な問題として抱

えている。ミッション性の高い組織では、営利目的でがむしゃらにお金を稼ごうという意識はない。社会的に役立ちたい、もしくは地域での役割を果たしたいという思いが強い組織である。そのために、お金の回りが少ない。お金の回りが少なければ、多くの人を雇えず、一緒にできる仲間が限られてくる。そして、多くの仕事を少ない人数で行うことから、時間がたりなくなるのである。

つまり、慢性的な人不足に悩まされているという状態が発生している。

人は、過重労働による私生活の犠牲、仕事に対する裁量権の欠如、不十分な報酬、共同体の崩壊、公正さの欠如、価値観の対立など、人間的な精神の衰退を起こす状態になった時に、疲労、しらけ、無力感を覚え、身体的、精神的な不調をきたし、ストレスとなって、働く気力をなくしてしまう。これをバーンアウトという。「人」「お金」「時間」のない中で、使命感（ミッション）がモチベーションの根幹にある組織であるからこそ、過重労働をし、無理をしてしまうケースが多くなる。事例としては、テレビ業界があげられる。華やかではあるが、タレントは別として、制作サイドについては、報酬はそれほど多くなく、マスメディアというミッション性の強い職場で、多くの人がバーンアウトしていることはよく知られている。

よって、「過重労働の回避」がNPOの課題としてあげられる。

NPO組織の運営と人材について考えるとき、これらのことは大前提の条件といえる。図表Ⅱ－5－2からも、NPOは営利企業とは異なり、お金というより社会的意義、組織への誇りに価値が置かれていることがわかる。

では、NPOにおける「人材」とはどのような人たちを指しているのだろうか？

NPOは営利企業と異なり、色々な人たちが様々な形態によって活動に参加していることが大きな特徴の1つと言える。

図表Ⅱ－5－3はNPOで活動に参加する人たちの類型を示している。NPOの指す人材を理解するために、ここでは『労働政策研究報告書』（No.12、2004年、pp. 117-119、「就業形態の多様化と社会労働政策─個人業務委託とNPO就業を中心として─」）を引用し、NPOに属す人たちの活動形態に関する用語を整理しておく。

　『NPOには大きく分けて労働の対価として賃金を受け取る者と受け取らない者に分けられる。有給役職員は、労働の対価として賃金を受け取り、指揮命令を受けて働くことからNPOとの間に労働契約関係が生じ、よって雇用関係が生じる[1]。よって、企業で働く者と同じように労働基準法が適用される。一方、ボランティアとNPOとの間に労働契約関係は生じないことから労働基準法は適用されない。

　無償ボランティアは、普段は会社員や主婦や学生で、多くは依頼を受けて

人の定着率をあげる6つの要素	営利企業	NPO
●賃金 給与、ボーナス、社会保険等の福利厚生	期待が大きい 低いと不満が出やすい	期待が小さいので、自己納得する部分はあるが、賃金に見合わない労働が続くとストレスもたまりやすい
●労働時間 休暇、1日の労働時間等	長くてもしかたがないという自己納得をするが過度の長時間労働は心身症になりやすい	賃金が安いにも拘らず、人が足りていないので長時間労働になりがち →バーンアウトの危険性あり
●職場の人間関係 上司や職場の仲間等	人間関係が壊れたり、個人として組織から尊重されていなければ、いくら賃金が高くても仕事は続けられない	個として相互に尊重し、意見や存在が受け入れられやすい組織であることが重要、人間関係が組織の命綱
●仕事に対する社会的意義 役立ち感、社会への貢献の実感等	お金のためにと、社会的貢献や仕事の意義を見出せなくなる傾向がある	どちらかというと、お金よりも「お役立ち」や「社会貢献」を実感したい
●組織に所属することの誇り 社会的な認知度の高さ、組織と個人との信頼が厚い、自己のミッションと会社の活動が一致	社会的認知度の高い企業、知名度の高い商品ブランドへの誇りが強い	自己と組織のミッションのシンクロ、厚い信頼関係で結ばれている組織への誇り
●キャリア形成 仕事を通じて自己の成長が実感できる、組織が個人の成長を支援してくれる等	学習成長を支援する仕組み、昇格等のポジションアップによるキャリア形成	仕事を通じて成長を獲得する、どちらかというと自発的なキャリアアップ、成長を実感する

図表Ⅱ-5-2　働き続けたいと思う職場とは

出典：2005年〜2007年上場及び中堅企業数社からのインタビュー、2006年〜2007年非営利組織
　　　NPOの関係者インタビューをもとに要約

　短時間、短日数で活動する者である。典型的には災害援助の現場や公園や砂浜の清掃や緑化運動など多くのマンパワーが必要な場合にみられる。その他にもセミナーやイベントなどの手伝い、介護補助など活動の範囲は多岐に渡る。仕事の内容は、専従者の補助的な業務や単純作業が中心となる。一方、無償ボランティアの中には事務局業務を担う者や無償の役員がいる。彼（彼女）らは、団体の中核的な存在であり、特に団体の創設期にあっては、仲間を集め、事業を発足させ、事業規模を拡大させていく、団体創始の核である。
　一方、有償ボランティアは、活動に対して経費や謝金といった金銭を受け

		内容	民間企業に存在する形態
有給役職員	役員	理事長、理事、監査役など。NPO法人の場合は、理事報酬を支給される者は、全役員の3分の1と法で定められている。ただし実際の労働に伴う報酬の支給についての規定はない。	○「役員」
	正規職員	管理職、一般職員で団体の中心となる者で、比較的長時間勤務(フルタイム勤務)する者。主に月給制。専従、常勤職員とも呼ばれる。	○「正社員」「正規従業員」「常勤」
	非正規職員	専従職員に比較して短時間(短日数)勤務するもので「パート」「アルバイト」等職員。登録制で個人の都合に合わせて働く場合もある。主に時給制。専従、非常勤職員とも呼ばれる。	○「非正社員」と総称されるパート、アルバイト、契約、派遣社員など
	出向職員	自治体の職員や企業の社員などで出向、派遣で活動している者。出向元の仕事を兼務している場合もある。賃金支払いは出向元の場合が多い。	○「出向社員」
有償ボランティア		経費や謝金支給を受ける者。大きく次の3通りが考えられる。 1)交通費など活動経費の実費支払いを受ける者 2)活動経費として一定額の支給を受ける者 3)謝礼的な金銭の支給を受ける者 この他に海外派遣などで、生活費などの支払いを受ける者も少数存在する。例として青年海外協力隊、シニア海外ボランティア、国連ボランティア計画などの参加者。	×
無償ボランティア	役員	有給の役員と同様。理事長、理事、監査役など。 専従で熱心に活動するものもいれば、理事会のみ出席する者もいる。	×
	事務局ボランティア	比較的長時間活動し活動の中心となるスタッフで、主に事務局の役割を担う。	×
	その他ボランティア	依頼された場合など不定期に活動する者。事務局ボランティア以外のボランティア。	×

図表II－5－3　NPOで活動する人々の類型

出典：労働政策研究・研修機構、「就業形態の多様化と社会労働政策—個人業務委託とNPO就業を中心として—」労働政策研究報告書 No.12, 2004, p.118

　取る者で、福祉・介護分野で発生した活動形態である[2]。有償ボランティアの報酬の支払われ方の実態は図表II－5－3のように、1)交通費など活動経費の実費支払いを受ける者、2)活動経費として一定額の支給を受ける者、3)謝礼的な金銭の支給を受ける者、の大きく3つに分けられるだろう。有償ボランティアへの支払いは通常の貨幣賃金を使わないで時間預託制度(タイムストック制)を用いている場合もある。これは、所定のサービスを提供した場合、提供した時間(ポイント)を特定の団体に登録し、預託した者が必要とした時には預託した時間(ポイント)を利用してサービスを受けることが出来る制度である。この制度には、計算(決算)をしやすくするという理由のほかに、実質的なサービスへの対価性を否定するために、地域の最低賃金を上回らない

配慮がなされている[3]。』

　以上からNPOには様々な形態をもって人々が活動に関わっていることがわかる。営利企業と特に異なる点は、有償・無償ボランティアという形態で活動に関わる人たちである。こうした、雇用形態のないボランティアとして関わる人たちも、NPOの活動を推進していく上で重要な役割を担っている。しかし、NPOを継続的に安定した運営を維持していくためには、営利企業での役員や正社員にあたる有給役職員の存在がやはり重要となってくる。特に、組織の使命（ミッション）に基づいて実務をこなし、組織運営に必要な様々なリソースを外部から獲得しながら事業の推進役を担う正規職員は、組織全体の活動を存続させていく上で要となる人たちである。

　ここからは、NPO組織運営において要となる人材、正規職員に焦点をあて、その正規職員を取り巻く環境、実態について客観的データをもとにみてみる。

《正規職員を取り巻く環境　実態1》
　＊NPOの団体収入が1000万円を超えると正規職員がいる割合が増える。

　図表Ⅱ－5－4は、NPOの団体収入別に、様々な形態で活動する人たちがどれぐらいの割合で分布しているのかを示している。有給職員の中の正規職員に着目

(%)

		全体	団体の年間収入（昨年）						
			0円	1-499万円	500-999万円	1000-2999万円	3000-4999万円	5000-9999万円	1億円以上
	役員	97.9	96.7	96.7	97.8	98.2	99.1	99.2	100.0
有給職員	うち有給役員	30.6	17.5	10.3	23.8	41.8	59.0	57.1	63.2
	正規職員	43.4	19.4	11.4	29.4	68.6	85.5	91.3	91.2
	非正規職員	47.7	19.4	18.4	39.7	70.9	82.1	84.1	77.9
	出向職員	7.7	11.8	3.7	6.1	10.4	4.3	9.5	14.7
		63.9	37.9	28.3	57.1	89.6	94.9	97.6	95.6
ボランティア	有償ボランティア	42.7	18.0	30.5	47.9	50.4	49.6	47.6	47.1
	無償事務局ボランティア	50.1	57.8	73.2	57.8	35.4	25.6	27.8	17.6
	無償その他ボランティア	54.5	51.2	62.5	59.6	50.9	38.5	48.4	36.8
		79.5	70.6	86.0	83.8	78.0	70.1	74.6	67.6

(n=1930：年間年収に回答したサンプル)

図表Ⅱ－5－4　活動者がいる割合（団体の年間収入別）

出典：労働政策研究・研修機構、「就業形態の多様化と社会労働政策―個人業務委託とNPO就業を中心として―」労働政策研究報告書No.12, 2004, p.133

すると、団体の年間収入に応じて正規職員がいる団体の割合が増加していることがわかる。特に、500万－999万円では正規職員がいる割合が29.4％であるのに対し、1000万円－2999万円では68.9％と大幅に増加している。団体の年間収入が1000万円以上になると正規職員の割合が一気に増えることから、特に事業性の高いNPOでは収入が上がれば有給職員を確保するという傾向を顕著に表しているといえる。

《正規職員を取り巻く環境　実態2》
＊事務局スタッフの平均給与150万円未満が全体の56.9％を占めている。

次に示す図表II－5－5のデータは事務局スタッフの平均給与の構成を表している。2005年度に実施した調査では、事務局スタッフの平均給与150万円未満が全体の56.9％を占めている。この調査では給与0円の職員から500万円以上の年間給与の職員と、正規職員だけでなく事務局運営にボランティア的に関わる人たちや役員も含んでいるため、一概には言えないが、総じて給与水準が低いといえる。また、給与が0円で事務局スタッフとして働いている割合が、全体の28.6％を占めているということも、NPOの現状を表す特徴の1つといえよう。

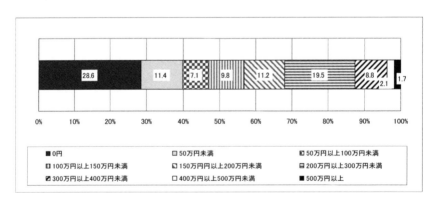

図表II－5－5　事務局スタッフの平均給与構成

出典：「NPO法人の実態調査　2005年NPO法人アンケート調査結果報告書」独立行政法人 経済産業研究所、2005のデータをもとに作成

		正規職員の平均年収	非正規職員の平均時給
NPO 法人(注1)	高い人	301.1 万円	1,090 円
	1～9人	267.2 万円	1,049 円
	10～99人	335.5 万円	1,122 円
	低い人	173.5 万円	759 円
	1～9人	163.0 万円	748 円
	10～99人	181.6 万円	771 円
民間企業(注2)	5～9人	362.3 万円	911 円
	10～99人	393.7 万円	885 円

図表II－5－6　正規職員の平均年収と平均賃金

注:1　660サンプル、異常値処理後。NPO法人の人数はボランティアも含めて1人8時間／日として換算。
　　2　民間企業のデータは厚生労働省(2003)「賃金センサス」、正規職員は常用労働者、非正規職員
　　　はパートタイムのデータ使用。
出典：労働政策研究・研修機構、「就業形態の多様化と社会労働政策―個人業務委託とNPO就業を
　　　中心として―」労働政策研究報告書 No.12, 2004, p.136

《正規職員を取り巻く環境　実態3》
　＊高い給与をもらう正規職員の平均年収でも 301.1 万円。

　次に、正規職員だけにしぼった給与の実態を表すデータを示す。
　図表II－5－6はNPOの有給職員の収入に関するデータで、先の調査と異なり、
データの集計方法に工夫がなされている。この調査では、同じ団体で、収入の高
い人と低い人に分けて聞いており、両方を満たしているサンプルのみ集計してい
る。つまり、両方のサンプルが得られるという前提から、2人以上雇用している
団体の調査結果となるため、比較的規模の大きく、収入のある団体の集計結果と
なっていることが前提となっている。これを踏まえてデータをみてみると、こう
した組織規模の比較的大きい団体でも、高い給与をもらう正規職員の平均年収が
301.1 万円で、低い人の平均年収は 173.5 万円という結果となっており、全体的に
低い給与水準となっていることがわかる。さらに、厚生労働省が実施した調査結
果で、同規模の民間企業と年収を比較してみる。すると、組織規模が10人～99
人の中で、NPOの中でも高い人の平均年収は 335.3 万となっており、同規模の民
間企業の平均年収 393.7 万円を下回るという結果が出ている。以上から、NPO全
体として正規職員の平均給与は低く、キャリアを積み、事務局長や比較的給与の
高いポジションに就いたとしても、給与水準が大幅に上がることはないという厳
しい実態がみえてくる。

《正規職員を取り巻く環境　実態4》

＊正規職員がいて、賃金表を整備していない団体は全体の約4割を占める。

　次の図表II－5－7のデータは、正規職員がいる団体を対象に賃金表の有無について2004年度に調査した結果を示している。この調査結果から、NPOで正規職員を雇用している団体の約6割弱が賃金表を整備しており、逆に言えば、全体の4割は賃金表を持っていないという実態がうかびあがってくる。

　調査結果から、正規職員が比較的多い団体、年間収入が3000万円以上の団体、ヒューマン・サービス型の団体などが「賃金表がある」と回答している傾向にあることがわかる。

　なかでもヒューマン・サービス型は、介護系の団体が多く含まれており、これらの団体は介護保険収入によって支えられているため、年間予算の策定や中期予測がしやすいといえる。従って、職員に対して支払う給与の財源が比較的安定しており、予測しやすいため、決まった賃金を継続的に支払うことが可能となる。また、職位や資格の有無、職能といった観点から、各職員によって賃金の差がつ

（%）

		賃金表			
		ある	ない	無回答	合計
全体		55.9	36.9	7.2	1334
正規職員数	1-4人	49.3	42.1	8.6	945
	5-9人	72.9	23.9	3.2	251
	10-49人	70.6	25.0	4.4	136
	合計	55.9	36.9	7.1	1332
ヒューマン・サービス	ヒューマン・サービス型	61.4	33.4	5.2	868
	それ以外	45.3	46.2	8.5	318
	合計	57.1	36.8	6.1	1186
団体の年間収入（昨年）	0円	43.9	41.5	14.6	41
	1-499万円	51.6	22.6	25.8	31
	500-999万円	43.6	45.9	10.6	218
	1000-2999万円	53.1	42.4	4.4	271
	3000-4999万円	76.0	24.0	0.0	100
	5000-9999万円	66.1	32.2	1.7	115
	1億円以上	72.6	25.8	1.6	62
	合計	56.1	37.7	6.2	838

※ベースは正規職員がいる団体

図表II－5－7　賃金表の有無（正規職員）

出典：労働政策研究・研修機構、「就業形態の多様化と社会労働政策―個人業務委託とNPO就業を中心として―」労働政策研究報告書 No.12, 2004, p.140

けやすいという介護事業の特性もある。

　以上に述べたようなことを背景として、民間企業を含め介護業界全体の給与水準が比較的確立されており、賃金表などの整備も進んでいるといえる。従って、ヒューマン・サービス型の団体については、一般的なNPOとは異なる状況下で組織運営がなされているため、一般的なケースとしてはあてはまりにくいといえる。

　上記のデータの結果から、「賃金表がない」と回答した団体が全体の約4割存在することがわかる。では、こうした賃金表を持たない団体は、どのように有給職員の給与を決定しているのだろうか？

　2006年に労働政策研究・研修機構が実施した聞き取り調査の中から、経済的処遇の決定要因に関するいくつかの団体のコメントを以下にご紹介する[4]。

＊団体Aの正規職員(34歳・女性)のコメント
　『(普段の仕事ぶりなどが給料に反映されることは)ないですね。一律15万円ずっと。経済的なものは、多分無理だと思います。うちは会費でもっているんです。1人3000円をもらって、その中から私の給料が出ているみたいなんですけれども、皆、障害者の家族とか本人で、すごく苦しい生活をしていて、障害年金だけで生活していたりとか、3000円出すのがやっとだったりとかいう話を毎月聞かされているので、多分、給料を上げろというのは無理だと思うんです。……(略)……』

　※団体Aについて：保険・医療・福祉の増進分野のNPO。財政規模は
　　　　　　　　　　600万円(2005年度)。正規職員の数は1名。

＊団体Cの理事長(61歳・男性)のコメント
　『最初私が見たのは、市の職員が幾ら位なのか、大卒者はどの位なのか、あるいは福祉関係の給料っていうのはということです。私、もともと福祉関係を少しやりましたけど、時代が大分ずれています。15年位前になっていますから。始めたときは13〜14年しか経ってませんけど。そんなので色々勘案しましたね。それと私、ずばり新卒者には、あなた方、手取り幾らほしいのって聞いたんです。そうしたら、その人たちが14万円は最低ほしいといったんです。じゃあ、14万円出そうといって、14万5000円にしました。手元に残るようにしてあげたんです。』

※ 団体 C について：保険・医療・福祉の増進分野の NPO。財政規模は
　　　　　　3000 万円。正規職員の数は 12 名。

* 団体 F の事務局長 (45 歳・男性) のコメントとインタビュー結果
"調査対象者を含む正規職員 5 名 (男性 2 名・女性 3 名) の経済的処遇は、基本
的には理事長の専決事項となっており、『その人が家で家計を背負っている
のか、旦那さんとかがいて扶養されているのかとか、そういうことが大きな
判断基準になっています。』というように、個別職員の事情を勘案しながら決
定されている。月収は、11 万円と 30 万円が 1 名、17 万円が 2 名、そして調
査対象者が 50 万円ということであった (いずれも賞与なし)。……（略）……"

※ 団体 F について：保険・医療・福祉の増進分野の NPO。財政規模は
　　　　　　3600 万円 (2005 年度)。正規職員の数は 5 名。

* 団体 H の理事 (40 歳・女性) コメント
『去年あたりは、東京の事業とかを受けていたりして休日出勤がすごく多かっ
たので、そのときは休日出勤手当ても出していましたけど、<u>年度が変わって
からは仕事が減っているので……</u>。(中略) やっぱり年間の総会に向けて予算
を組むときにどうなるかですね。例えば、スタート時点で、<u>じゃあ X さん (正
規職員) 最低いくらあれば生活できる？</u>みたいなところから入らせてもらっ
<u>たのは事実ですね。</u>』

※ 団体 H について：まちづくりの推進分野の NPO。財政規模は 1700
　　　　　　万円 (2005 年度)。正規職員の数は 1 名。

　以上から、正規職員の賃金を決定する際、職員の年齢、役職といった項目の他に、
「最低いくらあれば生活できるのか？」といった質問から始まったり、「実家から
通える、通えない」、「子どもが生まれたばかりで支出が多い」など、職員が抱え
る事情に応じて、理事や事務局長が職員の賃金の額を考慮するという場合も少な
くないといった NPO の実態が、「賃金表を持たない」背景としてあるといえよう。

《正規職員を取り巻く環境　実態5》

＊ NPO の労務環境は厳しく、社会保険制度への加入している割合も全体の約2割程度。

　最後にもう一つ、NPO の労務環境を示すデータが図表Ⅱ－5－8である。

　雇用契約を結んでいる団体は全体の29.8%、就業規則を設けている団体は、25.9%と全体の約3割程度にとどまっている。また、健康保険、厚生年金保険、雇用保険といった社会保険制度への加入に関しても、それぞれ20.9%、20.2%、25.3%といずれも低い水準となっており、厳しい労務環境にあることがわかる。

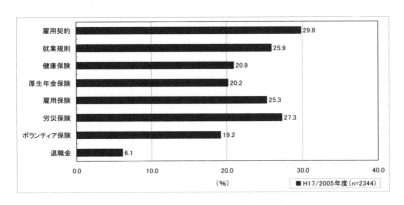

図表Ⅱ－5－8　NPOの労務環境

出典：「NPO 法人の実態調査　2005 年 NPO 法人アンケート調査結果報告書」独立行政法人 経済産業研究所、2005 のデータをもとに作成

　以上、NPO 組織の姿の前提と、NPO には様々な形態で人々が活動に参加しているということを踏まえ、正規職員の実態をデータやインタビューといった調査結果に基づいて NPO の実態について概観してきた。

　ここから、NPO の中で正規職員は中核的役割を担っているにもかかわらず、年収は総じて低く、労務環境も十分整備されていないという現状が浮かびあがってきた。こうした実態を踏まえると、いかに限られたリソースの中で、正規職員のキャリア形成を行い、育成していくのかが、NPO という組織体において極めて重要な課題となっているかがわかる。

　次節以降では、NPO におけるマネジメントの支援専門家として必要な視点や正規職員の人材育成について詳しく説明する。

2. 組織の維持・成長に必要な4つの視点

ここでは、集団と組織(チーム)の違いについて考える。

組織(チーム)とは、共通の目標(ミッション)をもち、それを達成するための機能をもつことをいう。

NPOにおけるマネジメントの支援専門家として組織と向き合うときには、**図表II-5-9**に示す4つの視点をもつことが求められる。これらは組織を診断するときに必要な視点である。以下に、これらの4つの視点について個別に解説する。

```
1. 共通の目標や使命感
2. 明確な役割分担と責任の所在
3. ファシリテーター型のリーダー
4. コミュニケーション
```

図表II-5-9　組織の維持・成長に必要な4つの視点

2-1. 共通の目標や使命感

組織には共通の目標や使命感(ミッション)が必要となる。これは組織の社会的な存在意義を示すものとなる。ミッションから組織のビジョンが生まれ、そこに到達するための事業計画が作られることになる。人事計画、人材育成は、この事業計画の目標達成のためにはどのような人が必要なのかということを考えることであるといえる(図II-5-10)。

一般にNPOは規模が小さいために、このような流れにはならないこともある。

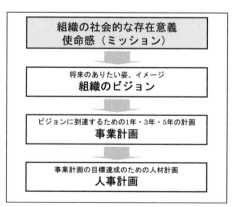

図表II-5-10　共通の目標や使命感から人事計画へのブレイクダウン

　しかし、基本的な流れをおさえることで、組織で問題が発生したときに、体系的に考えることができ、早期解決へ導くことが可能となる。

　また、ビジョン・目標はメンバーのモチベーションに大きく影響する。NPOの場合はすでに組織のビジョン・目標に合致するメンバーが入職するケース多いため、改めて設定する必要はないのかもしれないが、個人のビジョン・目標と組織のビジョン・目標とが重なり合っている状態が、組織のメンバーにとってやりがいのある職場となる。したがって、メンバー間でビジョン・目標を共有しておくことは、組織維持・成長をしていく上で重要な要素になる。特にミッションによってつながりを維持するNPOにとっては、ビジョン・目標に共感できる人にメンバーとして参画してもらうことが必要となる。

2－2．明確な役割分担と責任の所在

　NPOも事業を行う以上は、役割分担と責任の所在をはっきりさせておく必要がある。小さい組織だからといって責任の所在があいまいだと、同じ仕事を複数の人が手掛ける効率の悪い組織になってしまうことになる。

　図表II－5－11からは、以下のようなことを理解することが必要になる。

① はっきり業務の区分けをしておくことで、組織の業務効率は上がっていく。役割と役割の間はコミュニケーションと信頼関係で結ばれている。

② 一般に「報酬」と「責任の重さ」は比例する。ただし、NPOにおける理事は責任者として非常に責任の重い立場にあるが、ボランティアで参加しているケースもある。ただし、報酬といっても金銭的なものだけではなく、面白さ、

① 役割と責任が曖昧だと労働（作業）のロスが生じる。

受注　──Aさん──Bさん──Cさん──Dさん──▶ 顧客

コミュニケーション（情報伝達）のライン。次の人
常にメンバー間での情報の開示と共有、仕事の目的の確認が重要!!（＝信頼関係）

② 「報酬」と「責任の重さ」は比例する。　（有給職員、アルバイト、無給ボランティア）

③ メンバーが対等な関係を維持するためには、自己の役割と責任を認識すると同時に、他者の役割と責任を認識し、任せる（信頼する）姿勢がないと組織は混乱する。

役割を分担したら任せる（口を出さない、お節介を焼かない）心構えが責任感を育成する。ただし、常にサポートする姿勢はメンバー間でもっている必要がある。

図表II－5－11　役割分担と責任の所在の必要性

達成感といった目に見えない報酬もある。

③ メンバーが対等な関係を維持するためには、自己の役割と責任を自分で認識すると同時に、他者の役割と責任を認識し、任せる(信頼する)姿勢がないと組織は混乱する。

2－3. ファシリテーター型のリーダー

　一般的にいわれているリーダーシップとは、「継続的に目的を達成するための影響力」を示す。最近は、企業でも「自分らしいリーダー像」がイメージされており、NPOに限らず、合意を得ていくリーダーが求められている。そして、「全ての人が、それぞれの持ち味を活かしたリーダーシップを発揮することができる」と考えられている。これは、個々それぞれが多様であり、その人らしいリーダーシップがあっていいということである。

　その上で、NPOのリーダーというのは、図表Ⅱ－5－12に示したようなファシリテーター型のリーダーであると考えられる。

　組織の形態としては、1つはそれぞれが対等な立場で、場面、場面でリーダーが変わっていく。その場面で得意な人がリーダーシップを発揮し、意見を出していき、合意を取っていくというようなイメージとなる。もう1つは、対等な視点で意見を引き出し、合意形成をしていくリーダーがいる組織である。1人特定のリーダー的な存在がいて、メンバーの意見を引き出しながら、合意を形成し、そ

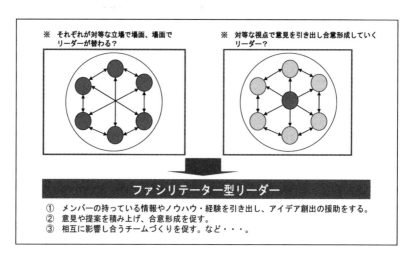

図表Ⅱ－5－12　ＮＰＯでのファシリテーター型リーダー

れと同時に組織の目標づけをしていくというようなイメージとなる。

　こういった場面でのリーダーは次のような「ファシリテーター型のリーダー」が求められる。

　①　メンバーのもっている知恵やノウハウ、経験を活かしアイディアの創出、援助をする。

　②　意見や提案を積み上げ、合意形成を促す。

　③　相互に影響しあうチーム作りを促す。

　相互に影響しあうというのは、人材育成の立場からいえば、「教えあい学びあう関係」といえる。

2−4.　コミュニケーション

　コミュニケーションは、送り手の意図だけでは受け手が反応して、初めて成り立つと定義される。つまり、受け手がどう受け止めたのかということが、コミュニケーションの前提となる。

　よくセクシャルハラスメントが例として使われる。例えば、嫌いな人にお尻を触られた場合、「いやだ！」と反応する。しかし、それが好きな人、もしくは恋人だった場合には、怒ったりせず受け入れようとする気持ちになる。つまり、受け手の反応の善し悪しでセクシャルハラスメントなのかそうではないのかが決まる。

　したがって、受け手に送り手の思い、意図を伝えるためには、以下のようなことが求められる。

①客観的に自己を分析・理解すること

　コミュニケーションを行う際には、自己の特性を知ることが大切になる。自分らしさ、自己コントロールがそれによってできるようになる。また、対人関係における自己の強みと弱みを把握しておくことにより、相手が嫌うアプローチを避けることができるようになる。

②他者をよく観察して理解をすること

　他者というのはさまざまで、障害をもった人や多国籍の人々もいる。また、性格、行動特性も異なる。みんなが一緒ではないのである。よって、多様な人々を受け入れ、観察し、理解することがとても大切となる。

③言葉よりも文書で伝達する

　これは、コミュニケーションにとって非常に重要となる。間違いや誤解を防ぐためである。文章で正確に伝達する仕組みというものは、組織の中で必要になってくる。

「組織の活性化」ということが、よくいわれている。「組織の活性化」の定義は、「組織内の情報移動が早く、頻繁に行き来していること」である。要するに、「人と人とのコミュニケーションが上手に行われている」、「組織内で共有すべき情報がよくいきわたっている」、「提案がよく出てくる」といった状態のことを示す。

組織内のコミュニケーションのベースになるのは、「人から人へ(オーラルコミュニケーション)」、「媒体(ペーパーメディア、デジタルメディア)を通したコミュニケーション」である。

また、人とコミュニケーションをスムーズに取れるようになるために、世の中には観察スキル、傾聴スキル、承認のスキル、質問スキル、伝えるスキル、フィードバックのスキルなどのさまざまなスキルが存在している。しかし、その基本となる信頼関係ができていなければ、コミュニケーションについてのさまざまなテクニックを使っても、関係が悪化してしまうことがある。まずは信頼関係をつくり、そのうえで有効なスキルを利用して、組織のよりよい人間関係をつくりあげていくことが求められる。

○相手と信頼関係をつくるためには、以下の5つを意識するとよいといわれている。
　① 相手に関心を持ち、理解する努力をする
　② 正直に自分の思いを伝える(返報性の法則)
　③ 喜怒哀楽をはっきりする(感情を素直に表現する)
　④ コミュニケーションのテクニックで危機回避をしない
　⑤ 正面から人の意見を受け止める

3. 人材育成の基本的な考え方

組織が成長していくためには、情報の共有とともに目標に対する現在の姿を認識し、ビジョン・目標と現在の姿とのギャップを埋めるための課題を解決していく必要がある(図表Ⅱ-5-13)。そして、課題を解決し、ビジョン・目標の達成を実現するために必要な人材を育成することになる。

図表Ⅱ-5-14は、一般的な人材育成の手法とシステムのサイクルを示している。目標に向かって、育成→評価→処遇といったサイクルをまわしながら人を育てていく。それを支えるシステムとして、情報の共有化、ノウハウの伝承などが存在している。

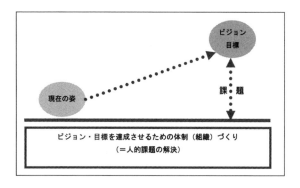

図表Ⅱ－5－13　現状の姿とビジョン・目標とのギャップ

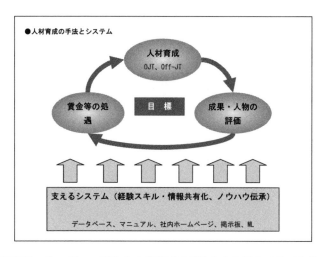

図表Ⅱ－5－14　一般的な人材育成の手法とシステムのサイクル

　具体的な育成の手段としては、OJT と OFF － JT がある。NPO の場合は、主に OJT を用いて、日常の業務を通して、いかにメンバーの人材育成を行うかということを主に考える必要がある。その中で OFF － JT をうまく活用することが求められる。

　一般的に OFF － JT は、職場ではできない知識の習得、スキルの習得、または集まった人との間で知恵を出し合って問題解決をしたり、情報を共有したりする場だと捉えることができる。一方で OJT は、OFF － JT で学習したことを実践しながら、知識やスキルとして自己のものに変えていく場だと捉えることができる。

　また、メンター制、ブラザー制などといわれる上司と部下、先輩と後輩でペアチームを組んで指導する制度がある。それは、知識やスキルの指導だけにとどまらず、部下や後輩のメンタル面での悩みを聞いたりすることも指導の範疇に入ってくる。

3－1.　ＯＪＴの例と活用のポイント

　以下に OJT の例と活用のポイントについて示したので、参考にされたい。

①朝礼・夕礼の活用
【ポイント】
　＊会の役割は、情報の共有と課題解決である
　＊時間をだらだらかけない（毎朝 or 毎夕 10 分、全員）
　＊毎回、担当ファシリテーターは目的と進行計画を明確に伝える
　＊「伝える」こと、「聞くこと」は、それぞれ 1 回ワンテーマが目安となる
　＊重要なテーマの場合は、何日か連続して議論しあう（1 週間で 50 分）
　＊「PLAN（計画）→ DO（実行）→ CHECK（振り返り）→ ACTION（改善）」を心がけ、
　　人数が多い場合は、グループに分けて進行する
　＊NPO の場合、有償スタッフ、アルバイト、ボランティアなど多様な立場の
　　人がいるが、情報は平等に、意見は誰でも言い合える環境づくりをする
　　→大事なことは、相手を尊重する姿勢と話を聞こうとする意思をもつこ
　　　とである
　　　自分の意見を押し付けないで「質問」を上手に使ってメンバーの意見を引き
　　　出すとよい
②3 分間リハーサル
【ポイント】
　＊初めて得意先に訪問するときなど、3 分でよいのでリハーサルをする
　＊伝えなくてはいけないこと、聞かなくてはいけないことなど、大切なポイントは確実におさえて送り出す
　＊事前に重要なポイントを書いた紙があるとミスがおきにくくなる
　＊接客マナー等の常識的なことは、常に意識しスタッフと接する
③文章で伝えられることは文章で伝える
【ポイント】
　＊口頭で伝えることほど伝わりにくいことはないということを認識する

＊わざわざスタッフを集めなくても伝えられることは文章で伝える

＊伝達した文章を見たか見ないかだけをスタッフに確認する

＊OJT は対面だけではなく、文章でもできる。通信教育の要領で行う

（スタッフへ課題を出す→回答をもらう→検証をする→アドバイスをする）

＊インナープロモーションも組織学習の一貫である

（大手運送会社の事例：トイレに貼り出して覚えてもらいたいことを告知する）

3－2．ＯＦＦ－ＪＴの例と活用のポイント

OFF － JT の例と活用のポイントを以下にまとめたので、参考にされたい。

①外部公開セミナー（有料の場合）

公開セミナーは用途を間違えると、「お金」と「時間」のムダになる。

【ポイント】

＊一般的な知識や技術を学習することが目的である

＊実際の業務に応用できるかどうかは未知数である

＊外部公開セミナーの情報は常に収集して、該当スタッフにフィットするものを選択する

＊日頃からスタッフを十分に観察して、業務遂行のレベル等を見極めておく

＊外部のセミナーは、単発が多いので細切れになりがちである。受講するセミナーは体系的にコーディネートすると意味が出てくる

＊セミナーを受講した人には、必ずスタッフ全員に受講内容をフィードバックしてもらう

②外部公開セミナー（無料の場合）

行政が中小企業、NPO 等の支援策で開催しているセミナーは、多数ある。

【ポイント】

＊無料のセミナーを大いに活用する

＊実状にあわないセミナーも多いが、たまにフィットするセミナーもある

＊連続講座なども行政で開催されているため、それを活用する

＊まずは、行政(都道府県、市区町村)に問い合わせてみる

＊自治体によっては、1年間の講座ガイドをもっている所もある

③業者に依頼するオリジナル研修

お金はかかるが、実状にフィットした研修になる。

【ポイント】

＊出せるお金は限られている。大企業が供給する研修は定型的になっていることから、お金をかけた割には、実状にフィットしない場合がある

＊小さい業者でも、話をよく聞き、新たにプログラムを起こしてくれる業者が望ましい(課題に対して処方箋を提示してくれる業者)

＊予算、研修の目的、現状など、希望は具体的に伝える

＊まったく初めての場合はコンペで業者を決めるとよい

④講師に直で依頼する研修

　講師を選ぶときは、慎重に行う。

【ポイント】

＊有名な講師は、お金が高くて組織の現状にフィットしにくい

＊講師業の専門家は、研修屋になってしまっているケースが多く、理論や理屈ばかりで実体に合わないことがある(研修は面白かったが、何も残らない)

＊現場の経験や実績がある講師が、よりよい

＊ちょっとした自治体主催のセミナーや外部のセミナーで知り合った講師とは必ず名刺交換をしておく

＊その人が適任ではなくても、講師仲間を紹介してくれるケースがある

4.　人材評価の基本的な考え方

　人材評価についての一般的な考え方は、「評価は、賃金を決めるため、人物にレッテルを貼るためにするのではなく、対象となる人物の能力を高めていくためにするものである。賃金は単なる結果にすぎない」というものである。評価の基盤となる考え方は、「公平性」「納得性」「透明性」であり、評価のポイントは、以下のとおりである。

＊よく観察し、コミュニケーションを日頃からとる

　管理者である考課者は、メンバーの日常行動を十分観察し、話を聞き、期間中に生じた事実について、そのつど記録を取っておくことが望ましい。点で評価するのではなく線で評価することを心がける。

＊実際に観察し得た範囲で評価する

　考課期間以外の事実は考えない。「以前こうだったから……」という見方は捨て、あくまでも考課期間に生じた事実だけで評価する。

＊業務外の行動は評価の対象としない

「ハロー効果」を起こさないように注意する。「坊主にくけりゃ袈裟までにくい」というように印象に残っているエピソードや1項目の著しい優劣に幻惑されて、他の項目に影響を及ぼすことがないようにする。

＊寛大化傾向と減点化傾向

個人的感情にとらわれずに、あくまでも厳正に評価する。

また、評価の際には、自己評価と他者評価とのギャップを話し合いで埋めていくことが重要となる。それにより納得性を得ることが評価では必要になる。決して印象で決めつけてはいけない。現実に起きたこと、現実の状態を強く意識して、評価をすることが求められる。

組織のメンバーに目標をもってもらうことは、組織全体のビジョンや目標を達成する上で、必要不可欠なことだと考える。各メンバーのやる気を高めるためにも、目標は節目、節目で設定することが望まれる。ただし、目標をもってもらうことで、モチベーションが下がっては意味がない。そこで、以下では、目標設定の留意点について指摘する。

＊意見や目標を押し付けないで、考える癖をつけさせる

＊指示をしないで質問をする

＊目標やそのプロセスは、リーダーが教えるのではなく考えさせる、もしくは導く質問をする

＊問題が起きたときも、解決のプロセスを考えさせ、自ら回答を得られるように質問で導く

＊目標はあまり高すぎると却って現実から離れてしまう。スモールステップによる目標設定で、確実にステップアップできるようにサポートする

質問をすることで相手に考えさせ、目標設定や結論をださせることを意識的にできるようにする。そうすることにより、自発的に考え、行動できる人を育成することができ、知恵を出し合う風土を作ることができる。得てしてリーダーは組織のメンバーに対して、質問ではなく、回答や指示を直接的に言ってしまう傾向がある。そこを堪えて、言いたいことを質問に変えていくトレーニングをすることで、スタッフに考える力が身につき、スピードが速くなる。例えば、以下の質問を適切な場面で使うことにより、相手に考えてもらい、問題の本質を見つけ出すことができるようになる。

質問例：　あなたは、この目標を達成するために、何をしたらいいのか？

　　　　　いつまでに、この仕事を終えればいいのか？

　　　　　誰の援助をもらうとこの仕事はうまくいくのか？

　　　　　今回のこの問題は何が原因で起きたのか？

　　　　　あなたが、今できないと思っていることを、あえてやるとどうなるのか？

　　　　　（5回、「なぜ」を繰り返すと問題の本質がみえてくるといわれている）

【学習課題】

① 過去に所属したことのある組織をイメージしてみよう。

　イメージした組織の状態を「組織力を発揮するための4つの要素」で見た時に、この組織の優秀な点、問題点を書き出してみよう。

② 人材育成のサイクルは、組織において具体的どのような施策で実現しているのか。育成、評価、処遇の各々について書き出してみよう。

【注】

1　役員の場合は、理事長以外で労働報酬がある場合には雇用関係が認められる。

2　田中（1998）によると、在宅サービスをおこなう「市民互助型団体」において「有償ボランティア」を採用してきた理由を2つ上げている。1つは要介護高齢者がボランティアに謝礼金を支払うことによって、一方的なサービスではなく、対等性を確保できること。2つめは事務経費や人件費などの団体維持費を受益者によって負担すること。ただし、介護保険法においてホーム・ヘルプサービスを実施する「指定居宅サービス事業者」に指定された場合、その収入によって大半をまかなえるため、2つめの論理はなくなるとしている。

3　山口（2003）。

4　「労働政策研究報告書 NPO就労発展への道筋──人材・財政・法制度から考える No.82 2007」労働政策研究・研修機構（p.26-50 より抜粋）。

【参考文献】

田中尚輝、『ボランティアの時代─NPOが社会を変える─』岩波書店、1998年。

山口浩一郎、「NPOのための法的環境整備」『日本労働研究雑誌』No.515、2003年。

第6章

財務・会計

藤本毅郎

狙い

- ☑ NPOにおける財務・会計の実務と、その特徴・問題点を理解することにより、営利法人とは異なるNPOの財務管理のポイントを理解する
- ☑ NPOの運営上の問題点を財務管理の側面から検討し、問題点に対応するための考え方を理解する

学習のポイント

- ☑ NPOの財務諸表作成の際に考慮しなければならない法令等の存在を理解する
- ☑ NPOの財務の実態を正しく把握し適切な財務管理を行うために、営利法人とは異なるNPO独特の運営手法が存在し、財務諸表へ影響を及ぼしていることを理解する
- ☑ NPOの経営環境から生じる財務管理上の問題点と解決の際に考慮すべき点を理解する

藤本　毅郎（ふじもと　たけお）　藤本毅郎税理士事務所代表　税理士、認定経営革新等支援機関、登録政治資金監査人

1. NPOの財務管理の特徴

1－1. NPOも企業も基本的には同じ

　NPO・企業ともに、財務管理の基本的な考え方は共通しており、大きな違いはない。

　企業と同じく NPO の事業運営においても資金は必要不可欠である。資金不足に陥れば事業継続は困難となるため、資金不足を未然に防がなければならない。NPO の財政状態を把握し適切な経営判断を行うために財務管理は必要不可欠である。また財務管理を行うには会計処理も必要である。

1－2. NPOと企業が異なる点

① NPO の存在意義

　一般的に企業は利益の稼得を目的として存在するが、NPO は使命の達成(社会的課題の解決)を目的として存在する。目的を達するためのプロセスは企業とは異なり、企業経営では当然とされる手法(経営合理化)が NPO では当然とされないことも多々ある。

　NPO はボランティア、寄付など、NPO の目的や活動に賛同する人々から様々な協力を受けることが多いが、企業の事業活動の中ではあまり見られない。

② NPO の公益性

　公益性が高い NPO の事業に対しては、行政が補助金・助成金を支給する、あるいは事業委託により委託費を支給することがある。ただし、補助事業は基本的に契約書等の規定どおりに事業を遂行することが求められ、資金使途も制限されていることが多い。契約に反した場合は補助金等の返金を求められる場合もある。また、定期的報告(例えば四半期毎など)を求められることも多く、事業の進捗管理や財務管理(主に予算管理)を適切に行う必要がある。

③財務諸表に反映されない部分がある

　スタッフへ支払った人件費は損益計算書に計上されるが、無償ボランティアの協力を得られれば支払う人件費が発生せず損益計算書に計上されない。それぞれ労働力の提供を受けたことは同じであるが、財務諸表への反映は異なる。ボランティアの協力があった場合、事業の収支が黒字であったとしても、財務が良好であると一概に判断することはできない。

　また、チャリティーバザーを行うにあたり中古の衣料品や雑貨の寄付を受ける

ことがあるが、個々の品物を金額で評価をすることは困難であることが多く、受け入れ時に寄付金収入として会計処理することは殆どなく（評価すれば高額であり重要性が高いものを除く）、バザー売上のみが計上される。残った在庫が貸借対照表に計上されることもない。

　NPOの財務諸表を見る者・作成する者は、表面から掴めない財務の本当の実態を把握するために事業の詳細も把握すべきであり、NPOでは特に注意が必要である。

　上記の事象を統一的に処理するために、民間団体のNPO会計基準協議会が中心となり、NPO法人会計基準（以下NPO会計基準という。）が策定され、平成22年7月に公表された。NPO会計基準では、提供を受けた労働力の金額を合理的に算定できる場合には財務諸表に内容を注記できることとし、さらに外部資料等によって客観的に把握できるのであれば活動計算書（後述）に計上できることとなった。

④外部報告

　NPOは会員に対し財務諸表の報告義務がある。またNPOの所轄庁への提出も義務付けられている。外部報告が必要なケースは基本的に企業と同じである。

⑤税務

　NPOは非営利法人であることから、税金は無縁と考える人は多いようである。しかし今、NPOの事業から生じた剰余金に対しては原則として法人税は非課税であるが、一定の収益事業から生じた剰余金に対しては法人税が課される。また法人税以外にも納税義務が発生する税金はあり、NPOに課される税金の種類を事前に調べ、税金の申告漏れや手続きに不備が生じないように注意する必要がある。NPOの経営においても税の問題は避けて通ることはできない。

2．ＮＰＯ会計の実務

2－1．ＮＰＯの会計

　特定非営利活動促進法[1]には会計に関係する規定が存在する（**図表II－6－1**）。

　この規定では会計帳簿、計算書類（貸借対照表、活動計算書（改正前は収支計算書））、財産目録、事業報告書の作成を求めている（第27条）。事業報告書や計算書類（財産目録を含む）は、主たる事務所において利害関係人等に公開される（第28条）。また所轄庁に提出することが義務付けられ（第29条）、所轄庁においても公開される（第30条）。

　なお、計算書類はいわゆる財務諸表であり、一般的には決算書と呼ばれる。略

－　特定非営利活動促進法(抜粋)－
　　第 27 条(会計の原則)
　　　一　特定非営利活動法人の会計は、この法律に定めるもののほか、次に掲げる原則に従って、
　　　　行わなければならない。
　　　二　会計簿は正規の簿記の原則に従って正しく記帳すること。
　　　三　計算書類(活動計算書及び貸借対照表)及び財産目録は、会計簿に基づいて活動に係る事業の
　　　　実績及び財政状態に関する真実な内容を明瞭に表示したものとすること。
　　　四　採用する会計処理の基準及び手続については、毎事業年度継続して適用し、みだりにこれ
　　　　を変更しないこと。
　　第 28 条(事業報告書等の備置き等及び閲覧)
　　　一　特定非営利活動法人は、毎事業年度初めの 3 月以内に、前事業年度の事業報告書、計算書類
　　　　及び財産目録並びに役員名簿並びに社員名簿を作成し、これらを、翌々事業年度の末日までの
　　　　間、主たる事務所に備え置かなければならない。
　　　三　特定非営利活動法人は、社員その他の利害関係人から事業報告書等、役員名簿、定款の閲覧の
　　　　請求があった場合には、正当な理由がある場合を除いて、これを閲覧させなければならない。
　　第 29 条(事業報告書等の提出)
　　　一　特定非営利活動法人は、毎事業年度 1 回、事業報告書等、役員名簿等及び定款を所轄庁に提
　　　　出しなければならない。
　　第 30 条(事業報告書等の公開)
　　　　所轄庁は、特定非営利活動法人から提出を受けた事業報告書等若しくは役員名簿等(過去 3 年
　　　間に提出を受けたものに限る。)又は定款等について閲覧又は謄写の請求があった場合には、これ
　　　を閲覧させ又は謄写させなければならない。

図表II－6－1　特定非営利活動促進法(抜粋)

称は F/S（Financial Statements）である。

　平成 23 年 6 月の NPO 法改正により、収支計算書に代わり活動計算書を作成す
ることとなった。収支計算書は資金収支ベースの書類であったが、活動計算書は
損益ベースの書類であり、企業会計における損益計算書に近づいた考え方となっ
た。改正 NPO 法の施行時期である平成 24 年 4 月以降は、活動計算書の考え方を
反映した NPO 会計基準により会計処理を行うことが望ましい。

①貸借対照表(図表II－6－2)
　NPO の貸借対照表は企業会計とほぼ同じである。異なる点は資本の部を正味財
産という言葉で表現することであるが、資本も正味財産も同じ意味である。
　正味財産は資産から負債を控除した差額である。一般的に正味財産が多いほど
財政状態は良好であるといわれる。NPO では正味財産の金額が過小、もしくはマ

貸借対照表

NPO法人　M会　　　　　　　　　　　平成 23 年 3 月 31 日現在（単位：円）

借方		貸方	
【流動資産】	(6,300)	【流動負債】	(2,000)
現金預金	2,500	買掛金	1,000
売掛金	2,000	未払金	600
未収入金	500	短期借入金	400
商　品	1,000	【固定負債】	(12,000)
貸付金	300	長期借入金	12,000
【固定資産】	(23,700)	負債合計	14,000
建　物	9,000	【正味財産】	(16,000)
備　品	2,700	前期繰越正味財産	15,000
土　地	12,000	当期正味財産増減額	1,000
		正味財産合計	16,000
資産合計	30,000	負債・正味財産合計	30,000

図表II－6－2　貸借対照表（例）

活動計算書

NPO 法人　M会　　　　自平成 22 年 4 月 1 日　至平成 23 年 3 月 31 日（単位：円）

【経常収益】
　1、受取会費　　　　　246,000
　2、受取寄附金　　　　　2,200
　　　　経常収益計　　　　　　　　248,200
【経常費用】
　1、事業費
　　○○事業費　　　　　128,000
　2、管理費
　　給料手当　　　　　　60,800
　　福利厚生費　　　　　10,000
　　交際費　　　　　　　6,000
　　地代家賃　　　　　　22,300
　　旅費交通費　　　　　8,000
　　通信費　　　　　　　7,000
　　雑費　　　　　　　　5,100

　　経常費用計　　　　　　　　　247,200
　【当期経常増減額】　　　　　　　1,000

図表II－6－3　活動計算書（例）

財産目録

NPO法人　M会　　　　　　　　　　平成19年3月31日現在（単位：円）

【資産の部】

（流動資産）

現　金		500	
普通預金	A銀行	2,000	
売掛金	㈱B	2,000	
未収入金	C㈱	500	
商　品	商品D　100個	1,000	
貸付金	個人E	300	
流動資産計			6,300

（固定資産）

建　物	木造2階建○㎡	9,000	
備　品	ショーケース2組…	2,700	
土　地	F市所在○㎡	12,000	
固定資産計			23,700
資産合計			30,000

【負債の部】

（以下省略）

図表Ⅱ－6－4　財産目録（例）

イナス（債務超過）のケースも少なくない（財政基盤が弱いことを意味する）。

　正味財産の表示は、前期の正味財産の金額に、当期の正味財産の増減額を記載する。

②活動計算書（図表Ⅱ－6－3）

　NPOは活動計算書の作成が求められる。

③財産目録（図表Ⅱ－6－4）

　資産と負債の明細を表す書類であり、表示する内容や金額は貸借対照表と同じである。

2－2.　NPO会計の特徴

　NPOは特定非営利活動促進法・所轄庁の指針の影響や、NPO独特の経営形態や経営環境から生ずる問題に対応しながら会計処理を行うことが求められる。

　NPO会計の特徴的な具体例を以降に述べる。

　(1)区分経理と按分計算

①区分経理の規定

・NPO 法第 5 条②
　「特定非営利活動事業」と「その他の事業」の区分ごとに経理することを規定
・法人税法施行令第 6 条
　「収益事業」と「非収益事業」の区分ごとに経理することを規定
　（収益事業については、3 − 2. 収益事業参照）

　区分経理とは、事業区分ごとに会計処理を行い報告することである。会計帳簿も区分し、財産目録、貸借対照表、活動計算書も区分ごとに作成する。

　NPO 法と法人税法の区分を行えば最大で 4 区分される（図表Ⅱ− 6 − 5）。区分経理を行う場合、財務データや関連資料の管理が煩雑となり事務手続が増加する。そこで実務上は事業年度の途中では区分経理は行わず、決算手続において各事業へ区分する簡便な方法も採られている。

　また、財産目録や貸借対照表について区分が煩雑又は困難な場合、活動計算書のみを区分する方法も採られている。

②区分経理が必要となるケース

・行政から補助金等を受ける場合

　NPO が実施する事業に対して行政などから補助金・助成金を受ける或いは事業の実施を受託する場合がある。一般的にこのような場合では行政等は収支報告を求めるため、補助対象事業と対象外事業の収支計算を分離する必要性が生じ、区分経理を行うことになる。

・財務管理上の必要性

　NPO が複数の事業を実施している場合に赤字事業と黒字事業が混在するときは、NPO 全体の収支計算のみでは赤字事業が黒字事業に隠れてしまう問題が生じる。また事業所が複数存在する場合には事業所ごとの収支も経営上の重要なデータと考えられる。経営者にとって有用な情報を得るために様々な区分が考えられる。

		特定非営利活動促進法	
		特定非営利活動事業	その他の事業
法人税法	収益事業	課　税	課　税
	非収益事業	非課税	非課税

図表Ⅱ− 6 − 5　区分経理の区分け

項目	基準
給料、賞与、退職金など	従事割合(勤務日数、勤務時間)
福利厚生費、消耗品費、事務費など	職員数比
地代家賃、減価償却費(建物) 保険料(建物)、固定資産税、水道光熱費など	建物面積比
リース料、減価償却費(車両、備品など)	使用割合(使用時間、使用km)
収入割合を適用することが適当なもの あるいは、適当な基準が見当たらないもの	収入割合

図表Ⅱ－6－6　按分基準の例示(項目別)

・事業報告書の作成上の必要性

　所轄庁が東京都のNPOを例にすると、所轄庁へ提出する事業報告書に定款に定める事業の種類ごとに事業費を記載しなければならない。各事業費を集計するために区分経理を行うことになる。

③複数の事業に関係する支出

　区分経理の際に問題となるのが、実際の支出は一つであるが複数の事業に関係する支出である。このような支出は合理的基準により各事業へ割り当てることになる。

　　【人件費】　　固定給のスタッフで複数の事業の業務に関わっている場合
　　【家賃光熱費】同一の事業所で複数の事業を行う際に支出する家賃、
　　　　　　　　　電気代など
　　【固定資産】　購入した備品などの資産を、複数の事業で共有している場合
　　　　　　　　　その他、複数の事業に共通する支出

④按分基準の例示(図表Ⅱ－6－6)

　他に合理的な基準が見出せればその基準を適用する。適用した基準は毎期継続適用し、むやみに変更してはならない。ただしその基準が現況に照らし合わせ明らかに不合理となったときは基準の見直しも必要である。

(2)事業費と管理費

　NPOの支出の区分として事業費と管理費がある。NPO経営を理解するための重要な概念であり、また所轄庁がNPOの監督に際し参考とする区分である。

①事業費と管理費の違い

　【事業費　⇒　NPOの事業目的の遂行に要した支出】

> 介護保険事業……ヘルパーの人件費など
> 調査研究事業……アンケートの謝礼、報告書制作費など
> セミナー事業……講師謝礼、テキスト原稿料、会場費、広報費など

【管理費　⇒　NPOの運営管理に要した支出】

> 事業に直接関係しない支出……事務員の人件費など
> 法人運営に要した支出……理事会や会員総会の開催費など

②実務的な区分

　事業費・管理費の区分は以下のとおりである(岩永・水谷2004)。

1、事業との結びつきが直接的か、間接的か

> A　特定の事業のための支出であることが明白であるもの
> B　全く特定の事業と直接関係ないもの
> C　どちらともいえないもの

　→　Aは事業費、Bは管理費、Cはさらに検討

2、どこで割り切るか?

> Cについて　1　特定の事業との結びつきは強いが、一部は他の事業に関係
> 　　　　　　2　複数の事業に関係しているが、その優劣多寡がつけがたい
> 　　　　　　3　全般に関っているが、特定の事業にまとめられているもの
> 　　　　　　4　管理費としての側面も一部有している

　→　・1は特定の事業の事業費とすることが考えられる。
　　　・2,3は各事業へ均等に割振る、事業毎の収入金額・職員数の比率により
　　　　按分する、などの方法が考えられる(上記(1)の④按分基準の例示を参照)。
　　　・4は事業部門と管理部門の従事時間比、事業部門と管理部門の職員
　　　　比などにより事業費と管理費に配分する方法が考えられる。

※厳密に区分することは困難なケースが多いが、重要性、金額の多寡などを考慮
　しながら最も適した基準を検討する。

③NPO法の運用指針との関係

　「管理費の総支出に占める割合が、2事業年度連続して3分の2以上である場合」、
所轄庁の報告徴収の対象となりうるとしている。事業費が過小であればNPO本
来の事業活動が行われていない可能性があり、運営が不適切なNPOを見出すた
めの一つの基準と考えられる。ただし事業内容によっては要件を満たせないケー
スもあり、要件を満たさないときは必ず報告を求める、ということでもないよう

である。あくまでも一つの目安と考えていただきたい。

> 東京都　https://www.seikatubunka.metro.tokyo.lg.jp/houjin/npo_houjin/laws/files/
> 0000001200/shin-guideline2904.pdf

(3)固定資産と減価償却
①会計上の固定資産とは
　建物や備品のように通常1年を超えて使用するために所有する資産は、会計上は固定資産として扱い貸借対照表に計上する。ただし備品などで使用期間が1年未満又は取得原価(購入価格に、購入に要した諸費用を加算したもの)が少額なものは、固定資産とせず経費として扱うことが認められている。
②固定資産に計上する金額の基準
　上記①の「少額」は幾らなのか特に定めはなく、他の会計基準などを参考に検討するほかない。実務上は法人税法に拠ることが多い。法人税法では原則として10万円未満である。ただし10万円未満でも資産計上することは可能である。
③減価償却
　一般的に固定資産は利用や年数経過によって価値が減少するため、「減価償却」という会計処理方法によって価値の減少を財務諸表に反映させる。この金額を減価償却費という。
　減価償却とは、固定資産の使用可能な年数(耐用年数という)を見積もり、その年数に渡って取得原価を各年の費用として配分する方法である。耐用年数は「減価償却の耐用年数に関する省令」により、固定資産の種類ごとに年数が詳細に決められている。
　NPO法では減価償却に関する規定はなく任意であるが、財務諸表の正確性を高めるためには減価償却を行うほうがよい。
　平成23年6月改正前のNPO法で作成を求めていた収支計算書には減価償却の考え方は無かったが、改正後のNPO法における活動計算書では減価償却の考え方が導入されている(NPO会計基準20)。
④法人税との関係
　法人税法においては減価償却費の計上は任意であるが一定の限度額まで経費と認めているので、計上すれば課税所得が減少し法人税が減少する。そのため収益事業で利用する固定資産については減価償却を行うと有利である。
　固定資産は一般的に高額であり、経済に与える影響も大きいため、国は購入促進のために一定の条件を満たす購入の場合は税制上の優遇措置を与えている。購

入の際は優遇措置の有無を確認した方がよい。

⑤資金管理との関係

　固定資産の購入は資金繰りに与える影響も大きいので、事前に資金繰り予測を行うべきである。特にNPOは資金調達方法(融資など)が限られていることが多く、また収益事業に関するものは法人税の計算にも影響を与えるので、検討のうえ購入する必要がある。

　(4)借入金

①理事等からの借入れ

　企業では資金不足の場合には金融機関から融資を受けることが一般的であるが、NPOの現状では金融機関からの融資は断られるケースが多いため止む無く理事等から借入れるケースも多い。決算日に理事等の借入金が残っている場合は、貸借対照表に表示するが、ここでは表示の際に問題となる点を検討する。

・短期か長期か

　貸借対照表のルールとして、返済期間が決算日後1年以内の場合は流動負債に、1年超の場合は固定負債に計上することになっている。

　理事から借入れる場合には、詳細な条件を定めず、また契約書を交わさないこともよくある。この場合は短期長期の区分がわからないため、検討が必要である。

　また、短期長期の区分は経営分析における流動比率の計算にも影響を与える。

　下表に問題となるケースと対応策の例を示す(図表II－6－7)。

問題となるケース	対応策
返済期限が定まっていない	返済期限を定め、期限までに返済する
返済の催促がない場合(あるとき払い)	返済計画を定め、計画通りに返済する
返済を免除された	免除を受けた額が寄付金収入となる
理事が金融機関から個人的に借入れ、その資金をNPOに貸付けている場合	金融機関の返済予定表に基づき返済する
返済する見込みが立たない	将来的に返済可能か債権者とともに検討 ・返済可能ならば返済計画を立てる ・判断が難しい場合は、一時棚上げ ・返済不可能な場合は、債務免除の方法を検討

※トラブル防止のため、債権者との決め事は記録として残すことを推奨する。

図表II－6－7　問題となるケースと対応策(例)

・利息について

　金融機関から融資を受けた場合、通常は借入期間に応じて利息を支払う。しかし理事等からの借入れは、親切心や義務感からNPOに資金を融通した、或いは資金に余裕がないなどの理由から、無利息のケースも多いようである。なお無利息を利払いの免除と考えた場合、利息相当額の寄付を受けたと考えることもできる。

　理事等からの借入れに対し利息を支払う場合、利率は当事者間の実情により決定されるが、金融機関の融資の利率、預金の利率などを勘案しながら決定する場合もある。市場金利より極端に高い利率を設定すると、後に税務署の税務調査があったときに問題点として指摘を受けることもあるのでこの点も注意が必要である。

②金融機関からの借入れ

　NPOが融資を受ける場合、返済不可能に陥れば金融機関に限らず保証人、NPO関係者にも迷惑をかけることになるため、以下を検討のうえ手続きを行うべきである。

・返済能力を測るため金融機関から事業計画、資金使途、財務諸表の説明を求められる。
・NPOとしても融資の目的と、適正な所要額を明確にすることが重要である。
・将来の収支を予測し現実に返済可能か検討する。楽観的な計算はせず無理な借入れはしないように心掛ける。
・NPOの定款や規則によっては、理事会、総会の承認が必要な場合がある。
・借入後は、厳格な財務管理を行う必要がある。

(5)私募債

①私募債(擬似私募債)の発行

　NPOの資金調達方法として、会員などを対象に私募債により資金を募る場合がある。ただし会社法では社債発行が可能な法人の種類にNPOは含んでおらず、社債発行はできない。実際はNPOと会員の間における民法上の金銭消費貸借契約である。また、発行に際しては、利息制限法、出資法、金融商品取引法等の関係法令を考慮しなければならない。

②私募債の償還と利払い

　私募債には償還日(返済日)が設定されるが、資金不足により返済が難しいと予測される場合、債権者との協議のうえ返済せずに継続するケースもある。また募

集当初から継続を予定しているケースもある。

　利払いは現金ではなく NPO の何らかの物品やサービスに代替するケース、無利息のケースもある。

③私募債と財務管理

　元本返済と利払いは契約内容通りに履行しなければならない。確実な契約履行は NPO の社会的信用に関わることであり非常に重要である。

　募集時のみならず募集後においても引受人へ継続的に財務報告が必要である。また返済・利払いは多額のキャッシュアウトとなるので、精度の高い財務管理と資金繰りが求められる。

(6)寄付金

①寄付金の会計処理

　現金による寄付は、現金額を受取寄付金として活動計算書に計上する。

　物品の寄贈(以下、現物寄付)を受けた場合は、その物品の時価評価額を活動計算書に計上する。時価評価の方法は、例えば新品の場合は通常の販売価額、中古品の場合は中古品市場価額があればその価額、ない場合は新品の価額から減価償却費を控除した金額などを評価額とする。現物寄付を受けた場合、評価額が僅少又は重要性が低いものについては、財務報告に大きな影響はなく、利害関係者の判断を誤らせることはないと考えられれば、計上しなくても問題ない。

②財務管理との関係

　寄付者の意思により使途・目的を特定された現金寄付を受け取った場合、その資金はその目的に合うように利用すべきである。また流用を避けるため NPO の通常の運営資金とは分別管理し、活動計算書や貸借対照表において使途制限の存在がわかるように表示する(NPO 会計基準 27、NPO 会計基準注解 21、22)。

　利用目的が特定されたあるいは処分を制限された現物寄付を受け取った場合、できる限りその目的のために利用すべきである。また当該物品が貸借対照表に計上されている場合は、制限の存在がわかるように表示する。

(7)補助金、助成金、委託事業

　行政等は NPO が実施する事業へ補助金等を支給する場合がある。ここでは補助金等が会計処理にどのような影響を及ぼすか検討する。

①要綱・契約内容を確認する

　補助金や助成金には支給するための条件を定めた要綱などがあり、委託事業では事業内容や実施方法を定めた契約書を締結する。これら規則中に経理処理に関する規定があれば、その規定に従って経理処理を進める(適用する会計基準、使用する勘定科目、区分経理の定めなど)。

②返還金の有無を確認する

　要綱や契約書に定める条件を満たさない場合、行政等は補助金等の返還を求める場合がある。また実費精算の場合は、使い切れなかった金額を返還する。

　この場合、支給を受けた事業年度の活動計算書について、収益の金額(補助金収入)を減少させる。返還金の支払いが支給を受けた事業年度後となるときは、収入金額を減少させるとともに貸借対照表の負債の部に返還額を「未払金」として計上する。

③区分経理の必要性

・行政等からの要請

　行政等は補助金等の使途を確認するために補助対象事業に係る事業報告と収支計算の報告を要請する。そのため補助事業と補助対象外事業の区分経理が必要となる。

・管理上の必要性

　補助対象事業の支出へ補助金を幾ら充てているか、実費精算の場合の返還金の予測など管理をする上で区分経理が必要となる。

　また、収支報告における支出を証明するために領収証等の写しの添付を求められることもあり、この場合は領収証等の書類も分別管理する必要がある。

　(8)事業年度をまたがる収入・支出について

　プロジェクト型事業で、事業開始から完了までの間に決算日が到来する場合、事業開始から決算日までの収支を活動計算書にどのように反映させるか問題となる場合がある。

　法人税法上の収益事業に該当する場合は、収入の計上時期・収入支出の対応関係が課税所得の計算に影響を及ぼすことも考慮する必要がある。下表にケースと対応策を整理する(図表II-6-8、図表II-6-9)。

3. NPOの税務

　法人税法ではNPOは公益法人等に区分される(図表II-6-10)。株式会社など

【収　　入】
・期中に入金があり、期末までに事業が完了していない場合
　　A　　事業完了まで全額繰り延べる
　　B　　事業進捗度に応じた収入を計上、残りは繰り延べ
・期中に入金がなく、期末までに事業が完了している場合
　　C　　入金すべき金額を、当期の収入として計上（未収入金）
・期中に入金がなく、期末までに事業が完了していない場合
　　D　　何もしない
　　E　　入金すべき金額のうち、事業進捗度に応じた収入を計上（未収入金）

【支　　出】
・期中に支出があり、期末までに事業が完了していない場合
　　A´　事業完了まで全額繰り越す
　　B´　事業進捗度に応じた支出を計上、残りは繰越し
・期中に支出がなく、期末までに事業が完了している場合
　　C´　支出すべき金額を、当期の支出として計上（未払金）
・期中に支出がなかった事業で、期末までに事業が完了していない場合
　　D´　何もしない
　　E´　支出すべき金額のうち、事業進捗度に応じた支出を計上（未払金）

図表II－6－8　事業年度をまたがる収入・支出のケースと対応策

決算時	収　入		支　出	
進捗状況	入金有	入金無	支払有	支払無
完了		C 入金すべき金額を計上 （未収入金）		C´ 支出すべき金額を計上 （未払金）
未完了	A 全額繰延べ（前受金）	D 何もしない	A´ 全額繰越し（前払金）	D´ 何もしない
	B 事業進捗に応じた収入 を計上	E 事業進捗に応じた収入 を計上	B´ 事業進捗に応じた支出 を計上	E´ 事業進捗に応じた支出 を計上（未払金）

※収入と支出の対応関係を合わせて計上する。

図表II－6－9　決算時の進捗状況における対応の整理

法人税法の法人区分	例示	課税対象	税率
公共法人	地方公共団体等	課税されない	―
公益法人等	財団法人、社団法人 社会福祉法人、学校法人等	収益事業課税	低税率
	ＮＰＯ法人	**収益事業課税**	**普通税率**
人格のない社団等	PTA、同窓会等	収益事業課税	普通税率
普通法人	株式会社、有限会社	全てに課税	普通税率

図表Ⅱ－ 6 － 10　法人税法の法人区分

の営利法人は普通法人に区分されるが、公益法人等と普通法人では課税対象の範
囲が異なり、課税所得の計算方法などに若干異なる点が存在する。

3 － 1.　税金の種類

　NPO に関係する主な税金は**図表Ⅱ－ 6 － 11** のとおりである。納税額を決定する
手続きは、自ら計算し税務署等へ申告・納税する「申告納税方式」と、役所側が計算
し税額を通知し納税する「賦課課税方式」がある。申告納税方式を採用している税
金は納税者が税知識を有していることが前提となっている。

3 － 2.　収益事業

　NPO が実施する事業が法人税法に定める収益事業に該当する場合、その収益事
業の利益に対して法人税が課税される（**図表Ⅱ－ 6 － 12**）。収益事業に該当するか
否かの判断は重要な問題である。
　法人税は、損益計算による利益（＝収益－費用）に対して税率を乗じて計算する。
NPO などの非営利法人は公益目的を達成するために事業を実施しており、事業か
ら利益が生じたとしても、原則として法人税は課税されない。しかし、営利法人
との課税の公平性を考慮し、法人税法が定める特定の事業(収益事業)から生ずる
利益に対しては法人税を課税することになっている。
　NPO が実施する事業が NPO 法に規定する特定非営利活動事業に該当する場合
であっても法人税法に定める収益事業に該当する場合には法人税の申告と納税が
必要である。特定非営利活動事業であるか否かは関係がない。
　主な収益事業の主要事例を示す（**図表Ⅱ－ 6 － 13**）。

	種　類	対　象	所轄官庁	課税方式
国税	法人税	課税所得（当期純利益に所要調整を加えたもの）	税務署	申告
	消費税	課税取引（消費税が課される取引）		
	源泉所得税	給与等一定の支払いを行う場合		
	印紙税	書類の種類・内容による		印紙
	自動車重量税	車の種類・用途による	陸運局他	印紙
地方税	法人都道府県民税	法人税（国税）を基礎とする	都道府県税事務所	申告
	法人市区町村民税	法人税（国税）を基礎とする	市区町村役場	申告
	法人事業税	課税所得（当期純利益に所要調整を加えたもの）	都道府県税事務所	申告
	地方消費税	課税取引（消費税が課される取引）	税務署	申告
	固定資産税 都市計画税	土地、建物	市区町村役場※	賦課
	償却資産税	事業用減価償却資産（土地・建物を除く）		申告
	事業所税	建物床面積・従業員数（指定都市のみ）	市区町村役場※	申告
	自動車税	自動車の種類・用途による	都道府県税事務所※	賦課
	軽自動車税	軽自動車・二輪車等の種類・用途による	市区町村役場	賦課

（ア）東京都特別区（23区）の場合は都税事務所（自動車関係は自動車税事務所）

図表Ⅱ－6－11　NPOに関係する主な税金

物品販売業	不動産販売業	金銭貸付業	物品貸付業	不動産貸付業
製造業	通信業	運送業	倉庫業	請負業
印刷業	出版業	写真業	席貸業	旅館業
料理飲食店業	周旋業	代理業	仲立業	問屋業
鉱業	土石採取業	浴場業	理容業	美容業
興行業	遊技所業	遊覧所業	医療保健業	技芸教授業
駐車場業	信用保証業	無体財産権提供業	労働者派遣業	

図表Ⅱ－6－12　法人税法の収益事業（34業種）

3－3. 区分経理

　収益事業・収益事業以外の事業それぞれを行っている場合、税務申告のために収益事業の利益を計算する必要があり、そのため区分経理が必要となる。

　収益事業に該当するか否かの判断は、事業区分ごとに行う必要がある。

3－4. 申告手続

　納税額の申告は法令上定められた期限までに税務署等へ手続きすることが義務付けられている（図表Ⅱ－6－14）。税金の納付も法令上定められた期限までに行う。期限までに申告納税をしなかった場合、期限内に申告納税した者との公平を図る

業種	事業内容	収益事業に該当しないケース
物品販売業	卸売業・小売業 ・チャリティーバザー、福祉用具の販売	・バザーは年に数回程度であれば、収益事業に該当しない
請負業	他人に対して役務を提供し報酬を得る行為 ・事務処理の委託(調査、研究、情報の収集及び提供、検査、検定等)を含む ・介護保険事業における住宅改修	・実費弁償方式として税務署長の確認を受けた場合は、非課税
出版業	書籍、雑誌、新聞等の出版 ・名簿、統計数値、企業財務に関する情報等の印刷物を販売する事業を含む	・無料配布するものは、出版業に該当しない ・公益を目的とする法人がその目的を達成するため会報を専らその会員に配布する場合は、有償配布であっても非課税
興行業	映画、演劇、演芸、舞踏、音楽、スポーツ、見せ物等を企画、演出又は陳列して不特定又は多数の者に観覧させる事業 ・名義主催や媒介、取次ぎを含む	・以下のような慈善興行は、税務署長の確認を受けることにより非課税 ①純益が社会福祉等のために支出され、催物の参加者や関係者が報酬を受けないもの ②学生、生徒、児童等を参加者又は出演者とする興行で、興行に直接要する会場費、人件費その他の経費を賄う程度の低廉な入場料によるもの(ただし、興行収入の相当部分を企業の広告宣伝費に依存し収益を生ずるものを除く)
医療保健業	医師・歯科医師が行う医業、あんま、はり等の療術業、助産婦業、看護業、歯科技工業、獣医業など ・介護保険事業のうち、人的介護サービス事業	
技芸教授業	①技芸の教授 ※技芸とは、 　洋裁、和裁、着物着付け、編物、手芸、料理、理容、美容、茶道、生花、演劇、演芸、舞踊、舞踏、音楽、絵画、書道、写真、工芸、デザイン、自動車操縦、小型船舶の操縦(収益事業に該当する技芸の教授は、上記に限定列挙されたもののみ) ②学力の教授 ③公開学力模擬試験	・左記以外の技芸の教授 　※ボランティアセミナー、指導員養成講座、スポーツ教室等は非課税(左記に該当しないため) ・対価を得ない場合、または材料費等の実費のみを徴収する場合

図表Ⅱ－6－13　主な収益事業の主要事例一覧

出典：特定非営利活動法人NPO人材開発機構、『NPO法人の税務』2004年

法人税	原則として、事業年度終了日の翌日から2ヶ月以内に申告書を作成・提出し、納税する。
法人都道府県民税	
法人市区町村民税	
法人事業税	
消費税	
源泉所得税	原則として、給料等の支払をした月の翌月10日までに納付する。

図表II－6－14　申告手続

ため、延滞税や加算税などの罰金的な税金が別途課税されることになっている。

※注意点
・法人税、法人都道府県税、法人市町村税、法人事業税
　特定非営利活動促進法では事業報告・決算書の所轄庁への提出を事業年度終了から3ヶ月以内と定めているが、税務申告は2ヶ月以内となっており、期限の整合性は取られていない。報告書等の社員総会における承認が2ヶ月を超えることが常態化している場合、申告期限の延長手続きを行うほうがよい。
・消費税
　収益事業に該当するか否かに関係なく、消費税が課税される取引があれば申告・納税が必要である。
・源泉所得税
　給与、特定の報酬(原稿料、講演料など)を支払う際に、その支払額から一定額を天引きし税務署へ納付する。収益事業に該当するか否かに関係なく課税される。

3－5．ＮＰＯの優遇措置
①地方税均等割の免除
　地方自治体によっては条例によりNPOの税負担を軽減している。東京都の場合、法人税法に定める収益事業を行っていない場合は、法人都民税の一部である均等割を免除している。免除を受けるためには、免除申請書を一定の期限(東京都の場合は毎年4月30日、地方自治体によって異なる)までに都税事務所へ提出する必要がある。地方自治体によって条件や内容・手続きが異なるため、事前確認が必要である。
②認定NPO法人制度
　国税庁長官の認定を受けたNPO（いわゆる認定NPO法人)に対して寄付を行った場合、寄付者が個人ならば所得税や相続税が軽減され、法人ならば損金として

認められる。認定NPO法人においてはみなし寄附金制度が適用され収益事業の税負担が軽減される。認定要件は制定当初より徐々に緩和されている。認定NPOの数はNPO全体数に対し0.53％となっている（内閣府公表の認証数に対する国税庁公表の認定NPO数の割合、2011年9月30日現在）。

　平成23年6月のNPO法改正により、平成24年4月1日以降は都道府県知事又は指定都市の長が認定する制度に変更された。

　　国税庁　　https://www.nta.go.jp/taxes/tetsuzuki/shinsei/npo/npo.htm
　　内閣府　　http://www.npo-homepage.go.jp/

---

4. NPO運営について

4-1. 経営の難しさ

　NPOは必ずしも経営のプロフェッショナルによって運営されている訳ではない（プロによって経営されているNPOも無論存在する）。一般的にはNPOは会社員、主婦、学生、企業経営者、学者、弁護士などの専門家、専属のスタッフ、NPOのサービスの利用者又はその家族、NPOの会員などさまざまな人びとが絡み合いながら運営されている。それ故にさまざまな思いが交錯し、経済的合理性に反するような経営判断を行うこともある。中には判断を行うだけの知識や経験が運営者に蓄積されていないこともある。企業経営におけるセオリーが理解されない、或いは受け入れられないこともある。

　NPOに関わろうとするときは、さまざまな意見や置かれている環境を理解し受容する姿勢が必要であり、諦めずに根気よく関わって行こうとする気構えが必要であると思われる。

4-2. 財政基盤の脆弱さ

①採算性の低さ

　NPOの事業は採算性の低い事業が多く、内部に資金が蓄積されにくい。そのため安定的な財政基盤が構築されず、収入減少の要因が生じれば途端に財政が危機的状況に追い込まれてしまうケースが多い。

②公的資金の問題

　行政の補助事業や委託事業は、政策の変化などの行政側の事情により補助が終了・減額され、委託事業が継続されず終了することがある。社会情勢の変化に伴い、

政策が変更となることは致し方ないが、NPOにとって最近の公的資金は安定性に欠ける面がある。

4－3.　運営基盤の脆弱さ

①人材の不足

　財政基盤が脆弱なため十分な人件費を賄うことができず、必要な人材を登用することが難しい。必要な人材確保ができないため、運営の質的向上が難しく、運営上抱えているさまざまな問題を解決することができないままでいることが多い。

②経営の非効率さ

　NPOの運営は最終的な意思決定を行う理事会と、事業を直接運営する事務局に分かれる。経営経験が乏しい理事の場合、経営的視点（人事、財務管理、事業評価、経営合理化など）が不足していることがあり、適時適切な経営判断ができない。例えば運営の具体的な方向性を示せない、人材・資金などの経営資源の適切な配分ができないなどのケースが挙げられる。

　事務局のマネジメント力が低い場合、現場が不適切な対応をとってしまう、理事会と事務局の連携がうまくとれないため意思決定に遅れが生じ対応が後手に回るなど、組織全体の動きにまとまりがなく無駄が多くなるといった非効率な経営が目立つ。

③思いと経営のバランスの取り方の難しさ

　NPOを立ち上げた人びとの多くは、思い（社会的弱者の救済、環境問題への危機感など）を持ちながら事業を行っている。しかし、事業の性格から資金不足になりがちで、事業存続が厳しいケースも多い。営利企業であれば不採算事業は中止だが、NPOでは利益が本来の目的ではないため、赤字事業でも継続しているケースがよく見受けられる。

　赤字事業について、既に目的が達成されたと考えるならば事業終了を検討すべきかも知れない。未達成であれば事業継続のために資金調達方法などを検討することになる。経営判断において必ずしも経済的合理性が最優先になるとは限らないが、どこまで赤字負担に耐えられるかという現実的な問題もある。

4－4.　会計に関する問題

　NPO会計基準の制定以前は、財務諸表の様式や会計方針にバラツキがあり統一性がなく、NPOの財務諸表に対する社会的信頼性を低下させ、金融機関からの融資が困難な原因の一つであった。また、経理担当者にとっても経理処理の判断が

困難となる原因であったが、NPO会計基準の制定によりこれらの問題の改善が期待される。

4－5. 外部の専門家との連携について

①現状について

　財務管理を行うには財務諸表が必要である。財務諸表の作成には会計や税務の実務処理とその専門的知識が必要である。

　実務経験や専門的知識を持つ人材をNPOが雇用できれば、実務処理の速度が上がり、事務処理の効率化につながる。

　NPOが中〜大規模である場合、事業運営が複雑で事務処理量が多い場合、実務処理において解決すべき問題点が多い場合は、公認会計士や税理士などの外部の専門家に相談しながら進めていくことも検討すべきである。

　NPO制度の導入当初、職業専門家はNPOに対する関心や意識、理解しようとする姿勢が乏しくNPOに対する誤解も多かった。最近はNPOへの認知度が上がり理解も進んでいる。NPO支援の動きが出始め中間支援組織も立ち上がっているが、まだ十分とは言えない状況である。

　また、専門家はNPOの運営を企業経営的な側面で捉えてしまうためか、NPOの事業運営を理解するのに時間を要するようである。

　専門家に業務を依頼すれば業務に対する報酬が生じる。しかし財政難により報酬の支払いが難しいNPOも多く、このことが両者を遠ざける一因ともなっている。

②対応について

　不十分な知識やあいまいな判断で実務を行うと誤った財務報告に繋がり、利害関係者の信頼を失うことになる。さらに、誤った財務諸表の作成は誤った税務申告につながり、税金の過大納付、あるいは追徴課税となる。

　NPOの経営者は自己で対応可能なこと・対応できないことを明確にし、対応できないことは専門家の協力を得るほうがよい。また専門家とともに問題を解決するためには、積極的に情報公開しNPOへの理解を深めて貰い、問題点に対する意見を求めるべきである。専門家の意見を消化し経営に反映させるために、NPOの経営者あるいは担当者も財務・会計の理解を深めるように努力する必要がある。

　専門家においてもNPOを積極的に理解しようとする姿勢が求められ、またNPOと営利企業の違い、置かれている現状などを理解し、現実に即した適切な問題解決方法を検討しなければならない。またNPOの経営者や担当者にとって理解しやすい説明を心がける必要がある。

　NPOと専門家の中間で協力する支援者は、NPOと専門家の橋渡しをスムーズに行うために、NPOが抱えている問題や疑問を、専門家が問題解決のために検討が行えるよう適切に伝えなければならない。また反対に専門家の意見をNPOが理解しやすいように伝えなければならない。支援者はNPOと専門家における翻訳家の役割を担う。

5.　財務管理と会計の基礎

　この項では営利法人（企業）の財務管理と会計の基礎について概説する。NPOにおいても共通する基礎的な考え方であるので参考にしてほしい。

5－1.　財務管理とは

　財務とは事業計画に基づいて事業活動に必要な資金の調達、運用を行うことである。財務管理とは、財務に関する情報を把握、整理、分析することで適切な資金管理を行い、経営者や外部関係者の意思決定に必要な情報を提供することである。

　(1)財務管理の流れ（中小企業を例として）
①財務計画の策定
・予算策定
　事業の実施には資金が必要である。必要資金を計算するために、事業計画に基づき予算を策定し、損益計算や資金収支を予測する。
・キャッシュフローを予測
　資金の収入（キャッシュイン）・支出（キャッシュアウト）について、金額・発生時期・一定時点（年度末、月末等）の残高を予測し、一定期間内（年間、月間等）の資金の変動（キャッシュフロー）を詳細に予測する。
・資金繰りの企画立案
　資金不足は経営破綻を意味する。資金不足が予測されれば、不足を補う対応策（融資・新株発行などの資金調達、支払サイトの変更）を検討する。また、必要とされる運転資金以上の資金（余剰資金）があれば、運用（定期預金、株式・社債等金融商品の購入など）を検討し、更なる資金増加を目指す。
②財務諸表の作成
　財務管理には財務諸表が必要である。財務諸表を作成するには、事業活動から発生する日々の取引を記録・集計する会計処理が必要である。なお財務諸表とは

主に貸借対照表と損益計算書を指す。

　貸借対照表は財政状態を表す。資金の調達源泉である負債(買掛金、借入金等)・資本(出資、利益等)と、資金残高及び資金運用状況である資産(在庫、固定資産等)の一覧である。損益計算書は経営成績を表す。資金の増減の要因となる収益(売上等)と費用(仕入れ、人件費等)の発生状況の一覧である。(※詳細は、後述の会計の基本を参照。)

③問題の把握と解決

・問題の抽出

　財務諸表から現状の分析(予算と実績の対比、利益率・人件費率など各種指標の算出、資金繰りの予測など)を行い、問題(予算を達成する可能性、赤字や資金不足が予測される等)を把握し、解決方法を検討する。

・解決のための意思決定

　経営者(管理者)は、財務の実績と将来の予測に基づき事業活動を評価し、事業活動に関する意思決定(事業拡大・縮小、継続・廃止、事業計画の変更、問題解決など)を行う。

・財務に関する意思決定

　財務に関する意思決定の例を表にまとめる(図表Ⅱ－6－15)。

④外部報告

　企業はさまざまな場面において財務諸表の報告が求められる。また、企業へ投資(株式を購入し株主となること)するときは、企業の財務状態は投資のための重要な判断材料であり、財務諸表は必要不可欠である。

資金不足の原因	対応策
売上が減少している 　→　なぜ減少しているのか？ 　　　・物が売れない、評判が悪い	売上増加のためには？ 　→・新製品の開発、品質向上 　　　・サービスの向上、認知度を上げる
経費が増加している 　→　なぜ増加しているのか？ 　　　・物価が上昇、経費に無駄がある	経費を抑えられない場合は？ 　→・売値を上げる 経費を抑えられる場合は？ 　→・無駄を省き節約する、合理化を進める
一時的な資金不足 　→　なぜ不足するのか？ 　　　・設備投資 　　　・収入と支出のタイミング不一致	資金を増やすには？ 　→・株式を発行して資金を増やす 　　　・金融機関から借入れる

図表Ⅱ－6－15　財務に関する意思決定

　会社法は株主総会において毎期、財務諸表の報告を義務付けている。また、決算公告(財務諸表の要旨を官報・新聞等に掲載する)も義務付けている。

　金融機関が企業に対し資金を融資する場合、返済能力の審査のために企業へ財務諸表の提出を求める(提出しなければ融資は受けられない)。

　取引先などの債権者によっては、財務諸表によって信用力を測ったうえで取引を行う場合もある。

　また、企業の利益に対しては法人税が課税されるが、損益計算書により計算された利益を基に法人税を計算することになっている。そのため税務署へ提出する納税申告書には財務諸表を添付することが税法によって義務付けられている。

(2)税務との関係

　企業が得た利益に対しては約30〜45%の法人税が課税され、税法が定める期限までに納税しなければならない。納税はキャッシュアウトであり資金繰りへ与える影響は大きい。そのため納税額を予測することは財務管理においても重要なテーマである。納税を予測するには利益の予測が必要であり、利益を予測するには損益計算を予測する必要がある。

　また、世の中の殆どの物には消費税が課税されており、消費税の最終的な負担者は消費者であるが、消費税の課税システム上、企業は消費者から消費税を預かる構造となっており、企業はその預かった消費税を税務署へ納税する。消費税も法人税と同様に税法が定める期限までに納税し、また納付額も多額となることが多く、資金繰りへ与える影響は大きい。

(3)管理会計
①外部報告用資料の限界

　外部報告用資料(貸借対照表、損益計算書)は、一定時点と一定期間のデータをまとめたものに過ぎない。経営者(管理者)にとって必要なものは、日常的な財政状態や資金繰りに関するデータであり、損益をコントロールするための原価計算や予算管理などのデータである。

　外部報告用資料は会計基準や法令等の規制を受け、そのため画一的なフォーマットになるが、内部管理用資料の作成は特別な規制はなく、経営者に必要な資料を実情に合わせて独自のフォーマットで作成することが可能である。

②内部管理資料

　日常的な財務状況を管理するための資料として、以下のようなものがある。

月次・日次あるいは時系列で報告される財務諸表
財務諸表の過去と現在の比較、予算と実績の比較
収入・支出の予測による資金繰り予定表
損益分岐点・各種財務指標の算出と分析、その他

(4)内部統制(図表Ⅱ-6-16)

　企業にはさまざまな利害関係者が存在する。利害関係者が企業を正しく評価し理解するための一つの側面として財務諸表は必要であり、かつ重要である。誤った財務諸表は利害関係者の判断を誤らせ損失を与える恐れがあり、財務諸表の作成にあたってはルール(会社の内部規則、法令、会計基準など)を遵守しなければならない。

　経営は人間によって行われている以上、ミスや不正・無駄などの問題が発生しないとは限らない。そこで企業内部では問題を発生させないための体制と仕組みづくりが求められる。

(内部統制の目的)	
【業務の有効性、効率性】	事業活動の目的の達成のため、業務の有効性・効率性を高めること
【財務報告の信頼性】	財務諸表及び財務諸表に重要な影響を及ぼす可能性のある情報の信頼性を確保すること
【法令遵守】	事業活動に関わる法令その他の規範の遵守を促進すること
【資産の保全】	資産の取得・使用・処分が正当な手続・承認のもとで行われるように、資産の保全を図ること

(内部統制の基本的要素)	
【統制環境】	組織の気風を決定し、組織内のすべての者の統制に対する意識に影響を与えるとともに、他の基本的要素の基礎・基盤となるもの
【リスクの評価と対応】	組織目標の達成を阻害する要因をリスクとして識別し、分析・評価するとともに、そのリスクへの適切な対応を行う一連のプロセス
【統制活動】	経営者の命令及び指示が適切に実行されることを確保するために定められる方針及び手続
【情報と伝達】	必要な情報が識別・把握及び処理され、組織内外及び関係者相互に正しく伝えられることを確保すること
【モニタリング】	内部統制が有効に機能していることを継続的に評価するプロセス
【ITへの対応】	組織目標を達成するためにあらかじめ適切な方針及び手続きを定め、それを踏まえて業務の実施において組織の内外のITに対し適切に対応すること

図表Ⅱ-6-16　内部統制の目的と基本的要素

(5)経営者(管理者)に求められること

①財務構造の理解

　財務内容は企業ごとに異なる。収益・費用の発生要因、資産や負債の構成、資金の一連の流れ(資金の投下から回収まで)など財務の全体像と特徴を掴み、財務管理を行う。

②情報の収集

　財務に影響を与える事柄、例えば社会情勢の変化(景気の動向など)、政策、法令改正(税制など)、金融商品(融資、投資など)に関する新しい情報を収集する。

　社会情勢の変化は政策、税制、融資制度、事業環境の変化につながり、経営に影響を与える。

　金融商品に関する情報は、利用可能な融資制度を把握することで資金不足に備え、余剰資金の運用で資金を増やす。

　経営者が最適な意思決定を行うためには、社会の動きに敏感であり、常に新しい情報をインプットしていることが求められる。

5-2.　会計の基本

(1)なぜ会計が必要か

　会計とは、金銭の収支や物品・不動産の増減などの財産の変動、または損益の発生を貨幣単位によって記録・計算・整理し、管理および報告する行為をいう。

　例えば企業の経済活動を単純に説明すれば、商品販売やサービス提供によって売上を稼ぎ、売上代金から商品の仕入代金、給料、家賃などの経費を払い、最終的に利益を得ることである。また、土地や建物が必要ならば銀行から資金を借り入れ購入し金利を支払うこともある。そしてこれらの経済活動には必ず資金の移動が伴う。

　しかし、その経済活動があった後に、今現在どれだけ現金・不動産などの資産、借入金などの負債が残り利益が生じているのか、何の手段もなく把握することは不可能である。現状把握ができなければ、これから企業をどのように経営すればいいのか判断できない。経済的状況を把握し、経営判断を行うために会計は必要不可欠である。

(2)会計にはルールがある

　会計には一定のルールが存在し、皆同じルールに従って会計処理を行う。ルールがなければ、会計処理も報告される情報も人それぞれとなってしまう。これでは報告される情報の信頼性が低下し、会計情報を拠所とした対応策を打つことも

できない。また他者の財務諸表と比較したときに、異なった基準で作成されていては比較を行っても有意な情報を得ることは困難である。事実を客観的に把握し、経営判断を誤らせないためには、ルールに従った会計処理と報告が必要である。

　会計処理の実務者は会計処理と報告書作成のルール習得が求められる。

(3)会計の具体的な方法
①記録・計算・整理とは

　会計帳簿の作成(簿記)をいい、一般的には複式簿記のルールに従って作成される。

　例えば商品を仕入れる場合、商品という「モノ」を手に入れる代わりに現金を支払う。逆に商品を売る場合は、現金を得る代わりに商品を引き渡す。世の中の取引は必ず二つ以上の事柄から成り立っている。複式簿記はこの取引の二面性を借

資　産	現金、預金、有価証券、商品、不動産、自動車、備品など
	売掛金（売上代金の未回収分）や貸付金のような債権も資産に該当する
負　債	借入金のように他人へ返済すべきもの
	買掛金（仕入代金の未払分）のような債務も負債に含まれる
資　本	純資産（資産から負債を引いた正味の財産）、自己の持分
収　益	売上など自己が稼いだ収入など、資本を増加させるもの
	(借入れによる現金収入は、返済する義務があるので収益ではない)
費　用	仕入代金、給料、家賃などの支出など、資本を減少させるもの
	(貸付などの現金支出は、後に戻ってくるので、費用ではない)

図表Ⅱ－6－17　区分(例)

方(左側)と貸方(右側)という名称で分け、それぞれ分けたものは、その内容によって資産、負債、資本、収益、費用という5種類に区分し(**図表Ⅱ－6－17**、意味を表す名称(勘定科目という)を用いて、記録する。そして借方と貸方の金額は必ず同じとなる。これは複式簿記の最大の特徴である。

②管理および報告とは

　会計を行うことによって、いま現金や商品がどの程度残っているか、借金をどれだけ返して残っているのか、売上や経費がどの程度掛かっているのか、などを知ることができる。そして、その情報を基に、不足している資金や商品の調達はどの程度行えばいいのか、経費が掛かり過ぎているので節約をしなければならない、などさまざまな管理が可能となる。

・貸借対照表（Balance Sheet ：略称 B/S）
　　　会計期間の一定時点（通常は、会計期間の終了日＝決算日）の財政状態（資産・負債・資本）の状況を表す書類。
・損益計算書（Profit & Loss Statement ：略称 P/L）
　　　会計期間（通常は、会計期間の始めから終わりまで）における経営成績（収益・費用の発生状況）を表す書類。

　ただし、会計帳簿はただの記録に過ぎず、管理に必要なデータを得るためには、会計帳簿に記載された金額を、資産・負債・資本・収益・費用の項目ごとに集計し一覧表を作成する必要がある。基本的には次の二つの書類を作成する。これらを財務諸表という。

　財務諸表によって、経営者は経営判断を行い、銀行は返済能力を検討し資金を貸し付け、投資家(株主)などの資金提供者は投資対象となりうるか判断する。

　企業を取り巻く関係者にとって、財務諸表は重要な書類である。

・貸借対照表（図表Ⅱ－6－18）

　借方(左側)には資産が、貸方(右側)には負債と資本が列挙される。

貸借対照表

株式会社　M産業　　　　　　　　　　平成 23 年 3 月 31 日現在（単位：円）

借方		貸方	
【流動資産】	(6,300)	【流動負債】	(2,000)
現金預金	2,500	買掛金	1,000
売掛金	2,000	未払金	600
未収入金	500	短期借入金	400
商　品	1,000	【固定負債】	(12,000)
貸付金	300	長期借入金	12,000
【固定資産】	(23,700)	負債合計	14,000
建　物	9,000	【株主資本】	(15,000)
備　品	2,700	資本金	15,000
土　地	12,000	【利益剰余金】	(1,000)
		繰越利益剰余金	1,000
		純資産合計	16,000
資産合計	30,000	負債・純資産合計	30,000

図表Ⅱ－6－18　貸借対照表(例)

損益計算書

株式会社　M産業　　　自平成 22 年 4 月 1 日　至平成 23 年 3 月 31 日（単位：円）

【売上高】		246,000
【売上原価】		
期首商品棚卸高	10,000	
当期商品仕入高	128,000	
期末商品棚卸高	△15,000	123,000
（売上総利益）		123,000
【販売費及び一般管理費】		
給料手当	60,800	
福利厚生費	10,000	
交際費	6,000	
地代家賃	22,300	
旅費交通費	8,000	
通信費	7,000	
雑費	5,100	119,200
（営業利益）		3,800
【営業外収益】		
受取利息配当金		1,000
【営業外費用】		
支払利息		2,500
（経常利益）		2,300
【特別損益】		
固定資産売却損		500
（税引前当期純利益）		1,800
法人税等		800
（当期純利益）		1,000

図表Ⅱ－ 6 － 19　損益計算書(例)

（法令、政令等）

・会社法、会社計算規則

・証券取引法、財務諸表等の用語・様式及び作成に関する規則

（金融庁の企業会計審議会の答申等）

・企業会計原則、連結財務諸表原則、原価計算基準など

（民間機関：財団法人財務会計基準機構（FASF）の企業会計基準委員会（ASBJ））

・貸借対照表の純資産の部の表示に関する会計基準、リース取引に関する会計基準など

図表Ⅱ－ 6 － 20　会計ルール①

（公益法人等に関するもの）

・公益法人会計基準、学校法人会計基準、社会福祉法人会計基準など

図表Ⅱ－6－21　会計ルール②

・キャッシュフロー計算書

　企業の運営には資金（キャッシュ）は欠かせない。損益計算書の情報は資金の動き（キャッシュフロー）と必ずしも連動せず、資金面の変動を掴みにくい欠点があるため、損益計算所と別途、どのように資金が変動しているかを報告する。

・連結財務諸表

　複数の企業がグループ内において経済活動を行う場合に、グループ内企業の財務諸表を合算して報告する方法

・セグメント情報

　一つの企業において複数の事業活動や事業単位がある場合に、その単位ごとに報告する方法

図表Ⅱ－6－22　その他の報告書

　それぞれ、項目ごとに集計し列挙することで、どのような資産や負債があり、何がいくら残っているか一目瞭然となる。

・損益計算書（図表Ⅱ－6－19）

　どれだけ収益を稼ぎ出し、その収益を稼ぎ出すためにどれだけ費用が掛かったかを、項目ごとに集計し列挙することで、どのようにして剰余金が発生し、いくら残ったのか一目瞭然となる。

③会計のルール

　会計は一般に公正妥当と認められているルールに従って手続きを行う。ルールとして、前ページで図示した法令や会計基準が存在する（図表Ⅱ－6－20）。

　図表Ⅱ－6－20は主に企業会計に関するものであるが、公益法人についても会計基準が存在する（図表Ⅱ－6－21）。

　近年、企業の経済活動は複雑化の一途を辿り、また法律の改正や新たな法人制度の出現により、従来のルールでは対応しきれないケースも発生しているため、従来の基準の改正や新たな基準の制定が増加している。

④その他の報告書（参考）

　企業の複雑な経済活動を、より深く理解するために、例えば上のような報告書を作成することもある（図表Ⅱ－6－22）。

【学習課題】

① あなたが興味のある NPO または関わっている NPO について、過去3年間の年次レポート(事業年度ごとの事業報告、財務報告、事業計画、予算などのデータが記載されているもの)を収集し、財務の状態を以下の点から分析してみよう。

　(1) 収入の種類(会費、寄附金、補助金、事業収入その他)と金額はどのように構成されているか

　(2) 支出の種類(事業費、管理費、人件費その他)と金額はどのように構成されているか

　(3) 資産や負債の種類と金額はどのように構成されているか

　(4) 上記の点について、この NPO にとって重要なものは何と考えられるか

　(5) 上記1〜4から導き出された回答は、過去3年間においてどのように変化しているか

② 設問1を踏まえ次の点を検討してみよう。

　(1) 設問1から得られたデータと事業報告の内容を照らし合わせ、この NPO に生じていると考えられる経営上の課題を抽出し、どのような対策が考えられるか検討してみよう(例えば、会費や寄附金が少ない、人件費の比率が高い、資金が不足しているなどの具体的な問題点、或いは将来における不安な要素など)。

　(2) この NPO の年次レポートはあなたにとって有意なデータを提供するものであるか検討してみよう(例えば、報告内容は見る者にとって判り易いものであるか、或いは信頼性が高いと感じられるかなど)。

【注】

1　特定非営利活動促進法については下記を参照。
https://www.npo-homepage.go.jp/kaisei

【参考文献】

赤塚和俊、『NPO 法人の税務(新版)』花伝社、2002 年。

赤塚和俊、『NPO 支援税制の手引き』花伝社、2001 年。

黒川保美・鷹野宏行・船越洋之・森本晴生、『FASB 非営利組織体会計基準』中央経済社、2001 年。

岩永清滋・水谷綾、『実践！NPO の会計・税務』社会福祉法人大阪ボランティア協会出版部、2004 年。

宮内忍・宮内真木子、『社会福祉法人会計規則集 平成 17 年改訂版』厚有出版、2005 年。

パブリックリソース研究会編、『パブリックリソースハンドブック』ぎょうせい、2002 年。

資金分析研究会編、『資金を重視した経営分析』税務経理協会、1998 年。

新日本監査法人、『公益法人経理実務ハンドブック』中央経済社、2002 年。

新日本監査法人、『新公益法人制度のすべて　第2版』清文社、2007 年。

渡邊金愛、『資金繰りの実務がわかる事典』日本実業出版社、1997 年。

特定非営利活動法人 NPO 人材開発機構、「NPO 法人の税務」2004 年。

NPO 法人会計基準協議会、『NPO 法人会計基準』八月書房、2010 年。

内閣府大臣官房市民活動促進課、『特定非営利活動法人の会計の明確化に関する研究会報告書』、2011 年。

第7章

広報戦略

坂本文武

本章では、「伝える」押し付け広報から「伝わる」共感型広報への転換について解説する。

狙い

☑ 広報の基本的な考え方と原理を理解し、NPO の特性を活用した効果的な広報の手法を事例から学ぶ

学習のポイント

☑ 「広く報じない」広報が基本と心得る
☑ 「己を知り」「相手を慮る」ことが洗練された結節点を作る
☑ 「伝える」のではなく「伝わる」広報が人を動かし、結果を生む

坂本　文武（さかもと　ふみたけ）社会情報大学院大学　教授

1.　広報の基本概念

1-1.　広報は手段であり目的にあらず

　広報活動は NPO の事業目標を達成し、NPO が描く社会に近づくための手段である。広報すること自体が目的になることはない。寄付や会員登録、ボランティア活動やイベントへの参加など、NPO が事業を展開するにあたっての支援や行動を促すことが目的にあることが多い。

　つまりただ単に「知ってもらう」ことが目的になることはない。「一人でも多くの人に知ってもらいたい」との想いで活動していることと、「知ってもらった上で、共感し、行動を促すこと」は別ものである。人の心理レベルには、一般的に次の段階がある、と言われている。「認識」、「理解」、「共感」、「行動」、「習慣化」である。広報活動において目指すべきは、支援行動の習慣化である。一般的に経営資源が限られている、と言われる NPO において、仮に認識、理解までを促す広報活動になるとしても、その先の共感、行動までを念頭に置いた布石として展開すべきである。

　その意味で最も合理的なのは、共感、行動、習慣化の3つを同時に実現する発想である。これを一般的に「参画型広報」と言う。NPO における広報活動の独自性の一つである。

　参画型広報を「まちのバリアフリーマップ」を例にして説明する。まちには至るところに「バリア(移動障壁)」が存在する。ちょっとした段差や車椅子で通れない狭い空間など、移動することに特殊な配慮を要する人にとって理解すべきバリアを地図化し、高齢の方や身体に障がいを持つ方々に配布する福祉活動である。バリアの所在とその程度を理解することで外出しやすくして、バリアがあることで外出を控えがちな状況を打破し、社会活動を促す狙いがある。その先にはまちの住民が自らの問題としてバリアを捉え改善することが理想としてある。

　端的に前述の第一義の目的を達成するためには、マップを作成し配布すればよい。しかし、NPO 活動の支援の輪を広げながら、まち全体がバリアについて考え、それを改善するうねりを作ることを狙うならば、ただ作って配ればいいものではない。そこで NPO がとるのが参画型広報の考え方である。バリアは身体障がいを持った方々だけの課題でない。妊婦さんやベビーカーを押すお母さんにとっても段差などは移動障壁である。年齢を重ねた方にとっても、そのほか誰にとってもバリアがないことは移動を簡便にし、住みやすい空間になる。そこで「ママ友

だち」や高齢の方々を巻き込んで、マップ作りのボランティアをお願いする。その参加者が友人に自らのマップ作成体験を話したり、マップ作成している姿を知人が見かけることによって、バリアフリーマップを作成している過程からその存在を広報しているのである。それが完成するまでには広く知られる存在になっているのである。

　バリアフリーマップによって恩恵を受ける対象者を拡大し、バリア解消を動機付けるこのような巻き込み型の取り組みは、NPOにおいて有用である。社会的な使命（大義名分）があるからこそ、人を動機付け、巻き込むことができるものである。巻き込まれた人は、バリア、という社会課題に気づき、それを解消する取り組みの重要性に気づく効果もある。これを「啓発型広報」とも言い、NPOにおける広報のもう一つの特徴である。多くの場合、NPOが取り組む社会テーマは、万人によって認知されていない。広く認知されていない社会課題を周知し、それに関して幅広い人と問題意識を共有しながら活動に巻き込んでいくある種の貪欲さが功を奏する。

1－2．「広く報ずる」の幻想

　「一人に伝わらないことは、二人以上に伝わることはない」と心得るのが、広報の基本原則である。「広報」という名前から、「広くあまねく知ってもらう」手段と考えがちだが、一人にも伝わらないようでは、広報活動の成果が出ることはない。その意味において、広報活動において重要なのは「絞り込む勇気を持つ」ことである。以下で、広報活動の基本的な視点や考え方を、ポイントを絞って説明する。

2．「接点づくり」が広報の妙

2－1．広報の3本柱

　前述のとおり、相手に伝わってほしいと考えるメッセージは、多くの場合、相手にとって「関心が薄い」か、「ない」状態にある。さらに言えば、相手の関心領域と自分の関心領域が重なることはごく稀であり、それぞれ重なることのない世界にいる、と想定をすることが無難である（**図表Ⅱ－7－1参照**）。

　その結果、広報活動の妙技は、相手との接点づくりにある。つまり相手と「同じ土俵に立つ」ことが伝わる広報の第一歩である。そのための考慮のステップとして重要な点は、以下の3点である。

　　□ 自らの主張を明確化する「己を知る」

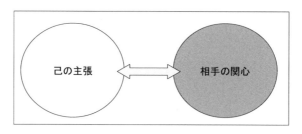

図表Ⅱ－ 7 － 1　関心領域は重ならない

　□ 相手の関心を理解する、相手をリアルに想像する「相手を慮る（おもんぱかる）」
　□「己」と「相手」の接点を創造する
　具体的には互いの共通項を探し、そのテーマを共有し、共感を呼ぶ接点づくり
が広報の真髄である。

2 － 2.「己を知る」ことから始める

　まずは、己の主張を明確にすること、つまり、言語化することから始める。伝
わらない広報の多くが「何を伝えたいのか」自体が不明瞭か、絞り込むことができ
ていない。もしくは、自身では相手に伝わると考えていても、伝わらない言葉遣
いや構造なのかもしれない。何を伝えたいのか、どのような結果や成果を期待す
るのか、あえて自問自答し、明確な目的意識と己の主張を整理することが第一歩
である。
　寄付集めなのか、会員の募集なのか、イベントの集客なのか、署名の募集なの
か、内容に差異はあるものの、使命を求心力に社会課題を解決する NPO にとって、
広報は単に知らせること以上の目的を持つことは前述のとおりである。難しいの
はどこまで狙うことが現実的なのかである。例えば、海外の飢餓や貧困問題は、
子どもの惨状を広報することで同情票的な寄付を獲得することができるのかもし
れない。一方で、特定地域における農村開発や地域支援活動は、その目的と意義
を理解してもらえれば共感を呼び、寄付を促すこともできるかもしれない。寄付
を集めるという目的においては、いずれも目的を達成している。
　ここで 2 つ考える視点がある。まず、動機によって寄付の継続性や単価が異な
るのか、である。一般的に同情による寄付は、活動主旨を理解し賛同・共感する
人の寄付に比べて、継続性や寄付単価が低い傾向にあることが、各種調査でわかっ
ている。赤い羽根募金で知られる中央共同募金会のある調査でも、お付き合いの
寄付と、主旨に賛同して拠出された寄付では、平均寄付単価が 2 割ほど異なる。

同情もお付き合いも、資金調達をするうえでは必要な資金であるが、その効用と限界を理解した資金調達と広報計画が必要である。団体のファンや応援者を増やすための広報メッセージとは何か、を絶えず考え、継続可能な寄付になるような動機付けを心がけることが大切である。

　もう1つの視点は、強い主張がその主張を好まない人の応援行動を阻害するか、である。広報によりいずれかの印象を与えることが、もう一方の考えを持つ人の潜在的寄付を拒むことになるのか、である。同情をひく広報メッセージは、それを「お涙ちょうだい作戦」として快く思わない潜在的寄付者を遠ざけるかもしれない。人権擁護もしくは人権侵害に反対する、というテーマでは共感できるが、死刑制度の賛成もしくは反対という各論になると意見が対立する寄付者はあるだろう。どのようなテーマや主旨で共感を求めるのか、は配慮を要するものである。

　いずれにしても、団体の活動主旨や呼びかけたい主旨を正確にかつ明確に持つべきである。「どのような社会課題」に対して「どのような目標を掲げ」、そのために「どのような取り組みをするのか」という自らの大義名分や方法論をその予測される成果イメージとともにまとめておくべきである。

2－3.　相手を絞り込み、リアルに想像する

　次は相手を絞り込む。二兎追う者は一兎を得ず、と心得るのが賢明である。つまり、1人の心を揺さぶることもできないのに、2人以上を動かすことができるはずがない。「まずは1人から」はじめる広報は、多く人の行動を誘発する、というゴールに矛盾するようだが、結果として近道になることが多い。

　ただし、これは発想の方法として、であることを補足する。たった1人だけ自らのメッセージを伝えたい相手を心に描き抜くことと、その研ぎ澄まされたメッセージを実際に伝える相手の数は一致しない。たった1人を心に秘めて書き下ろしたと言われる小説が、結果としてテレビドラマ化され数百万人が涙するというような現象に似ている。実際に多くのヒット商品がこの発想に基づいて設計されている。商品開発やマーケティングの中で「ペルソナ・デザイニング」と呼ばれることがある考え方である。商品を手に取り、使用するだろう、もしくは使用してほしいたった1人を具体的に思い描き、そのひととなりを「ペルソナ（擬人）」として作り上げて商品やマーケティングを設計する手法である。首都圏の駅で見かける駅ごとの乗換え口案内表は、もとはベビーカーを押す母親が自らの不便を解消するものとして発案した商品である。視覚や色覚特性のある方にも読みやすい印刷物やウェブサイトは、特性を持たない人にとっても優れて読みやすい。このよ

うに発想の原点が極小でも、その波及力を持つことができる背景には、絞り込む
1人が広報で対象とする相手の「代表者」になりうるからである。絞り込んだメッ
セージは、世の中にいる同じような価値観を持つ他の人にも伝わるはず、との考
え方である。次の段階で触れるが、考え抜いたメッセージを受け取り、共鳴する
人の密集度が高いところに、そのメッセージを発することが、広報の効果や効率
を高めることになる。裏返して言えば、誰にでも受け入れられるようなメッセー
ジは「最大公約数」的になり、漠然としてしまう。そしてその結果として、誰にも
伝わらないという悲劇が起こる。伝えたい相手を具体的に絞込み、考え抜いてい
ないと、受け手にとってリアリティのない空虚なメッセージに聞こえてしまうの
である。

　黒澤明監督の「七人の侍」がその典型例である。「七人の侍」には、それぞれの半
生を描いた7冊の「人生帳」が存在する、と知人から聞いたことがある。1冊あた
り辞書のような分厚い登場人物の人生の記録が書かれているという。映画のシー
ンに登場する侍のそこに至るまでの半生を書き、それを制作関係者が理解するこ
とによって、ひとつひとつの所作にリアリティが生まれる。箸の持ち方、殺気の
感じ方など、ひとつひとつの演技が人生の蓄積に基づいた行為になる。映画を見
る受け手にとって、映像の迫力やリアリティは、その作り手、発信者がつきつめ
て考え、それを表現していることによって生まれる事例と理解できる。

　それでは、具体的に相手を絞り込む作業を考えてみよう。この作業はある種の
「思い込み」である。描き、検証する作業の繰り返しと理解いただければよい。自
らの想像力をフル活用し、相手の生態を描く作業と、その「空想」が妥当なものか、
を各種統計データで裏づけを取ったり、思い描く人に近いイメージの人たちから
意見を聴取したり、議論する検証の作業の繰り返しである。

　まずは思い込み、描くことである。自分が対象とする相手はどのような人なの
か。年齢、性別、出身地、現所在地、家族構成、家計所得、同居者の有無、住所
の種類(賃貸／所有、戸建て／マンション等)、ペットの有無や近所づきあい、買い
物のこだわり、移動手段(車／電車／自転車)に加えて、趣味や信条、最近の関心
ごと、よく見るテレビ番組や好きなタレント、ニュースを見て気にしていること、
など価値観につながるものを列挙していく。それから、典型的な1日の行動パター
ンを具体的に思い描き、時間軸で整理してみる(図表II－7－2参照)。

　相手を思い込むことによって、本当に相手に伝えたいことが伝わるような言い
方を見つけ、そのために有効な言い方や媒体、接触機会を特定することができる
ようになる。どこまでリアルにただ1人のことを思い描くことができるか、想像

○○さんの特徴シート

属性		最近の関心事、心配
性別		
年齢		
出身		
居住地域		
世帯構成		
職業		
家計収入		
趣味		
交友関係		
交通手段		
買い物		
情報源		
信条		
その他		
典型的な一日		
6時		
7時		
8時		
9時		
10時		
11時		
12時		
13時		
14時		
15時		
16時		
17時		
18時		
19時		
20時		
21時		
22時		
23時		
24時		

図表Ⅱ－7－2　対象者絞込みシート（イメージ）

力をフルに発揮することが成功の鍵である。

　次に必要となるのは、検証作業である。例えば、親が共働きの一人っ子小学生は、放課後どこで過ごすのか、いまの子どもはどのような習い事をしているのかなどは、子ども向け教材を販売する民間会社が公表している調査データや厚生労働省もしくは文部科学省などの官公庁の統計をインターネットの検索で見つけることができる。例えばベネッセの定点観測調査では、一人っ子の小学生が放課後に立ち寄る場所は、コンビニ、ビデオレンタル屋などと確認できる。同じように、退職した男性の1日の過ごし方、子どもが小学校にあがったばかりのお母さんの時間の過ごし方など、ウェブで検索をするとさまざまなデータが見つかる。これは思い込みをリアルな絞込みに変容させる検証作業である。

《コラム》

事例研究——NGOシャプラニールの会員増強キャンペーン

　シャプラニールは1972年に設立されたNGO（民間非政府組織）で、平和で公正かつ多様な地球社会の実現を目指し、一般市民の理解と支援によって活動している。主にバングラデシュやネパールで支援活動を展開している。現地では、農村部の貧困層を対象にした相互扶助グループの育成を中心とする農村開発活動を行うほか、識字学級の開設、保健衛生知識の普及、収入向上のための小規模な事業の支援等を行っている。日本国内では「日本でできる身近な国際協力」を提唱し、現地の女性が生活向上のために作った手工芸品を輸入販売して、制作者の仕事作りに協力したり、活動資金を集める活動をしている。

　以下では、キャンペーン開始時から7年間で会員数が5倍（876人から4,298人）になった、シャプラニールの会員拡大キャンペーンを事例として検証する。事例としての分かりやすさを優先し、一部に脚色をして分析することをあらかじめご了承いただきたい。

　このキャンペーンは、経営の安定を目指すシャプラニールの自主財源を拡大する試みだった。組織への信託の意味合いが強く、継続性が寄付よりも高い会費に着目し、自らの努力で安定した財源を確保するための増強策である。その基本は、知人づての「地上戦」である。シャプラニールの職員や理事が年賀状を送るような間柄の人に「お誘い状」を送るところからはじめ、次第に会員の知人や友人を誘う展開に拡張していく。自らが活動に共感して協力してくれている人を、シャプラニールの「営業」と考え、普段はひけらかすことのないことを、組織の安定経営のため知人や友人に入会するように呼びかけてもらったのである。

　そのための「お誘いキット」も用意した。会員が増えることによる効果を説明したお誘い状は、会員が一筆添えて知人に送ることができるようにした。宛名書きが面倒な会員には、住所を教えてもらって、事務局がお誘い状を代わって郵送することもあったと言う。12,000円の年会費が高いと感じる人には、安価なお試し入会制度も作った。会員を集めた「お誘い状書き大会」のようなイベントをしたり、知人を連れてくることができるカレーパーティーを催したりもした。また会報では、会員紹介の成功事例を紹介して、積極的に働きかけをした。さらに、入会してくれた人や入会者を紹介してくれた人には、現地の識字教室で使用しているペンや、現地で作った手工芸品など、現地と日本をつなぐプレゼントを贈り、好評を博した。会員をたくさん紹介した会員には、バングラデシュの現地視察をプレゼントし、さらに動機付けるような取り組みをした、と言う。

　この事例を広報の視点から以下に分析する。

　そのポイントは、ひとえに対象者（国際問題に関心のある主婦）を絞り込み、接点（日本からできる身近な国際協力）をうまく作ったことにある。会費の回収効率や目標金額に照らし合わせて年会費12,000円という、NGOにしては高めの会費を設定した。しかも、支援対象国が「バングラデシュ」という世界の最貧国の1つでありながら、日本での知名度はかなり低い国である。この難題に取り組むために対象者を絞り込む。

　まずこの年会費を払えるのは、可処分所得の高い人とする。男性よりも女性の方が共感によって支払いをしてくれるため、女性と仮定する。国際感覚がある程度あり、貧困・飢餓は知識としてありつつ、自分で年会費12,000円を払う人は、海外勤務の経験がある商社勤務の夫を持つ田園調布（東京都内の高級住宅街）周辺に住む主婦ではないか。子どもは既に中高生になり、昼間は友人と一緒に外でお茶、時には自宅に招いてランチをふるっているはずである。自宅に招かれると友人たちは家の調度品を褒めたり、毎回異なるランチをふるまえば、レシピ教えて、とやりあっているのではないか、と「空想」するわけである。そこで「調度品」や「料理」という接点を作ることができるのではないか、と着想する。おりしもバングラデシュの手

芸品やカレーはフェアトレードをして輸入し、国内で販売していたシャプラニールは、これをきっかけにした会員勧誘キャンペーンを展開したわけである。しかも、バングラデシュの貧困救済、というテーマではなく、会員になることは「日本でできる最も身近な国際協力」と位置づけ、バングラデシュに関心がない人でも国際感覚を持つ人たちが動機付けられるようにしていく。

　そして、勧誘に際しては、やみくもにダイレクトメールを送りつけることなく、適切な「媒体」を選択した。友達に誘われると断りにくい、勧誘しつつもさりげなく自分が国際貢献をしていることをひけらかすことができる仕組みをつくるわけである。「実は私はこんな活動を支援していて、国際感覚豊かなあなたなら賛同してくれると思ってお手紙します」といった「お誘いキット」を送る仕組みである。

2－4.　接点の作り方は2つに1つ

　ここまでの作業で、自らの言いたいことと伝えたい相手が特定できる。最後はその2つをつなぐ接点を作る作業である。その考え方は2つしかない（**図表Ⅱ－7－3**参照）。

　自らの言いたいことを相手が聞きたいような言い方に変容し歩み寄る「拡張型」か、共通の第三の接点を作る「共通項型」である。後者は、いつもは犬猿の中でも、

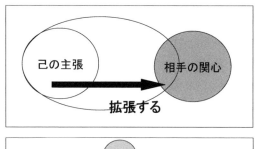

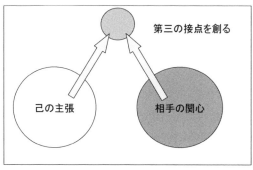

図表Ⅱ－7－3　接点作りの種類

共通の敵がいると結束するようなものである。例えば、特定疾患の患者と家族の
サポートグループが、疾患治療の健康保険適用を求める活動をしている場合であ
る。特定疾患においては共通項を探すのは難しいかもしれないが、社会保障制度
の不備や社会保険行政を共通項として複数の団体が集まり大きな声をあげる協
業、情報発信する展開が考えられる。ただし、多くの場合は「拡張型」が多い。そ
の考え方を、事例を通して以下に解説する。

3. 成功の秘訣は「対象」×「メッセージ」×「媒体」

　シャプラニールの事例からもわかるとおり、成功する広報活動には、次の3つ
の視点（図表Ⅱ－7－4）それぞれがよく考え込まれ、設計されていることが必要で
ある。

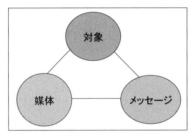

図表Ⅱ－7－4　広報の3視点

　この3つの視点は、広報活動を計画する際の視点でもあり、広報活動の振り返
りの視点でもある。以下で、簡潔に説明する。

3－1. 対　象
　前述のように、相手を勇気を持って絞り込むことができているのか、データの
補強をして絞り込みの妥当性を確認できているのか、が確認のポイントになる。
たった1人の具体的な相手を想像できれば、この視点は問題ない。翻って言えば、
ただ1人の伝えたい相手を思いつめられていなければ、うまくいくことはない。

3－2. メッセージ
　伝わるような言い方ができているのか、が確認のポイントである。つまり、相
手の土俵にたち、相手に響く心の「接点」を作ることができているか、である。多

くの場合は、相手の関心領域まで踏み込んでメッセージを作りこむことになる。シャプラニールの事例であれば、「日本でできる最も身近な国際協力」と位置づけ、貧困問題を理解しつつも、何もできずにいま日本で暮らす女性に分かりやすく、且つ行動を後押しする一言を作り上げた。

3－3. 媒　体

　そして、メッセージを相手に届けるための「媒体」が明確に見えているか、である。やみくもにチラシやポスター、ニュースレターやホームページと、媒体ありきで発想することなく、相手に伝わる手段を考えることが成功の秘訣である。再びシャプラニールの事例を引用すれば、媒体は「友人」だった。友人からの誘い、しかも友人が先んじてやっていた国際協力というダメだししにくいテーマを持ち込むことで、「打率」を高める手段を選択した。人を介すると、一度に千人も万人という大人数を勧誘することは難しいが、勧誘されて入会する確率が高い分、少ない人数にあたっても、最終的な入会人数は多くなる。

4. 広報プランを考えるステップ

　ここまでで理解したように、広報とはチラシのような媒体ありきの活動ではない。広報を考えると最初に「チラシを作ろう」になることがあるが、これは誤りである。自らの広報目標を定め、相手を絞り込み、相手に伝わるようなメッセージを考え、その次に、ようやく媒体を選択する。以下にそのステップを整理して説明する。

　媒体を選ぶまでに考え込まれた結果、チラシという媒体が正しい選択とすれば、チラシを選択し、その体裁／レイアウト、配布場所／方法を検討することになる。

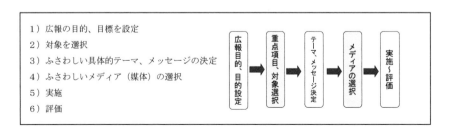

1）広報の目的、目標を設定
2）対象を選択
3）ふさわしい具体的テーマ、メッセージの決定
4）ふさわしいメディア（媒体）の選択
5）実施
6）評価

広報目的、目的設定　→　重点項目、対象選択　→　テーマ、メッセージ決定　→　メディアの選択　→　実施〜評価

図表Ⅱ－7－5 広報プラン策定のステップ

《コラム》

事例研究──チャイルドライン

　これまで述べてきた要点を、知人から聞いた別の事例を通して確認する。

　子どもの日常の悩みを電話で聞く相談サービスが全国各地で展開されている。その広報事例の1つである。悩みを抱えながら、親や学校の先生にもうまく打ち明けることができない子どもたち（この事例の場合は主に小学生）に、気軽に相談できる相手がいること、その気になったらすぐに電話できることを目的に、電話番号を書いた紙を携帯してもらうことが当初の広報目標である。

　安直に発想するのは、学校でチラシを配布することである。電話をかけてきてほしい子ども全員に確実に電話番号を渡すには学校が1番である。これが「媒体」ありきで発想しているということである。学校の先生にも相談しない子どもが、学校の先生から配られた相談電話に電話することもなければ、チラシのような「プリント」サイズは、子どもにとって教材かテストを連想させるもので、いつも身に着けるものではない。この事例ではこの発想をとらなかった。まずは以下のように対象者を絞り込む。

　先生にも親にも相談しない子どもの多くは、親が共働きである。兄弟がいても1人、多くは一人っ子であり、かぎっ子である可能性が高いと考える。これは他の類似サービスにおける統計を見ると妥当性がある。では、現在のかぎっ子は、放課後母親が帰宅するまでの間に何をしているか。コンビニでマンガを立ち読みしたり、お菓子を友人と食べるか、レンタルビデオ店やゲーム店で帰宅前の時間を過ごす、との統計が出ている。

　今回の目標は、対象とする子どもがサービスを認知することと、ふっとしたときに電話してもらえるように電話番号を身につけてもらうことである。そこで気の利いたメッセージと電話番号を書いたカードを、対象とする子どもが立ち寄る場所におき、お財布に入れてもらうことを考える。しかし、立ち寄る場所筆頭のコンビニには、カードを置くような場所はない。マンガを立ち読みするだけの子どもにとって、唯一カードを置くレジ横は現実的ではない。次にビデオレンタル屋を考える。カードを置くことのできるレジは、店舗の構造上必ず出入りの際に通る場所になっている。そこで、地元店舗に協力を依頼して、カードを印刷し、レジ横に設置してもらった。

　ここまでは、思い込みと絞込みをデータの裏づけを取りながら実施した好事例である。ただし、1つだけ相手の土俵に立ち切れなかったことが残り、電話番号が書かれたカードを手にする子どもがいなかった。印刷したカードがテレホンカードサイズだったことが、その原因であるとこの団体では分析した。

　ケータイ世代の子どもにとって、「テレカ」は身の回りにないサイズであり、お財布になじまないのだ。「テレカ」は大人の発想だった。よく見れば、子どもの財布にはお札の代わりに「遊戯王」カードが入っている時代だった。テレカより一回り大きいサイズである。これに気づいた団体は、サイズを変えて刷りなおし、配置しなおしたところ、カードにある情報は変わらなくてもカードを手に取る子どもが出てきた、とのことである。

5. インターネットを活用した広報

　最後にインターネットを活用する広報についてコメントをする。近年多くのNPOが独自のホームページやブログを開設し、積極的に情報発信している。

　インターネットは、2つの意味で注目されている。情報発信力と価値を結びつける粘着力である。低コストで、広い読者に情報を発信できる機能と、「ブログ」のように情報の価値、発信者の考え方どうしをつなぐ機能である。特に後者は、NPOには親和性が高い機能で注目されている。ここで注意すべき点は、1)対象者、2)メッセージの妥当性、3)期待する成果の設定である。つまり、「広く知られること」と「共感を得ること」や「行動を誘発すること」は異なる、という前述の点である。NPOの活動を推進するにあたって、「誰に」「何を」理解し、共感してもらい、活動の後押しになるような行動を誘発できるか、をあらかじめ設定し、それにあったインターネットの活用方法を考えるべきである。確かに名刺代わりにホームページを作っておけば、労せずにして何らかの問い合わせや協力の依頼が入ってくることも稀にある。しかし、それ以上の労力をかけようとするならば、「低コストだからとりあえず作っておこう」以上の設計がなければ、限られた経営資源の使い方としては不適切である。

【学習課題】
①街を歩いているときチラシや看板に目をむけ、その記載内容が「己を知り」「相手を慮る」ことができているか、自問自答してみよう。
②あるNPOのウェブサイトを見て、伝えたいことが伝わる書き方になっているか見てみよう。

第 8 章

非営利組織の評価

雨森孝悦

狙い

- ☑ 非営利組織の評価について概括的に知ってもらう
- ☑ それによって、マネジメント改善のツールとしての評価を使うきっかけにする

学習のポイント

- ☑ 評価とは何か、なぜ必要とされるのかを知る
- ☑ 評価の基本的視点を押える
- ☑ 評価の手法のいくつかについておおまかに知る

雨森 孝悦（あめのもり たかよし） 日本福祉大学福祉経営学部 招聘教授 A

1. 評価とは何か

1－1. 評価の必要性

　「このところ、職員の退職が相次いでいる」、「イベントをやっても人が集まらない」、「スタッフやボランティアがどんどん高齢化している」、「なぜか事故がよく起きる」……。このようなことは、NPOでしばしば生じる。これらの問題は、一つ一つを見ていくと、それぞれもっともな原因が見つかるものであり、しばしば互いに関連している。その背後に将来の見通しのなさ、経営の不安定さ、あるいは職員やボランティアの間での信頼関係の崩れなど、大きなマネジメント上の問題が潜んでいることも少なくない。このような場合は問題を洗い出し、原因の究明と対策の立案を行って組織の立て直しを図らなければならない。つまり、評価という作業が必要となる。

　NPOが社会の中で存在感を増すにつれて、外部からは、その信頼性や活動の成果が問われるようになってきている。このことも評価の必要性につながっている。とりわけ行政の補助金など、税金を原資にした資金がNPOに提供される場合は、そのNPOの業務が法令に則って執行されているか、財務会計上の処理が適切か、といった観点からのチェックが必要になる。最低限の基準が守られているかどうかのチェックは監査でもなされるが、提供された資金が有効に使われているか、成果が出ているかということになると、評価の領域に入る。

　近年は特別養護老人ホームや訪問介護サービス、保育、さらには病院などについて、第三者評価が行われるようになっている。こうしたサービスの良し悪しは外からはわかりにくい。また、サービスの直接の利用者が認知症のお年寄り、幼児、患者である場合、どの事業者を選ぶべきかの判断がしづらく、たとえサービスに問題があったとしても、利用者の置かれた状況や能力からしてクレームが出にくい。こうしたことから、利用者の視点に立った客観的な評価の必要性が認識されるようになり、サービス提供者でも利用者でもない第三者による事業評価の仕組みがつくられている。

　このように、非営利組織の内部からも外部からも、組織の運営状態や成果を評価する必要性が認められるようになっている。

1－2. 評価の流れ

　評価には目的や視点に応じてさまざまな種類がある。定義も人によって少しずつ異なる。ここでは龍・佐々木(2000)にならって、評価とは「目標、目的、介入理

論、実施過程、結果、効果、効率性を明らかにするための体系的な社会調査活動」
であると定義しておく。ここでのポイントは、評価がデータ収集、分析、判断な
どを伴う体系的な活動だということである。NPOの場合、実際には「振り返り」と
いった形で、同様のことを、よりインフォーマルに行うことも多いだろう。

　評価は一般に次のようなプロセスによって進められる（図表Ⅱ－8－1）。

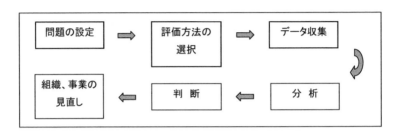

図表Ⅱ－8－1　評価の流れ

1－3.　評価のジレンマと留意点

　評価は、うまくいけば組織や事業の改革、改善をもたらすが、多大な費用や労
力をかけたとしても、かならずしも成果を生むとは言い切れない。場合によって
は内部分裂、スポンサーやパートナー団体の離反を招くことがあることも承知し
ておかなければならない。

　評価を導入しようとしたとき、しばしば遭遇する問題は次のようなものである。
① 方法論に関する知識不足、実施の不慣れ

　評価を実施したいが、適切な方法が見つからなかったり、依頼できそうな機関
や人を知らなかったりするために、評価に踏み切れない。
② 評価に対する内部の抵抗

　評価の目的は組織や事業の成果、効率を高めることであって、一人ひとりの職
員や部署のパフォーマンスをチェックすることではないのだが、説明や仕組みが
不十分だとそのことが理解されず、評価に対する不必要な抵抗が生まれる。
③ 金銭、時間、労力などのコスト

　評価の成果が予測し難いにも拘わらず、資金的、人的に大きなコストがかかる
ので本格的な評価に踏み切れない。
④ 実施のリスク

　評価に関する合意が得られないと、結果が生かされないまま放置される可能性
が高い。結果をめぐって対立が生じ、組織内部あるいは他団体との間に亀裂が入

ることもある。

　このようなことを防ぐためには、評価の実施にあたって次のようなことに留意
しておく必要がある。

① 導入にあたって適切な説明と合意形成を行う

　事務局長をはじめとするスタッフだけでなく、理事会の同意とコミットメント
を取り付ける。組織全体として評価の意義を理解し、結果を受け入れる心積もり
をする。

② 十分な準備を行う

　上記と関連して、方法の選択、例えば外部者を招いて評価するのか、内部だけ
でやるのかの検討や予算、日程の準備を行う。

③ 評価結果を生かすための道筋をつけておく

　評価の結果を踏まえて事業や組織を変えていくためには、評価後のフォロー
アップ体制をつくる必要がある。例えば工程表をつくる、担当者を置いてその進
行を管理する、といったことである。

2. 評価の5W1H

　評価は、その対象、手法、実施者、実施時点などにより、あり方が変わってく
る。これらを質問形式にして簡潔にまとめたのが「評価の5W1H」である（**図表Ⅱ－**

何を （What）	評価対象：施策、事業、組織全体のあり方など 評価項目：計画の妥当性 　　　　　　効果（目標の達成度、インパクト） 　　　　　　効率性（費用対効果） 　　　　　　その他
どのように（How）	評価の実施過程、手法
どの時点で（When）	事業や施策の実施前、実施中、終了時、終了後
だれが（Who）	スタッフ、理事や会員、第三者（外部の専門家）ら
だれのために （for Whom）	事務局スタッフ、理事、会員、事業の受益者（利用者）、 資金提供者、納税者、提携団体など
なぜ （Why）	事業改善の資料とするため 説明責任を果たすため 関係者の理解を得るため 事業の方向性を決定するため（継続、中止の判断など） 新規事業の計画への反映

図表Ⅱ－8－2　評価の5W1H

8 - 2)。5W1H の質問を、ここでは what、how、when、who、for whom、why の 6
つとした。①何を、②どのように、③いつの時点で、④だれが、⑤だれのために、
⑥どういう目的で評価するのか、ということである。評価の 5W1H は、評価の基
本的要素を表していると言ってよい。

3. 評価の手法

3 - 1. 事業の成果に関する評価

　営利企業の場合は、事業を取捨選択する最終的な基準は収益性だろう。採算が
取れそうもない事業は、よほど将来の収益が見込めないかぎり、開始も継続もさ
れない。NPO の場合においても収益性が無視されるわけではないが、最も重視さ
れるのは意義や成果である。たとえ赤字続きの事業であっても、その団体がミッ
ション(社会的使命)を果たすうえで欠かせない事業であり、成果を出していれば、
寄付などといった他の財源で埋め合わせることによって継続される可能性は高
い。このため、成果に関する評価が重要になってくる。

　非営利組織の中で、比較的早くから事業評価を行ってきたのは、開発協力 NGO
である。事業がプロジェクト単位で実施され、実施期間や実施地域が限定され
ていること、かなりまとまった金額が投入されることが理由として考えられる。
NGO は、例えば職業訓練プロジェクトであれば、修了生の追跡調査を行い、訓
練がどのように役立ったかを尋ねたり、卒業生の受け入れ企業で働きぶりについ
て聞き取りを行ったりすることにより、成果に関する評価を行ってきた。

　事業が成果を上げることは、事業の実施団体だけでなく資金提供者にとっても
重要な関心ごとである。助成財団である日本財団は、海外・国内を問わず、助成
先の非営利組織が実施した事業の評価を積極的に行ってきた。助成財団は往々に
して助成・補助の対象とした事業が「計画どおりに」実施されており、事務や会計
面で問題がなければ、それでよしとするが、日本財団は事業の実施プロセスにお
ける効率性や成果の測定・評価をもっと行うべきだとして、外部委託による助成
事業の評価を導入したのである。

　同財団の評価では、助成対象事業の成果だけでなく、実施のプロセスについて
も検討が加えられている。事業プロセスについては、事業の推進姿勢、推進体制
と推進プロセスという項目が立てられ、成果については直接的成果と社会的成果
の2つの項目に分けて分析が加えられている。この評価の仕組みについて、同財
団の助成により千葉県環境財団が実施した「住民参加型環境保全啓発」事業の評価

を例にとって、具体的に見てみる。

　この事業は、環境問題に関するシンポジウム、親子による環境学習(キャンプ)、マンガという手段による環境白書の作成という3つの構成部分からなっている。図表Ⅱ－8－3からわかるように、成果に関しては、①市民一人ひとりに環境保全に関する意識が芽生え、日常生活において環境を意識した行動に結びついているか(直接的成果)、②本事業を契機として環境保全に関する市民活動が活発になっているか(社会的成果)という2つの視点から評価が行われている。

　評価情報は、事業実施団体の幹部や事業担当者、親子キャンプ参加者への聞き取り調査、シンポジウム参加者に対するアンケート、関与者調査や有識者調査などから集められた。視点①に関しては、多くの回答者が「学んだことを日常の生活で役立てている」と答え、自由回答欄にも「ごみ・リサイクルに配慮するようになった」、「生活排水に配慮するようになった」など実際に行動の変化に影響を及ぼしていることを示す回答が見られたという。また視点②に関しても、シンポジ

	評価項目	評価の視点
事業プロセス	推進姿勢	・草の根レベルの環境保全啓発活動としての基本的な考え方を持っているか
	推進体制	・企業、行政などと連携して効果的に事業を展開しているか
	推進プロセス	・市民が幅広く参加できるように、効果的に広報活動を行っているか ・環境保全に関する気づきと行動を促すためのプログラムになっているか ・環境保全に関する市民や社会のニーズを把握し、プログラムの見直しを行っているか
事業成果	直接的成果 ・量的成果 ・質的成果	・各事業の参加者数や活用数が目標レベルを確保しているか ・市民一人ひとりに環境保全に関する意識が芽生え、日常生活において環境を意識した行動に結びついているか
	社会的成果 ・波及性 ・社会ニーズへの対応性	・本事業を契機として環境保全に関する市民活動が活発になっているか ・「循環型社会の実現」という社会ニーズに貢献しているか

図表Ⅱ－8－3　日本財団の評価の項目と視点の例

出典：リサーチ・アンド・ディベロップメント編、太田黒夏生・中田和明著『《事例で学ぶ》非営利組織の事業評価　日本財団の実践事例から』日本評論社、2003年、p.77

ウムを契機として環境ボランティア団体のネットワークが誕生して活発に活動し始めたこと、シンポジウムの実施に関わった企業関係者により大規模な環境イベントが開催されるなど、インパクトがあったことを示す情報が集まった。

　これらをもとに、事業の有効性を判断する目安として、評価項目ごとに5段階評価による採点がなされ、項目の重要性に応じたウェイト（重み）がつけられた後、総合評価の点数をつけるという方法がとられている。

　日本財団では、評価の際には複数（できれば3人以上）のスタッフがチームを編成することが望ましいとしている。評価チームは情報を共有して対話を重ねることにより、評価を最終的に一つの方向に収束させるようにしている。

　なお、同様の事業評価を外部の支援者の立場からではなく、事業の実施者の立場から行うための自己評価手法として開発されたものに、「評価みえ」の事業評価システム2000がある。この評価システムは内部者による事後評価として行うものだが、まず対象事業が組織のミッションや戦略計画と照らし合わされ、それらとの整合性がチェックされる。内部評価によるマネジメント管理、事業の成果、リソース提供者や受益者の満足度なども評価項目に含まれる。特徴として、総合的でありながらも評価が過度の負担にならないように、チェックリスト方式が用いられていること、結果が項目ごとに点数化され、それをレーダーチャートなどのグラフに表してわかりやすくしていることがあげられる。

3-2.　事業の進め方に関する評価

　事業の進め方に関する評価ではセオリー評価があげられる。セオリー評価を用いるときの典型的な問題意識は次のようなものである。

> ・インパクト評価が実施可能であるか
> ・プログラムの基礎となる理論的根拠（セオリー）は何か
> ・プログラムは妥当か

　セオリー評価はもともとインパクト（影響力）評価に先立ち、評価のための条件が揃っているかどうかを調べるために開発されたものである。つまり「評価可能性」を調べる予備的な評価にすぎなかったのである。しかし、現在ではそれ自体に価値のある独立の評価手法と見なされている。

　では、なぜ「評価可能性」を調べる必要があるのだろうか。1つには、目的や目標が不明確な場合は成果が上がっているかどうかの評価を行うことが難しいからである。NPOの場合、あらかじめ事業目的がはっきり立てられていないことがあ

る。事業が何らかの「縁」によって偶発的に始められたり、幾多の変遷を経てきたために目的があいまいになったりしている場合などである。そうした場合には、成果を問う前に、まず事業の目的、目標を確認する必要がある。

　しかし、目的が明瞭であっても、事業が当初の想定どおりに機能していないことがある。その場合にはむしろ、なぜ機能していないのかをプログラムの設計まで遡って点検し、どの要素を改善すべきかを調べなければならない。セオリー評価でプログラムのロジック・モデルを描いてみることにより、それをある程度明らかにすることができる。ロジック・モデルは、想定されている事業の原因・結果の連鎖、つまりセオリー（理論的根拠）が的外れでないかを検証する手段である。一般には投入、活動、結果のつながりを指す。この評価手法で関係者の間でどこに認識の違いがあるのかを発見する手がかりを得ることもできる。

　以前、ある海外協力団体に依頼されて、評価者として事業の目的やロジックを浮き彫りにし、そのロジックが妥当かどうかを検証する作業に携わったことがある。その団体はアジアなど海外の村落部から研修生を募り、日本で有機農業などの研修を数カ月間行った後、本人が得た技術や知識を元の村の人びとの生活向上に活かしてもらう、という事業を続けていた。この事例をもとに、実際の評価プロセスをたどってみる。

　まず、以下の要領で基礎的な情報を得た。

主な評価項目	評価の視点	情報収集の方法
団体の創立目的や理念	・当初の目的や理念はどのようなものであったか。現在と同じか	事務局長への聞き取り 団体に関する文献、資料
創立からの事業の重点の変化	・事業の構成や重点は変わってきているか	
評価対象事業の目的、内容の変化	・事業の目的は明確か。年とともに目的や内容が変化したか	
評価時点で課題として認識されていたこと	・事業にどのような課題があると団体内で認識されていたか	

図表Ⅱ－8－4　第一次調査の内容

　得られた情報をもとに、簡単ながら図表Ⅱ－8－5のようなロジック・モデルを描くことができた。

　次いで、過去の研修生の出身地（特定の地域に集中している）を訪問調査し、できるだけ多くの元研修生たち（受益者）にインタビューを行って、上記のモデルの検証を行った。現地調査の内容は図表Ⅱ－8－6の通りである。

　現地調査の結果、上記のロジック・モデルは、必ずしもそのとおりにはなって

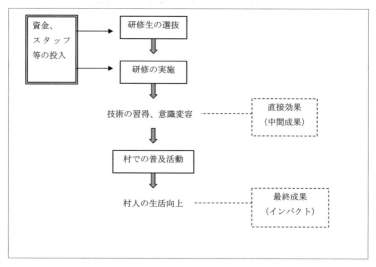

図表II－8－5　簡単なロジック・モデルの例

主な評価項目	情報収集の方法
受益者の生活状況	
受益者による研修後の取り組み	視察、インタビュー
事業に対する受益者の認識	

図表II－8－6　現地調査の内容

いなかったことが判明した。研修生たちは、技術を習得し故郷の村の社会開発を志して普及活動を行ったのだが、押しなべて十分な広がりを得ることができていない。そこで、その原因や対応策を団体の事務局長とともに検討を行った。そしてスタッフへの報告と討議を経て、理事会に対する報告と改善策についての提言を行った。

3－3. 継続的な事業の評価

福祉や医療分野における事業の多くは、始めと終わりのあるプロジェクト・タイプの事業ではなく、継続的にサービスを提供する性質のものである。近年、「病院評価」や「福祉サービス第三者評価」のように、こうした事業を利用者の視点から評価する仕組みがつくられるようになっている。

東京都の「福祉サービス第三者評価」では、都があらかじめ認証した評価機関と

契約を結んで事業評価が行われている。評価機関は利用者団体、コンサルタント系の事業者、市民団体などである。これらの評価機関が「利用者調査」と「事業評価」の２つの手法を用いて評価を実施する。「利用者調査」は利用者の意向や満足度を調べるためのものであり、アンケート、聞き取り、場面観察という手段で情報収集が行われる。「事業評価」では、事業者の自己評価や訪問調査などにより、事業所の組織運営、マネジメント力、提供されているサービスの質についての評価がなされる。その結果は事業者にフィードバックされ、事業者の同意のもとに公表される。評価結果が公開されることにより、利用者、特にこれから利用しようという人が事業者を見比べて、選択する際の参考にすることができる。事業者も、評価を業務改善に役立てることができる。

こうした評価では、しばしば質問項目ごとに点数がつけられ、結果全体がレーダーチャートで示される。ランキングがつけられることもある。これにより横断的な比較が可能となり、事業者全体としてのサービスの質、効率性の向上が期待される。

4.　おわりに

評価は活用されないかぎり、意味を持たない。このため、評価結果が生かされるように、道筋をつけておく必要がある。例えば次のようなことである。

・スタッフだけでなく理事会、会員らの間で、評価の目的、方法、結果の使い方について事前に合意をしておく。特にその組織の意思決定に関わるキーパーソンが評価に前向きであり、たとえ評価結果が厳しいものであっても真摯に受け止める心積もりがあることが大切である。
・必要に応じて評価のファシリテーターを起用し、中立的な立場から評価の進行にあたってもらう。組織内部に適当な人がいなければ、外部からの起用も検討する。
・評価が終わった後、結果を事業計画や組織改変に反映させるための工程表を作成し、進行をチェックする担当者を置く。

非営利組織の本格的な評価は、まだまだ緒についたばかりである。今後、さまざまなタイプの団体のために適切な手法が開発され、活用されることが望まれる。

【学習課題】

①自分が評価してみたいと思う事業について、評価項目と評価の視点を書き出してみよう。できれば、その際にどういう情報収集の方法を用いるかも考えてみること。

②セオリー評価の際に使うロジックモデルを、自分の関心のある事業についてつくってみよう。

【参考文献】

NPO 法人アーユス編、『国際協力プロジェクト評価』国際開発ジャーナル社、2003 年。

Peter F. Drucker, *The Drucker Foundation Self-Assessment Tool: Participant Workbook*, Jossey-Bass Inc Pub; 2 Revised edition, 1998.（＝田中弥生訳、『非営利組織の「自己評価手法」』、ダイヤモンド社、1995 年）

リサーチ・アンド・ディベロプメント編、太田黒夏生・中田和明著、『《事例で学ぶ》非営利組織の事業評価　日本財団の実践事例から』日本評論社、2003 年。

龍慶昭・佐々木亮、『「政策評価」の理論と技法』多賀出版、2000 年。

第9章

企業の社会貢献とNPO

田口由紀絵

狙い

- ☑ 「企業はなぜ社会貢献をするのか」を理解する
- ☑ CSR 時代の企業の社会貢献を理解する
- ☑ NPO と企業のかかわり方を理解する

学習のポイント

- ☑ 企業が社会貢献に取り組む理由は時代によって変わる
- ☑ CSR 時代の企業の社会貢献とは
  - (ア)企業の価値の向上と、社会の新たな価値創造の二兎を追う
  - (イ)企業のもてるリソースを使う
  - (ウ)「寄付」から「パートナーシップ」の模索へ
  - (エ)インパクトの重視
- ☑ NPO と企業のパートナーシップのポイント

田口　由紀絵(たぐち　ゆきえ)　公益財団法人パブリックリソース財団　事務局長、日本ファンドレイジング協会認定講師

1. 企業の社会貢献の理論と歴史

1 - 1. フィランソロピーと利益性のジレンマの克服

　企業はなぜ社会貢献をするのか。企業による社会貢献活動(企業フィランソロピーとも呼ぶ)が盛んである米国においてさえも、この問いについては長い間、解釈上の困難を伴ってきた。ミルトン・フリードマンに代表されるように、企業は本来の経済活動に集中し、株主利益の最大化を目指して活動すべきであるという「経済基本主義」が主張されていたためである。

　一方で、1953 年の「プリンストン大学判決」をきっかけに、「見識ある自己利益(Enlightened self-interest)」[1]という考え方が一般化していった。「プリンストン大学判決」とは、あるミシン会社がプリンストン大学に寄付した 1,500 ドルをめぐって、株主が「企業の寄付金支出が営利企業の活動として認められない」と提訴した事件である。それに対して裁判所は、「企業も『良き市民性』を発揮する義務があり、企業の社会的責任を果たしていくことが企業の長期的利益につながる」という画期的な判決を下した。これにより、企業フィランソロピーは法律的に認められ、フィランソロピーは企業が社会的責任を果たす手段として位置づけられることになった。フィランソロピーが経営戦略の有効な手段として捉えられるようになったのである。

　米国では、その後も企業規模が拡大し、社会的影響力が増大するに従って、市民・社会の側から企業のあり方に対して鋭い問いかけがなされるようになった。1970年代以降の環境問題、反戦運動、反差別運動などの高まりは、企業にとって無視できない社会的環境変化となってきたのである。

　さらに 80 年代、90 年代に社会運動・市民運動が成熟していくにつれて、これらの活動と企業との関係は、単純な対立的構造から多様な相互関係へと変化してきた。企業に問われる社会的責任は、社会環境の変化にいかにすばやく対応するかということだけではなく、社会のさまざまな課題に対して企業は何ができるのかという積極的な働きかけ(social involvement)を問うまでに広がってきたのである。

2. 日本における企業フィランソロピーの変化

2 - 1. 戦前・戦後

　日本が資本主義社会になってからの企業フィランソロピーは、明治末期から昭

和初期にかけて高まりを見せている。その背景には、儒教の伝統の影響や、キリスト教への信仰に基づくもの、ノブレス・オブリージュ（貴族などの高貴な身分に生まれついた人間には、奉仕活動、慈善事業、軍務に献身する義務があるという思想）、米国のカーネギーやロックフェラーの活動の影響など、さまざまなものがある。

　しかし、日本が軍国主義時代を迎えると共に、自由・民主の動きも消え、フィランソロピーの歴史も中断した。企業フィランソロピーの「失われた50年」ともいわれている。

2-2. 高度経済成長期

　戦後の復興期を経て、企業活動が右肩上がりとなった高度経済成長期（1960年代～）には、公害問題が深刻になり、企業行動に変革が求められていた。また、1972年の日本列島改造論の発表に伴い、企業による土地取得をきっかけに激しい物価上昇が起こるなど、企業の行動のあり方、経営姿勢がマスコミや消費者団体から批判されていた。企業の社会的責任が厳しく問われ、企業は反企業ムードに対応するためにも、企業フィランソロピーに向き合う必要が生じたのである。

　この時期の企業フィランソロピーは、「免罪符」として受け止められたという要素は強いものの、企業の取り組みが大きく進んだ。

2-3. 「フィランソロピールネッサンス」

　1980年代の後半になると、プラザ合意以降の円高を受けて、日本企業は急激な勢いで海外に対する直接投資を繰り返し、アメリカ経済の低迷を尻目に伸張を続けた。これに対して、アメリカ国内では激しい「ジャパン・バッシング」が起こり、日本企業は存続するための対策を迫られることになる。「良き企業市民」になることがビジネス上も重要であると認識した日本企業は、アメリカ国内でのフィランソロピー活動に力を入れ始めたのである。その結果、90年の日本企業のアメリカ国内におけるフィランソロピーの額は、3億ドルにも達している。

　このようにアメリカで培われた企業市民の理念が日本に輸入され、日本でも企業フィランソロピーについての論議が高まることになった。1988年には日本経団連が「米国の地域社会における企業の社会活動に関する調査ミッション」を派遣し、1990年には経常利益や可処分所得の1％相当額以上を自主的に社会貢献活動に支出しようと努める企業や個人を会員とする「1％（ワンパーセント）クラブ」を設立している。また、企業による芸術・文化支援の強化が提唱され、1990年には企業メセナ協議会が発足するなど、フィランソロピーに関連する動きが一挙に加

速したのである。

　バブル期に盛り上がった企業フィランソロピーは、経営環境が厳しくなってからも一定規模の社会貢献活動を維持してきた。CSRという概念が普及したことが、その大きな要因であるといえるだろう。

3. CSR時代の企業とNPOのかかわり

3-1. CSRとは

　企業の社会的責任(Corporate Social Responsibility, CSR)についての定義はさまざまだが、ここでは「経営活動の全てのプロセスに社会的公正性や環境への配慮を組み込んでいくこと」として広く捉えることにする。

　企業の社会的責任を広く捉えるようになったのは、ここ20年ほどの傾向である。

　特に最近の顕著な動きとしては、企業行動に対するグローバルな要請の拡大があげられる。途上国における貧困、教育、人権等の問題や地球環境問題の深刻化が進んでおり、これらに対して政府による十分な対応が難しい一方、グローバル企業の影響力の大きさが突出してきている。1997年の世界人権宣言、ILO基本原則、99年の国連グローバルコンパクトなど、国際機関が相次いで企業に対して、人権、労働、環境等の側面での配慮を要請している所以である。最近では、投融資や許認可基準へのCSR評価導入、調達基準(サプライチェーン・マネジメント)等を通じ、大企業だけでなく、中堅、中小企業においても、CSRが経営の中核に組み込まれてきた。

　CSRにおいて重視されているのは、経営活動における社会的公正や環境への配慮であると同時に、ステークホルダー(関係者)との相互コミュニケーションである。企業が社会経済活動を行ううえで関係をもつステークホルダーには、顧客・消費者、社員、取引先などの経済的ステークホルダーと、地球環境や地域社会、NPOといった社会的ステークホルダーがある。

3-2. CSRの構造とNPOとのかかわり

　谷本寛治氏は、CSR活動にはCSRマネジメントシステムの構築、本業における社会的事業の展開、いわゆる社会貢献活動の「3つの領域」が含まれていると述べている(図表Ⅱ-9-1)。かつて企業との関係においてNPOは、公害等の企業の社会的不祥事において批判的立場に立つか、企業の社会貢献活動の領域で、企業の支援活動の対象先として関わりをもつかに、大別されていた。しかし、CSR

3つの領域	内容
CSR マネジメントシステムの構築	CSR に関するビジョンや具体的目標の設定、担当組織の設置、PDCA サイクルの形成など、企業が CSR を推進するための体制や仕組みの構築
本業における社会的事業の展開	事業分野の強みを活かしつつ、環境や弱者への配慮を組み込んだ事業や社会的ニーズの高い事業を、ビジネスとして成立させることへの取り組み
社会貢献	寄付や社員のボランティア活動促進、地域コミュニティへの協力などを通して社会に貢献することへの取り組み

図表II－9－1　CSRの3つの領域

出典：谷本寛治、『CSR 経営』中央経済社、2004

が企業の経営理念の中核におかれるようになって以来、NPO は重要なステークホルダーとして、あるいは、企業の社会性を高めるためのパートナーとして、多面的な関わりをもつようになってきている。

3－3. CSRマネジメントシステムの構築

　企業が CSR マネジメントシステムを構築することについて、NPO が評価、監視活動を行うことが日本でも始まっている。また、単に評価するだけではなく、評価結果に基づき、改善を求め、圧力行動にでる NPO もある。その典型例として、環境団体やアルコール監視団体の行動があげられる。また、企業側が CSR のマネジメントシステムを構築することに対して、市民的な立場を保ちつつ、協力をする NPO もある。

○ CSR マネジメントに関する NPO の関わり方の事例
企業行動の評価
　　　　　＊　特定非営利活動法人パブリックリソースセンター：企業の CSR の現状について評価を行い、情報を SRI（社会的責任投資）に取り組む投資機関に提供することを通じ、CSR の推進を図っている。
企業行動の監視
　　　　　＊　特定非営利活動法人 ASK（アルコール薬物問題全国市民協会）：酒造各社を対象に、アルコール依存症の予防に取り組む NPO の立場

から、広告宣伝活動に関する調査を行い、結果を公表している。

圧力行動

＊　特定非営利活動法人グリーンピース・ジャパン：2005年に国際環
　境保護団体として、日本の自動車メーカーに公開質問状を送り、
　各社の地球温暖化問題への取り組みと、カリフォルニア州の「自
　動車からの温室効果ガス排出規制」の取り下げを求めて各社が行っ
　ている訴訟に対して公開質問状を送ると同時に、訴訟を撤回する
　よう求めた。

コンサルティング

＊　ナチュラル・ステップ：企業その他組織が社会的、環境的に十分
　な持続性を発揮するための組織作りを支援するNPOで、日産自動
　車株式会社と協働し、社員向けの「日産環境eラーニング」を開
　発するなど、多様なコンサルティング活動を行っている。

3－4. 社会的事業の展開

　企業が事業分野の強みを活かしつつ、環境や弱者への配慮を組み込んだ事業や
社会的ニーズの高い事業を、ビジネスとして成立させるために、NPOが企業とタ
イアップする例も現れてきた。

○社会的事業の事例
コンサルティング、共同開発

＊　特定非営利活動法人ユニバーサルデザイン生活者ネットワーク：
　消費生活アドバイザーを中心としたNPOで、生活者の声を商品に
　反映させることを目的に「住空間における生活者UD要求ポイン
　ト」を作成、住宅メーカー等の商品開発において活用されている。

事業の共同実施

＊　特定非営利活動法人釜ヶ崎支援機構：野宿生活者の支援活動を行
　うNPOで、ビルメンテナンス企業2社とともに、大阪府営業住吉
　公園で、都市公園管理共同体を結成して、指定管理活動を通じ、ホー
　ムレスや知的障害者の就労訓練や、公園のイベントでの「園芸福
　祉教室」を展開している。

3 － 5. 社会貢献

　企業の社会貢献活動に NPO が協力する場面も増えている。社員のボランティア活動の受け入れは多くの NPO で実施されているが、そのほかにも、お互いのリソースを持ち寄ることで初めて実現できる事業の協働運営や、NPO と企業の優れたパートナーシップ事例を選出し表彰するといった活動も行われている。

○社会貢献の事例
協働事業

　　＊　エイブル・アート・ジャパン：障害のある人たちの創作活動を支援する一環として、障害のある人を含む多様な人たちとつくる新しい舞台芸術の取り組み「エイブルアート・オンステージ」を企業の支援、社員の参画を得ながら進めている。

社会貢献活動の評価

　　＊　特定非営利活動法人パートナーシップ・サポートセンター：「NPOと企業のパートナーシップ推進」をミッションとして掲げる同センターが、NPO と企業のパートナーシップに関する表彰制度「パートナーシップ大賞」を創設している。

4. 戦略的社会貢献の登場

　企業価値の向上と社会の新たな価値創造の両立を目指して、戦略的に社会貢献活動に取り組む企業が増えてきた。経団連が 1990 年より会員企業と社会貢献推進委員会(1％クラブ)の法人会員を対象に実施している調査をもとに、1 社平均の社会貢献活動支出額と経常利益比の推移を見てみよう。

　図表Ⅱ－ 9 － 2 からもわかるように、バブル期の 1991 年度 5 億 2500 万円をピークに、バブル崩壊後の 1992 年以降 2005 年度まで 1 社あたりの社会貢献活動支出額は減少し、小幅の増減にとどまっている。しかし、2006 年度の調査では、社会貢献活動支出額の 1 社平均が 4 億 5400 万円と前年度に比べて約 1 億円増加しており、経常利益比も 2.18 ％と上昇し、バブル期 1991 年度に次ぐ、歴代 2 番目の支出額となった。

　また、企業の社会貢献への取り組みの変化は、活動支出の増加だけではない。社会貢献の取り組み姿勢にも変化がでてきている。2005 年度の同調査では、回答

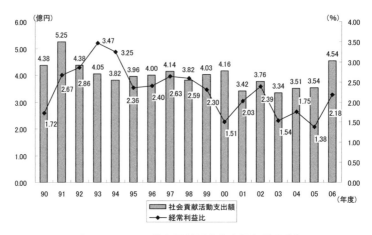

図表Ⅱ－９－２　社会貢献活動支出額（１社平均）

出典：日本経団連社会貢献推進委員会（編著）『CSR 時代の社会貢献活動 企業の現場から』2004、p.18 より

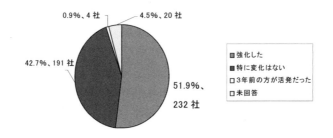

図表Ⅱ－９－３　過去３年間の自社の社会貢献活動への取り組み姿勢の変化

出典：（社）日本経済団体連合会 社会貢献推進委員会・１％（ワンパーセント）クラブ「2005 年度社会
　　　貢献活動実績調査結果」集計結果

　企業 447 社のうち半数にあたる 232 社が「過去３年間で社会貢献活動への取り組みを強化した」と回答している（図表Ⅱ－９－３）。
　次に、**図表Ⅱ－９－４**は、同調査で"社会貢献活動をどのように捉えているか"という質問に対する企業回答の変化をまとめたものである。
　第一に、1990 年度と 2005 年度を比較すると、まず調査設計自体が変化し、選択肢が増えている点が興味深い。例えば、「地域社会への貢献」、「経営理念の具現化の一方策」、「社会とのコミュニケーション」、「社会への投資」といった項目

	90年度	93年度	96年度	99年度	02年度	2005年度	
社会的責任の一環として	88.0%	85.9%	84.4%	84.3%	85.5%	86.1%	385社
地域社会への貢献	–	–	–	–	72.2%	75.2%	336社
経営理念の具現化の一方策	–	–	–	–	–	36.9%	165社
社会とのコミュニケーション	–	27.1%	30.8%	21.9%	43.2%	30.9%	138社
コーポレートブランド向上の一方策	56.4%	38.9%	40.1%	35.5%	19.2%	13.2%	59社
利益の一部の社会還元	46.6%	36.6%	38.9%	47.2%	30.8%	12.5%	56社
社会への投資	–	–	–	–	7.1%	5.1%	23社
会社の社会的感度を高める一方策	–	–	–	–	7.4%	4.3%	19社
社風の形成を促すための一方策	23.7%	24.6%	23.3%	21.0%	10.1%	2.7%	12社
会社の競争力向上の一方策	–	–	–	–	2.4%	1.1%	5社
新規事業開発の種	2.5%	2.6%	1.9%	1.9%	2.1%	1.1%	5社
優秀な人材確保・維持の一方策	1.7%	0.8%	0.0%	0.3%	1.2%	0.9%	4社
リスクマネジメントの一方策	0.8%	1.3%	0.5%	0.6%	1.8%	0.4%	2社
その他	4.5%	3.1%	3.3%	2.8%	2.1%	1.3%	6社

図表II－9－4　社会貢献活動の捉え方

出典：(社)日本経済団体連合会　社会貢献推進委員会・1％（ワンパーセント）クラブ「2005年度社会貢献活動実績調査結果」集計結果

は1990年度には見られなかった選択肢であり、調査主体自身が社会貢献活動に対する考え方を変化させていることがうかがえる。

　第二に、1990年と2005年の回答推移を比較してみると、「コーポレートブランド向上の一方策」（56.4% → 13.2%）、「利益の一部の社会還元」（46.6% → 12.5%）、「社風の形成を促すための一方策」（23.7% → 2.7%）といった回答が著しく減少している。一方で、新たに加わった「地域社会への貢献」（75.2%）、「経営理念の具現化の一方策」（36.9%）といった回答が、2005年度には増えている。また、「社会への投資」（5.1%）といった回答があることも特筆すべき点であろう。

　以上のような点から、CSRという概念が登場したことを契機に、社会貢献を経営理念の具現化のための方策の1つとして捉えていることがわかる。事業活動と密接な関係をもつ地域社会との関係を大切にする姿勢や、多様なステークホルダーとコミュニケーションを取りつつ、より良い社会つくりへ投資をしていくという考え方が定着しつつあるといえる。

5.「戦略性」重視の社会貢献活動

　社会貢献活動がCSRの一環として位置づけられるに従って、「戦略性」を重視する動きが高まっている。この「戦略性」とは、大きく分けて下記の4つに分類される。

　第一に、企業価値の向上と社会の新たな価値創造の二兎を追うことがある。前者は、企業ブランドイメージの向上や株価の向上といった"企業価値の向上"をさす。後者は、社会の抱えるさまざまな課題の解決や質の向上を目指した"社会的価値の創造"をさす。この二兎を追うために、社会貢献活動の領域についても、本業としている事業領域の関連分野における展開が増加している。

　例えば、保険会社が、地球の温暖化が進むことで高まる事業のリスクを考慮し、環境保護活動として砂漠化防止や植林活動などに積極的に取り組んでいることがあげられる。また、石油会社や運輸業者などによる交通遺児の支援、自動車メーカーによる交通安全キャンペーンの実施や協賛といった活動があげられる。

○事例

　　　　＊　マイクロソフト株式会社：「誰もがITの恩恵を享受できる社会の実現を目指したプログラム」を全世界で展開している。日本においても、「次世代を担う人材育成支援」「地域経済の活性化支援」「社会参画へのチャレンジ支援」という3つのアプローチにより「デジタルインクルージョン」を推進している。本業としている事業領域に関連した社会貢献活動を行うことで、"企業価値の向上"と"社会の新たな価値創造"の双方を目指している。（http://www.microsoft.com）

> 〈企業価値〉株価、企業ブランドイメージ・評判、企業風土、従業員能力や士気、新しい事業領域・サービス・商品、顧客開拓など
> 〈社会の価値〉生活や社会の抱える課題の解決や、質の向上、前進など

　第二に、企業リソースを活用した取り組みがある。企業は、本業で培った技術力や社員の能力、ネットワークや設備・施設など、自社のもてる能力や強み、資源(リソース)を使って社会貢献活動を行うことで、企業価値の向上と社会の新たな価値創造を実現しようとしている。

　例えば、航空会社による災害救援物資の無償輸送、建設機械メーカーによる対人地雷探知・除去機開発ための技術供与、総合警備会社の社員ボランティアによる子どもの防犯教育の推進といった取り組みがあげられる。

○事例

　　　　＊　ゴールドマン・サックス証券株式会社：同社が最大の資源である

とする「人材」を活かす社会貢献活動を幅広く展開している。様々な分野の非営利団体と協働で企画した地域貢献活動に、社員がボランティア有給休暇を使って参加する「コミュニティ・チームワークス」、児童養護施設に暮らす学生を対象とした「キャリアメンタリング・プログラム」（社員が自分達の求職・就労経験を学生と共有）、就労を目指すドメスティック・バイオレンス当事者女性を対象とした「明日へのドレスアップ」（社員が面接用のスーツ・靴・バッグを寄付）、世界の教育機会に恵まれない女性を対象とした「10,000Women（1万人の女性）」プログラム（同社の社員も講師やメンターとして参加）など、社員のもつ強みを活かしたプログラムを実施している。（http://www2.goldmansachs.com/japan/）

〈企業の能力・強み・リソース〉
　人材、技術力、ノウハウ、事業インフラ(施設、システム等)、
　ネットワーク、広報・信用力、資金等

　第三に、企業は社会貢献活動について、明確な目的を設定し、継続的な事業として展開することを志向し始めている。そのために専門能力のあるNPOと協働することが重要な鍵となっている。NPOの専門性を活かすことで、効率的効果的な事業展開ができる可能性が高まるからである。また、協働の過程で、計画段階からNPOとすりあわせを行い、従業員の参画の機会を確保することも志向されている。

○事例

　＊　ジョンソン・エンド・ジョンソン株式会社：「健康」をテーマにした社会貢献活動を展開しており、日本では「女性」「子ども」「高齢者」「こころ」の4つの重点分野を掲げている。それぞれの分野において専門性をもつ非営利団体と信頼関係を結び、協働でプログラムを立ち上げて継続的な事業を展開している。「思春期のライフスキル教育プログラム」における特定非営利活動法人青少年育成支援フォーラムとの協働、「暴力の影響を受けた子どもたちのこころのケアのプログラム」における特定非営利活動法人女性ねっとSaya-Sayaとの協働、「自殺防止プロジェクト」における特定非営利活動法人自殺対策支援センターライフリンクとの協働はその

一部である。(http://www.jnj.co.jp)

　第四に、社会貢献活動の効果測定の実施があげられる。企業の社会貢献活動の効果測定では、活動の実施内容の公益性や発展性といった社会的価値の視点と、自社にとっての価値という2つの評価軸から評価することが多い。さらに、社会的価値の測定については、短期的な成果だけでなく、受益者や社会制度に与える影響、つまり中長期的に社会に与える効果(インパクト)も評価の対象となり始めている。成果や効果の測定のためには、プログラムの時限を区切り、ステップごとに事業評価を行うことが必要である。

○事例

　　＊　日本電気株式会社（NEC）：社会貢献活動における3つのゴール、中期的なテーマを定め、年に1回、社会貢献プログラムの効果を検証するために「社会的視点」と「NECの視点」の2方向から評価を行っている。「社会的視点」には、公益性、発展性、先進性、独創性、NPOとの連携といった評価項目が設定され、「NECの視点」には戦略性、企業イメージ向上への寄与、事業ドメインとの関連性、リソース活用・従業員参加といった評価項目が設定されている。(http://www.nec.co.jp)

　以上のように、企業は「戦略性」をもって積極的に社会貢献活動に取り組むようになってきた。しかし、「戦略性」が重視されるがゆえに生まれるデメリットも存在している。例えば、企業が社会貢献活動に求める「戦略性」として、企業価値向上に偏った社会貢献活動を実施すれば、活動自体の意義が問われることになる。また、「評価」に偏ったPDCAサイクル重視の社会貢献活動に対しては、短期的な成果や費用対効果を求める傾向が強まることが危惧される。

　このようなデメリットを避けて企業が社会的に意味のある社会貢献活動を展開するためには、ステークホルダーとして提案のできるNPOとパートナーシップを組み、協働して取り組むことが有効であろう。NPOとの協働作業を通じて、企業に対する社会の要望を取り入れて社会貢献プログラムを企画することが可能になるからである。

6. 社会貢献活動におけるNPOと企業のパートナーシップ

James E. Austin は、The Collaboration Challenge において、企業の社会貢献には3つの発達段階があると述べている。

> Philanthropy（主に資金助成をする段階）
> Transaction（互いのリソース、能力を活用して、互いにメリットを得る段階）
> Collaboration（社員の主体的かかわり、協働事業として取り組み、相互に変化）

CSR の概念が導入されるにつれ、日本における企業の社会貢献活動も、単なる資金助成の段階を経て、次第に NPO とのパートナーシップや社員の主体的取り組みを重視するようになってきた。

社会貢献活動を経て、「社会は、組織風土は、従業員は、どう変わるか」という具体的な革新をめざす段階になってきたといえるだろう。

NPO と企業とが協働して、社会貢献活動を展開するために、以下のポイントが重要となるだろう。

> (1)企業理念と NPO のミッションの適合性
> (2)プロジェクトを協働して行うことで実現できる社会的価値についての合意
> (3)持ち寄ることのできるリソースの確認、役割分担
> (4)計画段階からのコミュニケーション
> (5)時限を区切った事業評価
> (6)事業を通じて、企業と NPO が相互に及ぼしあう変化についての振り返り

6-1. 企業理念とNPOのミッションの適合性

企業と NPO が対等なパートナーシップを構築して事業を行うためには、それぞれの社会的存在意義や価値観に何らかの接点が必要である。実際のパートナーシップの提携は、人脈や出会いで進むことも多い。しかし企業と NPO の間でフォーマルで組織的なパートナーシップ関係を築くためには、企業の創業の志、企業理念や CSR 方針、社会貢献の重点領域などと、NPO 側のミッション・ステートメントの間の親和性が、基礎条件として必要である。また具体的な社会貢献活動の内容が、それぞれの重要なステークホルダーにとって価値のあるものでなければならない。例えば「食と健康」を企業理念に掲げている企業と食育支援活動、「生

活文化の向上」を企業理念とする企業と芸術文化活動など、親和性が確認しやすいケースでは、企業と NPO が共通の目的を追求しやすくなるといえるだろう。

6 − 2. 協働を通じて目指す価値についての合意

　NPO と企業の両者が力を合わせることで、よりよく実現することができるということが、協働事業の実施の上で必須であることはいうまでもない。協働事業の目的については、企業と NPO が共に追求する社会的価値として合意し、明文化されることが大変重要である。

　同時に、企業と NPO は、その事業を通じて相手が実現したいと考えている固有の目的についても、相互に理解することが必要である。例えば、企業側では、社会的な価値創造のほかに、自社のブランドイメージの向上や社員の意識改革といった、企業価値の向上も目指していることが多いだろう。NPO の側では、組織の信用力や基礎体力を高めることを期待しているかもしれない。企業と NPO が互いの目的を認め、それぞれのメリットに配慮することが必要である。

　また特に NPO の立場に立ったとき、企業との協働には組織運営上のリスクも伴うことがある。例えば組織規模が小さいときには、協働事業の開始によって財源のバランスが偏ったり、協働事業以外の事業が人的リソースの限界で実施できなくなったりすることもある。特定の企業イメージが付着することもあるかもしれない。パートナーシップ関係に踏み出す前に、協働事業実施に伴うリスクと協働事業実施によって生まれる価値を比較考量することも必要である。

6 − 3. 持ち寄ることのできるリソースの確認、役割分担

　パートナーシップ関係は、共通の事業目的のために、企業と NPO がそれぞれ固有のリソースを持ち寄ることで成り立つ。協働で社会貢献活動を展開する上でも、企業には、本業で培った技術力や社員の能力、ネットワークや設備・施設などの強み・資源があり、NPO には、特定の社会的課題の把握、その課題解決のためのノウハウや経験といった強み・資源がある。

　企業が持ち寄るリソースが資金である場合は特に、企業と NPO との間に、支援する・されるという上下関係が生じやすい。しかし、企業が単独で社会的課題の解決をはかることは難しく、NPO の持つ専門性や活動のノウハウ、ネットワークなどのリソースの提供がなければ社会的に意義のある成果を出すことはできない。それぞれが持つリソースを持ち寄ることで、より効果的に社会的課題の解決をはかることができるのである。

　また協働事業をスムーズに進めるためには、事業実施における互いの役割分担を明確にすることも必要であろう。

6－4.　計画段階からのコミュニケーション

　企業とNPOが対等なパートナーシップを組むためのコミュニケーションについては、柔軟で冷静な対応がポイントとなる。企業とNPOの間には、組織目的や意思決定プロセスをはじめとして、さまざまな組織風土の違いがある。その違いを乗り越えて協働事業を展開するために、事業計画の段階からの協議などプロセスの共有が重要である。また困難な事態に直面したときには、協働事業を通じて実現したい社会的価値という原点に立ち戻り、互いの意見に耳を傾け、予期していないことや変化を受け入れるといった態度も必要になる。

6－5.　時限を区切った事業評価

　事業の受益者数や参加者数といった事業の直接の成果だけでなく、受益者に起きたプラスの変化、地域社会の変化など、一定期間における効果測定を行う。それにより、協働事業の成果を確認し、改善点を把握して協働事業に対する互いの継続意欲を高める工夫が望ましい。

　企業がNPOとの協働に関してどの程度経営資源を割いたか、というインプットの算定方式については、「現物寄付」「施設開放」「従業員派遣」などを金額換算して寄付金額を算出する経団連方式(社会貢献活動実績調査)が参考になるだろう。

　アウトプットの評価の考え方としては、定量的な評価と定性的な評価、短期的成果の評価と長期的成果の評価を組み合わせることが重要である。受益者に起きたプラスの変化や地域社会の変化は定量的な測定が難しく、事例や受益者の声などから定性的に評価する必要がある。また、短期的には成果が出にくくても、長期的には受益者や地域社会に良い影響をもたらす場合もある。

　評価の視点としては日本経団連社会貢献推進委員会の５つの評価視点(「NPOなどへの影響」「社会的影響」「社員への影響」「企業イメージへの影響」「事業への影響」)や、パートナーシップ・サポートセンターの「パートナーシップ大賞」評価シート(協働事業を①目標設定、②経過、③事業結果、④社会へのインパクトの４つのフェーズに分け、それぞれのフェーズに評価項目を設けたもの)などが参考になるだろう。

6−6．事業を通じて、企業とＮＰＯが相互に及ぼしあう変化についての振り返り

　協働事業は異なる能力のパートナーが力をあわせて実施するものなので、必ずそれぞれの組織の側に何らかの変化を及ぼす。協働で社会貢献活動を実施したことが、企業の組織文化や従業員の意識にどのような影響を与えたのか、NPOの人材や組織に対してどのような変化が生じたか等を把握することが、協働事業の在り方を考える上で重要な材料となるだろう。

【学習課題】

①"5．「戦略性」重視の社会貢献活動"で事例として挙げた各社のホームページを見て、どのような戦略的社会貢献プログラムを展開しているか確認しよう。
②企業とNPOとの協働事例をひとつ探して、NPOと企業とが協働して社会貢献活動を展開するための6つのポイント(6−1〜6−6)に照らし合わせてみよう。

【注】

1　「見識ある自己利益(Enlightened self-interest)」：「企業は地域社会の発展のうえに成り立つものであり、地域社会が何らかの問題を抱えているときには、企業は最大の利潤をあげることはできない。したがって、地域社会の福祉の向上と発展に企業が大きく寄与していくことは、結果的には企業にも利益をもたらすものだ」という考え方。

【参考文献】

林雄二郎・今田忠編、『フィランソロピーの思想　NPOとボランティア』日本経済評論社、2000年。

James E. Austin, *The Collaboration Challenge: How Nonprofits and Businesses Succeed Through Strategic Alliances (The Drucker Foundation Future Series)*, Jossey-Bass Inc Pub, 2000.

日本経団連社会貢献推進委員会編著、『CSR時代の社会貢献活動』日本経団連出版、2008年。

パートナーシップ・サポートセンター、岸田眞代・高浦康有編著、『NPOと企業　協働へのチャレンジ』同文館出版、2003年。

島田晴雄編著、『開花するフィランソロピー　日本企業の真価を問う』TBSブリタニカ、1993年。

(社)日本経済団体連合会　社会貢献推進委員会・1%（ワンパーセント）クラブ、「2005年度社会貢献活動実績調査結果」2006年。

(社)日本経済団体連合会　社会貢献推進委員会・1%（ワンパーセント）クラブ、「2006年度社会貢献活動実績調査結果」2007年。

谷本寛治、『CSR経営』中央経済社、2004年。

第 10 章

マーケティング

臼井　清

狙い

- ☑ NPO にとってのマーケティングの重要性を理解する
- ☑ NPO と企業(営利団体)におけるマーケティングの違いを理解したうえで、事業ステップに応じてマーケティングノウハウ(フレームワーク)を現場で使えるようにする

学習のポイント

- ☑ マーケティングは、意図をもって人に動いてもらうための活動の全てをさす
  - NPO もマーケティング活動の主体である
  - NPO と企業(営利団体)ではマーケティングにおける力点が異なる
- ☑ マーケティングのフレームワークは事業活動のステップに応じて活用できる
  - 環境分析のステップ
  - 事業を特徴づけるステップ
  - アクションを具体化するステップ
- ☑ 活動の意義を一貫したメッセージとして伝えることが NPO では重要である
  - コミュニケーションのデザイン
- ☑ 評価(フィードバック)はバックキャスティングで考える

臼井　清(うすい　きよし)　合同会社志事創業社(しごとそうぎょうしゃ)　代表

1. マーケティングの背景

1-1. マーケティングに取り組む意味

　マーケティングとは何か？　「商品（モノ、サービス）を売るための方法論」と捉えている人が多いのではないだろうか。実際に、マーケティングは企業（営利団体）の立場から発展してきている面が大きいのだが、本来の意味はもっと広い。

　アメリカマーケティング協会（1937年設立）では、以下のように定義している。

〈マーケティングの定義〉　2007年改定版
Marketing is the activity, set of institutions, and processes for creating, communicating, delivering, and exchanging offerings that have value for customers, clients, partners, and society at large.
　マーケティングとは、顧客、依頼人、パートナー、社会全体にとって価値のあるオファリングス（提供物）を創造・伝達・配達・交換するための活動であり、一連の制度、そしてプロセスである。

少し分かりづらい定義かもしれないが、
　「なんらかの"価値"をやり取りする活動そのものが、マーケティングである」
ということを知れば、マーケティングが企業だけのものではないことに気づくだろう。社会課題に取り組んでいるNPOも、マーケティングとは無縁ではない。むしろ、これまでのやり方や考え方では対処できない課題に対し、新しい"価値"を提供することで解決にあたろうとしているNPOは、マーケティングの主体そのものであると言える。

　では、ただがむしゃらに進めていけば良いのかというと、それはマーケティングの意味を理解していないことになってしまう。
　「ミッションの遂行に必要な"資源"を有効に確保するための一連の方策」
を練り、実行し、評価した上で、次のアクションにつなげることが、マーケティングの意味だからである。"資源"とは、いわゆる、ヒト、モノ、金、情報になるが、なかでもヒトへの働きかけをマーケティングは重視する。例えば、企業であれば、想定する顧客の"購買行動"をどのように引き出せるか、NPOであれば、取り組んでいる社会課題への"サポート行動"をいかに支援者から得られるかが、ポイントになるだろう。つまり、マーケティングに取り組むとは
　「対象とする相手に、（こちらの）意図した行動をとってもらうように働きかける」
ことに他ならない。

1－2. NPOのマーケティングの特徴

　マーケティングは、「購買行動を生み出すこと」、言い換えれば、「売るための仕組みや具体的な方策づくり」を主な目的として発展してきた。

　＊「購買行動を生み出すこと」を目的としたマーケティングを、本章では“企業マーケティング”として表現する。

　企業マーケティングで培われてきた様々な手法や考え方は、「行動を促す」という点で、NPOがマーケティングに取り組む際に応用できる。

　一方で、NPOと企業におけるマーケティングの力点は、いくつかの点で異なっていることも認識しておく必要がある。

	NPO	企業
ミッション	社会課題の解決	事業の継続
成果	社会的インパクト	売上／利益
マインド	変革／挑戦	成長／拡大
組織	協働	効率
コンセプト	共感	差別化

図表Ⅱ－10－1　ＮＰＯと企業におけるマーケティング力点の違い

　企業マーケティングで積み上げられてきた知見を単に模倣したり、逆に状況が違うからと否定したりするのではなく、力点の違いを理解した上で、自団体に合わせて調整（アジャスト）して活用していくことが重要だ。

　また、NPOのマーケティングの対象、すなわち「行動を促す相手」は、「利用者・ユーザー」といった直接の受益者にとどまらず、「支援者・資金提供者」などの周囲の関係者を含めて複合的にとらえておかねばならない。それぞれの対象に応じて、マーケティング戦略を変化させていくことを常に検討しておく必要がある。

2. マーケティングのフレームワーク

2－1. フレームワークとは

　企業マーケティングで積み上げられてきた知見は、“フレームワーク”という形であらわされるものが多い。代表的なフレームワークを理解し活用することで、事業活動の質が高まり、スピードも速まる。

　フレームワークとは、枠組み／考え方の筋道／規則や構造、といったことを指すが、これまで積みあがってきたノウハウの“基本パターン”として理解してもら

えば良いだろう。自団体の中で、フレームワークを理解しているメンバーが増えることで、コミュニケーションもスムーズになる。

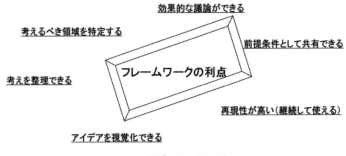

図表II−10−2

2−2. 事業ステップと代表的なフレームワーク

マーケティングのフレームワークは、事業活動の各ステップに応じて活用される。

1)市場機会を発見する(内外の環境を分析する)ステップ
2)戦略を立案する(事業を特徴づける)ステップ
3)施策を決定する(アクションを具体化する)ステップ

さらに、評価のステップを踏んで、自団体の活動のブラッシュアップにつなげるサイクルを回していくことになる。(評価に関しては本章4節に詳述する)

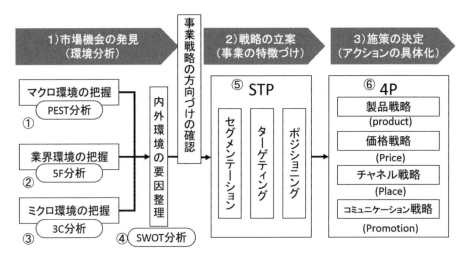

図表II−10−3　事業ステップに応じたフレームワークの代表例

　それぞれのフレームワークの特徴を理解し、間違った使い方や、過度な期待をして利用することが無いようにすることが重要である。

　代表的なフレームワークに関して、ステップ毎にポイントを説明する。

1）市場機会を発見する（内外の環境を分析する）ステップ

　企業マーケティングでは"市場機会を発見する"すなわち"顧客を見つける"ことが最初のステップになる。一方、NPOでは、"課題"を持つ相手が明確になっている場合が多い。すなわち、市場機会を既に発見している状態と言える。ところが、「自団体の特徴（強み／弱み）は何か？」、「課題に対して、別のアプローチはないのか？」、「そもそも自団体の解決策は根本的な課題解消につながるのか？」、といった事業活動を取り巻く内外の環境に対する調査、考察を深めていないケースが往々にしてある。

　社会課題の解決に力点を置いているNPOのマーケティングでは、市場機会発見のステップを、自団体の社会的インパクトの質と量を想定するステップとして位置付け、内外の環境を客観的に把握することが求められる。また、得られた理解をベースに、事業活動の方向づけを行い、戦略を立案する、次のステップにつなげることが重要だ。

① PEST（ペスト）分析

　Politics 政治面／Economy 経済面／Society 社会・ライフスタイル面／Technology 技術面、の４つの頭文字を取って名付けられたフレームワーク。マクロ環境を４つの分野に分け、プラス、マイナス両面から自社（自団体）が影響を受ける（と想定される）要素を抜き出し整理する。現状のマクロ環境は勿論、長期的なトレンドについても分析し、時代の変化を捉え、未来のシナリオ作りに役立てる。

P Politics 政治	E Economy 経済	S Society 社会	T Technology 技術
・法律 ・政権 ・税制 …	・景気 ・物価 ・為替 …	・人口動態 ・教育 ・流行 …	・ICT ・インフラ ・特許 …
市場のルールに影響するもの	お金（価格）に関わるもの	需要に影響するもの	競合（競争）に関わるもの

図表II−10−4

② 5F（ファイブフォース）分析

買い手の交渉力／売り手の交渉力／業界内の競争／新規参入者の脅威／代替品の脅威、の5つの要因を切り口として、業界の構造を把握するためのフレームワーク。企業マーケティングでは5つの要因を分析し、業界の「競争」の強弱を把握することで、参入可否を判断するために用いるケースが多い。NPOでは、効果的な提携先や、サポートを得るべきプレイヤーの把握など、協働(コラボレーション)の相手先を選び出す際などに使える。

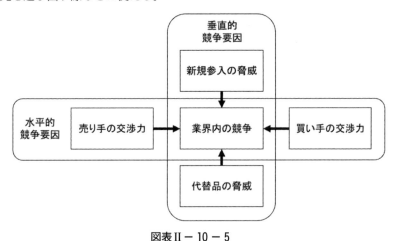

図表Ⅱ－10－5

③ 3C分析

Customer市場／Competitor競合／Company自社、の3つの視点で外部環境と、内部環境を分析するフレームワーク。自社(自団体)でカバーできている範囲が、競合や市場(顧客)の要求とどの程度重なっているのかを俯瞰することで、活動領域の見直しなどに利用する。NPOでは、自団体の活動で足りていない領域がどこかを把握し、団体の組織開発(キャパシティビルディング)の際などに役立てる。

④ SWOT（スゥオット）分析

Strength強み／Weakness弱み／Opportunity機会／Threats脅威、の4象限で自社(自団体)を取り巻く環境を分析するフレームワーク。内部環境と外部環境、好影響と悪影響の2つの軸でマトリックスを組み、自社(自団体)の置かれている状況をプラス面、マイナス面の両方で把握し、全体戦略の方向づけに活かす。フレームワーク①〜③で確認できた内容も踏まえ、単なる思い込みや思いつきでない分析をすることが重要だ。

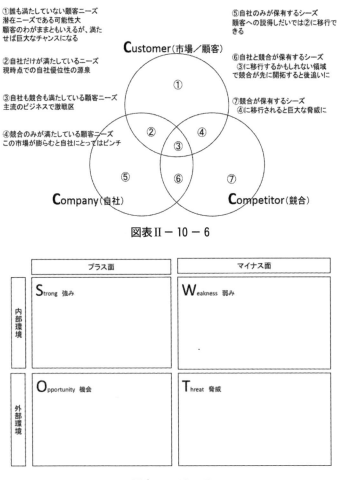

①誰も満たしていない顧客ニーズ
潜在ニーズである可能性大
顧客のわがままともいえるが、満た
せば巨大なチャンスになる

②自社だけが満たしているニーズ
現時点での自社優位性の源泉

③自社も競合も満たしている顧客ニーズ
主流のビジネスで激戦区

④競合のみが満たしている顧客ニーズ
この市場が膨らむと自社にとってはピンチ

⑤自社のみが保有するシーズ
顧客への説得しだいでは②に移行で
きる

⑥自社と競合が保有するシーズ
③に移行するかもしれない領域
で競合が先に開拓すると後追いに

⑦競合が保有するシーズ
④に移行されると巨大な脅威に

Customer（市場／顧客）

Company（自社）　　　Competitor（競合）

図表II－10－6

	プラス面	マイナス面
内部環境	Strong 強み	Weakness 弱み
外部環境	Opportunity 機会	Threat 脅威

図表II－10－7

２）戦略を立案する（事業を特徴づける）ステップ

　環境分析を行い、事業活動の方向性が決まったら、具体的な戦略（≒活動の骨子）を立てる。自社（自団体）のミッションと特徴を明確にし、誰に対して、どのような価値を提供していくのかを決定する。

　NPOでは、自団体が取り組む社会課題の重要性と、提供する解決策の有効性を、TOC（Theory of Change）として内外に自信を持ってアピールできるようにすることが、このステップでの目的になる。

〈TOC〉
　何らかのバッドサイクル(悪循環)が回り続けている事で「社会課題」はなかなか解決の方向に進まない(例:貧困問題の世代をまたいでの連鎖)。このバッドサイクルを止め、「社会課題」の解消に向けたグッドサイクルを回すきっかけとなる「主因」を想定し解決してくための"変革の理論"(Theory of Change)を持ち、実践することが、NPO をはじめとするソーシャルイノベーター／ソーシャルベンチャーには求められる。TOC が明確でないと、応急処置的な活動に終始してしまうことになりやすく、対象とする「社会課題」の恒久的な解決につなげていくことは難しい。

⑤ STP

　Segmentation (セグメンテーション) ／ Targeting (ターゲティング) ／ Positioning (ポジショニング)、の3つの要素の頭文字を取った、戦略を立てるためのフレームワーク。自社(自団体)の戦略を「ポジショニングマップ」としてシンプルに可視化することによって、関係者の共通理解が得やすくなり、また外部へのアピールの際にも一貫したメッセージとして伝えやすくなる。

〈Segmentation (セグメンテーション)〉
　企業であれば「顧客」、NPO であれば「受益者」「支援者」といった、対象とする相手を、どのような切り口で分類できるかを考えること。
－代表的な分類の切り口
　・デモグラフィックス:
　　性別、年齢、職業、世帯、所得、人種、宗教、社会階層、地域、気候…等
　・サイコグラフィックス:
　　ライフスタイル、性格、マインドスタイル…等
　・行動特性:
　　購買頻度、使用機会、使用量、ロイヤルティ、価格感度、ブランド態度…等
〈Targeting (ターゲティング)〉
　自社(自団体)の"価値"を、分類したどの層(≒塊)に提供するかを選定すること。規模としてはどの程度か、他にアプローチをしている団体はないのか、アクセスのしやすさ(コミュニケーションの難易)はどうか、…といった事業活動への影響度を考慮しながら選定する。
〈Positioning (ポジショニング)〉
　選定した層(≒塊)に対し、自社(自団体)の提供する商品(解決策)を、どのように"価値"として受け取ってもらうかを決めること。「ポジショニングマップ」を作成して、自社(自団体)の特徴を明確に位置づける。

　「ポジショニングマップ」の書き方について、"教育格差を無くす"をミッションとして、学習機会の乏しい対象者向けにプログラムを提供している NPO という想定で、例示してみたのが下記の図である。

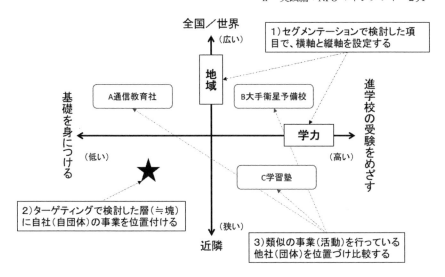

図表Ⅱ－10－8　ポジショニングマップの事例

1)始めに対象となる相手がどのように分類できるかを考え、縦軸と横軸を決めてマップ(4象限の図)を作る〈セグメンテーション〉。
2)次に、自団体が対象としている／したい層を決める〈ターゲティング〉。
3)さらに、類似の他団体をマップ上に位置付けて、自団体の特徴がマップ上にうまく反映されているかどうかを確認する〈ポジショニング〉。

　出来上がったポジショニングマップを見て、例えば、マップ上で自団体含め全ての団体が同じ象限に位置付けられていたら、セグメンテーションが内外の環境をうまく表していない、あるいは特徴づけが甘い等、何らかの不適切な理由が想定される。その際には、改めて軸の項目を変えたりするなどして、ポジショニングマップを作り直す。例示のケースでは、"基礎学力を身につけるための身近にある学習支援"が団体の特徴であることが、他の教育系団体との違いと合わせて確認できる。
　自分たちが腹落ちできるポジショニングマップが描けるまで、繰り返し作成していくことが重要だ。

　3)施策を決定する(アクションを具体化する)ステップ
　自社(自団体)のポジション(特徴)を決めたら、対象者に対し提供するモノ／サー

ビスを"価値"として確実に届けるための施策を策定する。

　NPOでは、直接の受益者に加え、周りからの"共感"や"支援"を取り付けるために必要で効果的なアクションを具体化するための、大切なステップである。

⑥ 4P

　Product（商品）／ Price（価格）／ Place（流通）／ Promotion（販売促進）の4つのPの視点で、提供するモノ／サービス、あるいは提供方法のブラッシュアップを図っていくためのフレームワーク。

　「対象とする相手に、（こちらの）意図した行動をとってもらうように働きかける」というマーケティングの基本的な取り組みは、最終的に4Pによって具体化される。対象となる相手が認識できるのは、直に接するもの／ことだけであり、自社（自団体）の特徴を一貫して4Pに反映させなければ"価値"として理解や共感を得ることはできない。

〈Product（商品）〉
　対象者に提供するモノ／サービスそのもののこと。NPOでは「受益者」だけではなく、「支援者」などの関係者に提供するモノ／サービスも対象となる。例えば、寄付者に対する月度報告なども Product（商品）である。
〈Price（価格）〉
　提供するモノ／サービスの価格のこと。NPOでは直接の「受益者」から対価をいただかないケースもあるが、事業（活動）を継続的に行うためのコスト、特に費用をどのように賄うかを検討することは避けられない。「会費」や「寄付」の金額をどのように設定／想定していけばよいのかを考えることも Price（価格）検討の一貫である。
〈Place（流通）〉
　対象者にモノ／サービスを届ける方法／チャネルのこと。物販であれば、店頭で販売するのか直接配送するのか、サービスであれば、訪問して一対一で向き合うのか施設に集まって実施するのかといった、具体的な現場を想定することが Place（流通）である。
〈Promotion（販売促進）〉
　自社（自団体）のモノ／サービスを好意的に認知してもらうためのコミュニケーション活動のこと。NPOであれば、助成金を得るための申請用紙を作成することや、啓蒙のためのリーフレットを企画することも Promotion（販売促進）の範囲である。

　企業マーケティングでは、売上に直接つながる Product（商品）に時間をかけて臨むケースが多いが、NPOでは、自団体の取り組む「社会課題」への関心を高め、共感を得ることが重要な力点であることから、Promotion（販売促進）という面が特

に重視されてくる。内外へのコミュニケーションをいかに効果的に進めることができるかが、NPOにおけるマーケティング活動の良し悪しを決定するとも言える。

　近年、企業マーケティングではこの4Pに5つ目のPの視点を加え、5Pとして考えるケースも増えてきた。5番目のPとして候補に挙げられるものとして、〈People（人々）〉、〈Popularity（大衆性・人気）〉、〈Process（業務プロセス）〉、〈Purpose（目的）〉などがある。

　NPOのマーケティングでは、特に5番目のPとしてPeople（人々）を加え、5Pとして自団体の具体的な活動に落とし込むのが良いだろう。「利用者・ユーザー」（直接の受益者）から「支援者・資金提供者」（周りの関係者）など、行動を促す相手を複合的にとらえ、それぞれとどのような関係性をつくるのかを明確にしておくことが重要だ。

3. コミュニケーションをデザインする

3−1. コミュニケーションの3要素

　繰り返しになるが、マーケティングに取り組むとは**「対象とする相手に、（こちらの）意図した行動をとってもらうように働きかける」**ことである。

　残念ながら、自分の頭や心の中で、いくら相手に何かして欲しいと望んだとしても、その意図は伝わらない。具体的な「働きかけ」、すなわち、どのように伝えれば相手の理解や共感を得られるのかといった、コミュニケーションの方法を考え、実行することが必要だ。マーケティングでは、特に3つの点を重要な要素（視点）として検討を加える。

①「伝えたい相手」　②「伝えるべきメッセージ」　③「伝え方」

図表II−10−9　コミュニケーションの3つの重要な要素

①伝えたい相手

　動いて欲しい相手のことを、徹底的に理解し、想定することが重要だ。セグメンテーションの分類とは異なることに注意して欲しい。親しい友達や家族のように、個人としてその人の好みや普段の生活ぶりがイメージできるまで検討することが望ましい。企業マーケティングでは「ペルソナ分析」（代表的な顧客像を具体的な言語で表し、特定の人物のように浮かび上がらせる手法）や、「共感マップ」（ペルソナとした人物が、ある環境下で何を感じ、考え、行動するかを具体的に書き示す手法）といったフレームワークを使って検討することが多い（詳細は章末の参考図書を確認してほしい。または本書のⅡ実践編第7章2－3（p.187）にも詳しい）。

　相手に対する理解が足りなければ、行動を促すための働きかけの効果は極めて薄い。「英語しか分からない相手に日本語で必死に語りかけている」というようなケースを想像してみれば、伝えたい相手を理解することの大切さが分かるだろう。

②伝えるべきメッセージ

　伝えるべきメッセージの内容を検討する際には、こちらの言いたいことではなく、相手が聞きたいことを初めに考えなければならない。こちらの要望が伝わったとしても、相手が必ずしも動いてくれるとは限らない。①で理解を深めた相手は、どんなことを"聞けば"動きたくなるのかを突き詰める。メッセージとして伝えようと思っている内容が、相手の立場にたった時に、どのように認識されるのかを、常に見直す姿勢が必要だ。

③伝え方

　相手の理解、共感を引き出すために、どのようなスタイルやトーンで相手にメッセージを伝えるかは、丁寧に検討しなければならない。例えば、物事を筋道立てて考えるタイプの相手であれば、裏付けとなる数字や根拠などの提示が必要だろうし、気持ちで動くタイプの相手であれば、写真などで感情にダイレクトに訴えかけるような工夫が必要になるだろう。

3－2．プレゼンテーションのポイント

　コミュニケーションを考える際の3つの重要な視点を踏まえて、NPOが自団体の事業をプレゼンテーションする際に盛り込むべき内容を挙げてみた。

1. この事業は誰を笑顔にするのか？（イシューの明示）

2. 私（団体）がこの事業を行う理由は何か？（想いの表現）

3. この事業の特長は何か？（強みの提示）

4. 将来はどうなっていたいのか？（可能性の想起）

5. 相手先にして欲しいことは何か？（依頼の具体化）

図表Ⅱ－10－10　「事業プレゼンテーション」に盛り込むメッセージ

　プレゼンテーションと聞くと、壇上からスライドを表示してセミナーのように話すことを想像するかもしれないが、それはプレゼンテーションのあくまでも一つの形でしかない。ここでいう「プレゼンテーション」とは、自団体のPR媒体、助成申請書、ファンドレイジングなどの事業計画書等々を含む幅広いものである。プレゼンテーションはNPOにとって、団体内外に対するコミュニケーションの具現化であり、動いて欲しい相手への働きかけのそのものであることを意識して欲しい。

　プレゼンテーションの基本となるポイントは下記となる。

1. プレゼンの成否は準備の段階で半分以上が決まる
→ 相手先の調査、資料用意、リハーサル等、本番の前の時間の方が圧倒的に長い！
この時間の使い方が大事

2. 言いたいことを伝えるのがプレゼンの目的ではない
→ 相手先にプレゼン後に何らかの期待アクションをしてもらうことが本来の目的
相手先の聞きたい事を伝えることが必須

3. 欲張って詰め込むのは何も語らないことよりも悪い
→ 情報量を多く入れ込むと、かえってノイズとなってネガティブな印象になることも
メインメッセージを決めてシンプルに

4. 誰が話しても同じ内容ならやらなくても良い
→ あなた自身を理解してもらう事が、相手先からの共感を引き出すポイント
自分でなければ語れない要素を入れること

5. 見えるように表現し、聞こえるように話す
→ 資料はちゃんと相手先に見えるか？　話し言葉は聞き取りやすいか？
相手先になりきって自身のプレゼンを評価する姿勢を持つこと

図表Ⅱ－10－11　プレゼンテーションの基本（ポイント）

団体メンバーでの打合せや、支援者とのメールのやり取り一つも、大切なプレゼンテーションの機会として認識することで、コミュニケーションの質が格段にあがる。

4. 活動を評価する

4 - 1. 評価の重要性

　3つの事業ステップ（内外の環境を分析する→事業を特徴づける→アクションを具体化する）を踏んで実際の事業活動を開始したら、「評価」のステップを設ける必要がある。いわゆる Plan（計画）／ Do（実行）／ Check（評価）／ Action（改善）の PDCA サイクルを団体として回していくためだ。

　企業マーケティングでは、市場(顧客)からのフィードバックを、定量的、定性的な両面からいかにリアルタイムで得て、迅速に 4P に反映させるかがポイントになっている。売上／利益に直接つながる、「購買行動」の「評価」が、事業活動の成否を決める鍵となるからだ。顧客満足度の向上や重大クレームの発生を防ぐといったことにとどまらず、例えば自社サイトの閲覧履歴から対象者の次の「行動」を予測してアクションを先に検討するなど、事後評価ではなく「事前評価」まで実施するのもトレンドだ。

　NPO では、自団体の「社会的インパクト」を測り、事業活動の改善に役立てることが「評価」のポイントになる。自団体が向き合っている「社会課題」が、活動によってどのように「改善」し「解消」に向かっているのか？　TOC は実際に有効だったのか？　「評価」を実施することで確認していかなければならない。

4 - 2. 評価の考え方

　評価に際しては、どのような評価方法を用いるかに検討が集中しがちだが、初めに、何のために、どこを評価するのかといった「基本方針(ベースプラン)」を立てることが重要だ。その際に基本となるのがバックキャスティングである。

　これまでの状況の延長として未来を予測するのがフォアキャスティングであるのに対し、将来の目指したい状態を先に想定して、そこに至るために今何をすべきかを考えるのがバックキャスティングである。「評価」においては、過去と現在の比較ではなく、あるべき将来の未来と現在を比較することがポイントだ。

　マーケティングでは「人の行動を促すこと」に狙いがあるので、特に、人の行動の変化に注目する。望ましい行動を最初に描き、活動の実施前後で対象とする相手

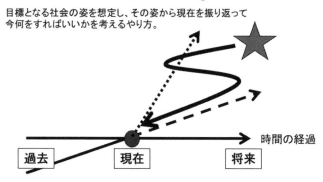

バックキャスティング【back casting】

目標となる社会の姿を想定し、その姿から現在を振り返って
今何をすればいいかを考えるやり方。

時間の経過

| 過去 | 現在 | 将来 |

フォアキャスティング【fore casting】
過去のデータや実績に基づいて将来を予測し、今のアク
ションを考えていくやり方。

図表Ⅱ－10－12　バックキャスティング

の行動がどのように変わったのかを比較検討できるような評価項目を設定する。

　先の教育系NPOを事例とすると、対象者の過去の成績と今の成績を単純に比較するよりも、一カ月に読んだ本の量であったり、質問の回数だったり、行動の変化を測れるような項目を立てる方が良い。「教育格差を無くす」というミッションが達成されたかどうかを、学力の向上という指標だけでなく、学ぶことを楽しむ姿勢が身についたかどうかを行動指標で確認するといったイメージだ。

　勿論、「成果事例」として成績アップを過去実績と比較して見せていくことは指標としても有効だが、その成果に結びついた「プロセス」を明らかにしていくことを忘れてはいけない。KPI等の数値目標を定め、活動の結果を測っている団体は多いが、数値目標の達成が団体の目的化しないように注意を払う必要がある。

〈KPI（重要経営指標）〉
　KPI　ケーピーアイ（Key Performance Indicator）とは、目標達成にむけて日々の活動が正しく、効果的に行われているかどうかをチェックするための指標を指す。評価者の恣意に左右されない、客観的で測定可能な数値として設定することが基本だ。NPOであれば、問合せ件数、利用者数、寄付金額、…といった指標がイメージしやすいのではないだろうか。

　KPIを定期的に確認することで、目標達成に向かう団体の現状を把握し、課題等を明らかにしたうえ、活動の改善につなげることができる。「利用者数が伸びないのはなぜか？」「寄付が一時期に集中するのはどうして？」…。KPIの数値変

化を注視し、その理由を探ることが特に重要だ。先の教育系NPOの想定事例では、対象者の学力向上が図られているのかを客観的な数字で把握し、団体のプログラム内容に反映させていくことなどがKPIの使い方の一つだろう。

　一方で、既に指摘した通り、KPIは団体が目標に向かって確実に進んでいるのかを確認することが目的で、KPIの達成自体が団体の目指すことではない。"教育格差を無くす"を理念に掲げる団体が、学力向上の数値結果を意識し過ぎ、学力の伸びそうな子に集中するといったことになっては、本末転倒である。団体の理念実現に向けて、設定したKPIが正しく方向を示す指標になっているのか、設定したいくつかのKPIの中で矛盾はないか等、適宜振り返る姿勢や機会を持つことが大切だ。

《コラム》

　「マシュマロチャレンジ」をご存知だろうか。用意するのはスパゲティ（ゆで上げ前の乾麺）、テープ、紐、そしてマシュマロ。この材料を使って、決められた時間で、いかに高い「塔」を建て、てっぺんにマシュマロを載せるかをチームで競うゲームだ。チームビルディングや、PDCAサイクルなどを体感する手法として、様々な「教育」場面で採用されている。

　面白いことに、このマシュマロチャレンジは、大人チームより子どもチームの方が、成績が良いという結果が出ている。なぜ、そんなことになるのか。それはトライ＆エラーの数が、子どもチームの方が大人チームより圧倒的に多いからだ。緻密な計画を立て、これで大丈夫だろうと最後にマシュマロを載せると、もろくも崩れてしまうという結果になるのが大人チーム。一方、子どもチームは、脈絡もなくあれもこれも試しているうちに、いつの間にか高く積み上げてしまう。

　ここから得られる教訓はさまざまだが、注目したいのは、ゲームへの取り組み姿勢だ。子どもたちは「笑顔で」ゲームを楽しんでいるうちに、実はPDCAサイクルが何度も回る。一方で、「慎重に」ことを進める大人たちは、頭では理解しているはずのPDCAサイクルが回らない。その差は、自分のしていることを楽しんでいるかどうかだ。大人は「勝ち」という成果を重視するあまりに、実行のプロセスを楽しめない。

　NPOが外部からの「共感」を得て「支援」を得る際にも、この教訓は活きる。自団体の取り組む「社会課題」の解決がいかに重要であるかを、真正面からアピールしていくだけでなく、この活動に関わると面白いといった体感に繋がるような「場」や「機会」を設定することが大切だ。挑戦する過程自体に魅力を感じてもらうことで「支援」の輪が広がり、最終的により高い成果に結びついていく。「成功するまでチャレンジし続けることが大事」を実現するためには、活動に関わる人が楽しめるプロセスをデザインすることが重要だ。

　難しく考える必要はない。例えば自分やメンバーが、普段の活動の中で笑顔になっている時がどれだけあるかを確認してみよう。歯を食いしばって頑張っている姿は、崇高だが近づきにくい。真剣なまなざしで「お願いします」と言うより、満面の笑みで「よければ一緒にやりませんか」とお誘いをしたほうが、少なくとも相手の姿勢は前のめりになる。笑顔を見せる場面を意識的に作っていくというシンプルなことが、実は最高のマーケティングアクションの一つなのである。

【学習課題】

①自団体の事業を取り巻く内外の環境をマーケティングのフレームワークを使って、整理してみよう。

②自団体の特徴をポジショニングマップで説明できるようにしよう。

③自団体の活動を紹介するためのプレゼンテーション資料を作成してみよう。対象となる相手を具体的に想定し、プレゼンテーション後にその相手にどんな行動をとって欲しいのかを考えて作成しよう。

④自団体の活動を評価するための「指標」を作ってみよう。取り組んでいる社会課題が改善／解消した際の人々の行動がイメージできる「指標」となっているかを考えよう。

【参考文献】

F. コトラー・A. R. アンドリーセン、『非営利組織のマーケティング戦略〈第 6 版〉』、第一法規、2005 年。

F. コトラー、『ソーシャル・マーケティング』丸善、2010 年。

岡本泰治・西田徹、『ケースで学ぶマーケティングの教科書』秀和システム、2008 年。

酒井光雄・武田雅之、『「マーケティング」大全』かんき出版、2014 年。

小野義直・宮田匠、『ビジネスフレームワーク図鑑』翔泳社、2018 年。

國田圭作、『「行動デザイン」の教科書』すばる舎、2016 年。

中間大維、『その商品は人を幸せにするか　ソーシャルプロダクツのすべて』ファーストプレス、2015 年。

ロベルト・ベルガンティ、『突破するデザイン』日経 BP 社、2017 年。

ナンシー・ルブリン、『ゼロのちから』英治出版、2011 年。

第11章

アドボカシー

久住　剛

狙い

- ☑ NPO のアドボカシーの意味や内容を理解する
- ☑ NPO にとってなぜアドボカシーが重要なのかを理解する
- ☑ アドボカシーを実践するためのノウハウを理解する

学習のポイント

- ☑ アドボカシーとは
    - ・NPO のアドボカシーと実践活動　・「社会提案」
    - ・「政策(制度)提案」　　・アドボカシーのイメージ
- ☑ NPO にとってアドボカシーがなぜ重要か
    - ・「事業活動」と「アドボカシー」は「車の両輪」　・ミッションから考える
- ☑ NPO と政治・行政との関係
    - ・法令を確認する　・NPO は政策の主体
- ☑ アドボカシーのプロセス
    - ・①企画、②実行、③検証と続行の3ステップ
    - ・「政策研究」「市民研究」の重要性　・日本の NPO 制度は調査研究の所産
- ☑ 効果的なアドボカシーのためには
    - ・NPO の自律性　・「コンスティチュアンスィ（constituency）」とは

久住　剛(くすみ　つよし)　※既出　I戦略編　第3章

1. アドボカシーとは

　アドボカシーは、NPO 以外にも、研究者や社会運動家、あるいは企業や業界団体、圧力団体などが主体となりうるものである。その主体によって目的や態様、働きかける先もさまざまある。ここでは、NPO が主体となって行うアドボカシーについて考えていく。

　NPO が主体となるアドボカシーは、私の定義では「実践活動を伴った社会提案もしくは政策（制度）提案」としている。

　まず、NPO の「実践活動」が前提にある。これは、例えば、老人福祉に関わる NPO であれば、お年寄りに対する福祉サービスの提供を指す。最終受益者であるお年寄りと直接触れ合い、お年寄りの抱える問題、直面する課題や困難、あるいはその苦しみや悲しみなどにも接することもあるだろう。そうした当事者と現場、活動の実践を通じて、老人福祉の問題と向き合うことになる。現場や実践から問題の本質をつかみ取る機会を得ることは、研究者が調査によって問題を分析することとは異なるアプローチになる。

　もちろん、ただサービスを提供していれば問題の本質が見えてくるかといえば、そうではない。日々、活動に追われて、ものを考える暇もないという現状は、多くの NPO の現場で見られることだ。ここに NPO がアドボカシーに取り組めない原因もある。しかし、これでは社会問題の解決にはならないというのも事実である。

　次に、定義の中の「社会提案もしくは政策（制度）提案」である。これは、アドボカシーの 2 つの側面を意味している。

　まず「社会提案」とは、NPO が解決したいと考えている社会的課題を社会や市民に知らせることや、社会的課題の解決策を社会に訴えていくこと指す。これは、市民の力によって社会的課題の解決を図ることもあるし、市民の支援や賛同を得て企業や行政・政治を動かしていく前提をつくることもある。

　もう一つの「政策（制度）提案」は、社会的課題の解決のために、政策や法律・条例の新設（制定）や変更（改正）を、その主体となる行政や政治（政治家や議会）に働きかけていくことを指す。行政や政治に働きかけることを「ロビイング」「ロビー活動」と呼んでいる。アメリカでは、そうした活動を専門にする「ロビイスト」が存在している。

　整理すると NPO が主体となって行うアドボカシーは、「NPO が活動を実践する

中で現場から汲み取った社会的課題の解決に向けて、社会・市民や行政・政治に
働きかけをすること」を指すのである。

　このような定義をしても、なかなかアドボカシーのイメージはしづらいかもし
れない。私が、アメリカのワシントン DC でマイノリティ支援を行っている NPO
"Partnership for Democracy" でインターンをしていた時に、ディレクターであるデ
ボラ・マクグロフリン氏が、アドボカシーについて次のようなたとえ話をイラス
トを描きながら説明してくれたことがある。

ＮＰＯの３つの役割

　NPOには、社会問題に立ち向かう時(困難を抱える人々を救援する時)、3つの役割がある。
　①直接サービスを提供する
　②間接的サービス(教育訓練など)を提供する
　③アドボカシーを実行する(実践を伴った社会提案・政策提案、社会問題の原因を究明
　　し根本的解決を提案する)
　この3つの役割を、川で流され、溺れている子どもたちを救うための活動に例えて説明
してくれたのである。

(シーン1)
　あるまちの川上に向かって右側に、川に沿って人が歩ける道がある。
　川沿いの道をAさんが歩いていた。すると、川上から子どもが流されてくるではないか。
泳ぎの得意なAさんは、川に飛び込み、子どもを抱えて救い上げた。
　ところが、次々と子どもが流されてくるではないか。必死になってAさんは救出に努力
を続ける。Aさんが救い上げることができる子どももいるが、救えずに下流に流されて行っ
てしまう子どももいる。

(シーン2)
　Aさんが必死に救出を続けているところへ、折よく、知り合いのBさんが川沿いの道を
歩いてきた。Aさんは、「Bさん、大変なの一緒に手伝って、子どもを助けて!」と叫んだ。
　Bさんは、川に流れてくる子どもをじっと見て、自分も川に飛び込んだ。子どもを救い
あげるかと思いきや、子どもたちに泳ぎ方を教え始めたではないか。Aさんは、『何をして
いるんだ』と思ったが、確かに何人かは泳ぎ方を覚えて自力で岸に上がっていった。
　Aさん、Bさんの努力によって、子どもは救われていったのだが、それでも何人もの子
どもが下流に流され、溺れていってしまう。

（シーン3）

　Aさん、Bさんが必死に子どもたちを救い続けているところに、今度は、Cさんが川沿いの道に現れた。Aさん、Bさんは、ともに「Cさん一緒に子どもたちを助けて!!」と叫んだ。

　Cさんは、次々に流されてくる子どもたちをじっと見ていたが、川に飛び込むこともせず、とっとと川沿いの道を上流に向かって歩いて行ってしまった。

　AさんとBさんは、「Cさんは、何て薄情な人なんだろう！ひどいね!」と言いながら、さらに流されてくる子どもを救い上げ、泳ぎを教え続けていた。

（シーン4）

　さて、上流へ向かって歩き去ったCさんといえば、どんどん上流へ進んでいく。その先の川に橋が架かっているところまで差し掛かった。その橋の向こうには小学校があって、子どもたちが下校してくる時間だ。すると、その橋の真ん中に、大きな毛むくじゃらの大男が立っていて、やってくる子どもを捕まえては、川に放り投げているではないか。

　「（こういうことだったのか。子どもたちを助けるのには、あの大男を撃退しなければ！）」とはいえ、か細いCさん一人では、大男を退治することはできない。

（シーン5）

　そこで、C さんは、一目散に町へ行き、町中の人たちに、橋の上の大男の悪行を知らせて回り、「一緒に力を合わせて大男を退治しに行こう！」と呼び掛けたのである。

（シーン 6）

　町の人たちは、手に手にこん棒などを持って、橋に駆け付け、大男と闘い、これを縛り上げ、退治したのであった。
　これで、ようやく子どもたちは安心して、学校から家に帰ることができるようになった。
　まさに、A さんは直接サービスにより子どもたちを助ける役割、B さんは教育訓練という間接的サービスにより子どもたちの力をつけて救援する役割、そして、最後の C さんがアドボカシーの役割である。C さんが実行したのは、目の前で起きている問題の原因を追究（調査研究）し、根本的な解決方法を考案し、人々に訴えかけ、原因を除去するなどの政策（方策）の提案を実行するという一連の行動である。
　この 3 つの役割・機能は、NPO が社会問題の解決に取り組むうえで、いずれも重要なものだといえる。

（挿絵：岸本　藍、南野智之）

2．なぜ、ＮＰＯにはアドボカシーが重要なのか

　ＮＰＯの役割は、「事業活動(サービス提供等)」（上記コラムの①と②)と「アドボカシー」（上記コラムの③)の２つの側面があり、その２つが「車の両輪」であると言われる。どちらが欠けてもＮＰＯはその社会役割を果たせないと考えれる。

　本書Ⅱ実践編第１章でＮＰＯにとって「ミッション」が重要であることを説明しているが、ＮＰＯの目的・使命は、社会的課題の解決にある。

　日々の事業活動(サービスや財物の提供など)の実践は、目の前の困窮者等を救う上では欠くことことのできないものである。とはいえサービス提供にだけ関わっていても、その問題の解決にはならない。救うべき対象(困窮者等)は次々に生まれ、サービスに追われる状況が続いてしまう。

　ただ、そうした活動の実践があるからこそ、苦しんでいる人々の心情や現状をしっかりと汲み取ることができることも事実である。困難な状況を何とかして改善していこうという情熱や信念も湧いてくるのだ。

　社会的課題の解決には、その問題が生まれてくる原因や背景、メカニズムなどをしっかりと調査研究し、問題の構造を把握することが必要となる。そのうえで、

課題解決のための方策を構想し、構築することが求められる。その方策とは、問題に応じてさまざまなものがあるだろう。広く市民に訴えて理解者や支援者を集めること、欠陥のある制度を改正するために行政や政治家に働きかけること、新たな制度や政策を提案して実現すること、など多様な方策があり得る。このように、課題解決に向けての調査研究から方策の検討、実施までのアクションが「アドボカシー」なのである。

　「事業活動」が対症療法で、「アドボカシー」が根本療法であると誤解しないようにしてほしい。NPOにとっては事業活動の実践という臨床の場があってこそ、血の通った調査研究（草の根研究といってもよい）ができ、情熱をもって根本的な原因除去のための対策の構築や実行ができるのである。それゆえに、「事業活動」の実践と「アドボカシー」は、ミッションの実現という一本の車軸でつながった車の両輪なのだといえる。

3. 政治や行政との関わり

　NPOが政策提案する場合には、政治に関わることも想定される。人によっては「NPO法人は政治に関わりを持ってはいけないのではないか」と懸念される方もいるかもしれない。しかし、ほとんどの場合は法令違反にはならない。

　特定非営利活動促進法の第2条第2項では、「特定非営利活動法人」とは、特定非営利活動を行うことを主たる目的とし、「政治上の主義を推進し、支持し、又はこれに反対することを主たる目的とするものでないこと。」「特定の公職（公職選挙法（昭和二十五年法律第百号）第三条に規定する公職をいう。以下同じ。）の候補者（当該候補者になろうとする者を含む。以下同じ。）若しくは公職にある者又は政党を推薦し、支持し、又はこれらに反対することを目的とするものでないこと。」と規定している。

　すなわち、NPO法人が政治活動を主たる目的・事業としておらず、特定の選挙活動を組織の目的・事業としていなければ法令違反とはならないといえる。社会的課題の解決に向けて、一定の政治活動は行えるし、政治家に働きかけを行うことも可能であると考えられる。また、政府や自治体に対して、政策提案をすることも当然可能である。

　むしろ、政治や行政に対して、現場の現状を踏まえて政策提案をしていくことは、NPOの本来の役割なのだという認識を持つべきだと思う。「市民自治」と「地方分権」を唱道した政治学者の松下圭一氏は、「市民誰もが、個人として、政策の

主体である」（松下1991, p.87）と指摘し、また、早くから市民運動（活動）が政策を提起することを明らかにしてきた（松下1985, p.3）。

　また、「まちづくり」の提唱者であり自治体を「市民の政府」ととらえた田村明氏は、「自治体の政策形成や経営に市民参加や参画が行われるのは当然のことである」（田村2000, p.125）と指摘している。しかも、政策の課題発見、政策検討、政策案の立案などの政策形成の早い段階からの参画が重要であるとも指摘している（同, p.127）。さらに進んで自治体と市民団体が「パートナーシップ」を結ぶような「協働型」へと進化する可能性を予見していた（同, p.128）。

　アメリカにおいても、公共政策の主体は、本来は市民団体であるという発想は、NPOが公共システムを担う理論的バックボーンとなっているのである。

　こうした理論を踏まえれば、市民社会を担うNPOは政策の主体であり、政策を提案することはNPOの役割であるといえる。

4. アドボカシーのプロセス

　シーズ・市民活動を支える制度をつくる会は、『はじめよう市民のアドボカシー』において、社会問題の解決を実現するアドボカシー（主にロビイング）のステップを、①企画、②実行、③検証と続行と整理している。

①企画では、現状把握（問題に気づく、情報を収集する、ステークホルダーを洗い出す）、戦略づくり（構想を企画化する）、体制の整備（組織化する、資金を調達する）

②実行では、支援体制の拡充（輪を広げ、多数を得る、調停する人または機関を作る）、戦略の見直し（成果の測定、記録そして中間評価を行う、企画を修正する、組織を再編する）そして合意をつくりあげる、提言と交渉（政策をまとめ提言する、ロビー活動を展開する）、そして決着する

③検証と続行では、ふりかえり（検証する、評価を定める、記録を残す）、継続・発展（フォローアップの目標を決める）、次の企画づくり（ステークホルダーや組織を組み直す、フォロー案の企画をたてる、ファンドレイジングの仕組みを見直す）、そして続けていく

　このステップの整理は、②実行の場面で、ロビー活動の部分を市民や社会への訴えと置き換えれば、政策提案ではなく社会提案の場面でも適用できるものだと思う。

　この中で、特に「企画」のステップを重視したいと思う。現状把握から戦略づくりは、行政になぞらえれば、「政策研究」から「政策形成」に至るプロセスである。

NPO の政策研究は、本書Ⅰ戦略編の第 1 章 12.「『市民研究』から形に」で播磨靖夫氏が触れられているように「市民研究」と言ってもいいだろう。

　政策研究には、問題発見、実証分析、調査・情報収集、問題設定、問題提起、問題解決策の考案といくつかの段階と側面がある。

　まず、NPO にとっての問題発見の場は、日々の実践活動の現場である。実践の中で向き合う人々、その人たちの苦しみや悲しみ、悔しさ、と同時にそれぞれの人が持つ夢や希望、生命の輝き、そうした現場での共感を伴った問題発見が大切なのである。

　次に、問題を客観視して、その問題の背景や原因を実証的・科学的に分析することが求められる。同時に、問題に関連した情報収集や調査も不可欠だ。関連する制度や政策の現状や課題、さらに他の団体や地域、他国での先進事例や取組みの調査も有用である。

　ここまでステップを進めてきて、ようやく問題の構造が明らかになる。問題設定ができたといってもいいだろう。何が原因となって、どのように人を苦しめているのか、などを他者に説明することができるようになる。ここで、社会の人々に対して問題提起を行うことが可能になるのだ。課題によっては社会に問題の存在を知ってもらい、問題解決のための支援者を増やすことも有効である。

　次の政策研究の段階が、問題解決策の考案である。アドボカシーの目的は社会問題の解決にあるので、そのための政策構想や制度構築は最も重要な側面だ。この中には、新規政策だけではなく、現行の政策の優先順位の変更や内容の修正、制度の改正も含まれる。また、企業活動に原因がある場合には、企業への改善提案を構想する場合もあるだろう。

　本書Ⅰ戦略編の第 2 章 4.「調査研究から仕掛ける」、5.「運動を制度提案に結実させる」で佐野章二氏が語っているように、1994 年からの非営利法人制度に関する調査研究や法制度提案が後の特定非営利活動促進法（NPO 法）の制定の基礎となったことは明らかである。

　本書Ⅰ戦略編の第 3 章 10.「NPO 支援システム」で述べたように、日本ネットワーカーズ会議などによる調査研究と社会提案を基礎に、財界や市民活動団体の協働によって、日本 NPO センターが創設された。

　このように、日本の NPO に関わる制度や仕組みは、調査研究とそれを踏まえた政策提案や社会提案によって形づくられてきたといっても過言ではない。

　次に、具体的なアドボカシーの例を見ていこう。

アドボカシーの実例

　ここでは、アドボカシーの具体例として、筆者が関わっている2つの事例を紹介したい。アドボカシーにも様々なタイプがあるが、事例1は主に政府を対象とした専門的なロビイングを中心としたもの、事例2は主に自治体を対象としつつ、社会への世論喚起や普及啓発を含んだ、好対照な事例である。2事例は、テーマや対象は違えど、どちらも継続的に専門性を持って取り組み続けて、成果をあげたものになる。一方で、アドボカシーは多様なスタイルがあり、より短期集中型であったり、SNSやICTを駆使したものであったり、政治や行政ではなく司法に訴えるパターン等もありうる。いずれにしても、NPO等が行うアドボカシーは社会的にも重要な役割を有し、実際に政策・制度を大きく変える力を持っている。ぜひ、読者の方々も積極的に取り組んでほしいと願っている。

●事例1：【シーズ】NPO法人制度と寄付税制、支援施策と新型コロナ対応
　最初に紹介するのは、筆者の所属する特定非営利活動法人シーズ・市民活動を支える制度をつくる会(以下、「シーズ」)によるNPO法や寄付税制、支援施策等の事例である。
　本書の各章でたびたび述べられているように、NPO活動を支える制度的基盤の中でも重要なのは「NPO法人制度」である。シーズはNPO法人制度の根拠法である特定非営利活動促進法(NPO法)の立法に大きな役割を果たした団体であり、1994年の団体設立以降、NPO法をはじめ、寄付税制・支援施策の創設・改正等のアドボカシーに取り組み続け、成果をあげている。

【現場主義と連携】
　継続的に成果をあげられているのは、超党派の国会議員で結成された「NPO議員連盟」をはじめ、与野党の各政党、所管の内閣府など各省庁、衆議院法制局、そして各地のNPO支援センターや現場のNPOと連携して取り組んできたからである。シンクタンク等と異なるNPOならではのアドボカシー実践では、政策・制度の元となるのは、草の根で活動する現場のNPOからの丁寧なヒアリングや日々の相談事例などが多い。そうした声を集め、政策や制度改正に落とし込んで地道なロビイングを続けた結果、2011年以降だけでもかなりの政策を実現できている(下記表参照)。連携においても、フードバンク支援税制や中小企業支援施策の適用拡大では、それぞれフードバンク団体や中小企業診断士グループと連携して、実現してきた。また、2020年のコロナ禍でも迅速な対応を行い、これまで培ってきた関係性を活かし、積極的な働きかけを行って、多くの支援策を実現することができている。

表　2011年以降に関わった主な政策・施策

【寄付型NPO法人向け】 ・認定NPO法人制度改正 　PSTでの絶対値／条例個別指定基準の導入、国税庁→所轄庁への制度移管 ・寄付税制拡充 　寄付金税額控除(最大50%)方式、不動産等の「みなし譲渡所得課税」承認特例等の導入 ・フードバンク支援税制 　フードバンク等への食料品寄付・寄贈時の全額損金算入

【事業型 NPO 法人向け】
・中小企業支援策の NPO 法人への適用拡大
　信用保証制度／ものづくり補助金／小規模事業者持続化補助金／中小企業診断
　士の実務従事ポイント／よろず支援拠点等の NPO 法人対象化
【新型コロナ対応】
・持続化給付金・家賃支援給付金、各自治体の休業協力金などの NPO 法人対象化
・指定寄付金制度や休眠預金活用制度、臨時交付金等の活用による資金支援
・オンラインによる総会・理事会の開催等の運用弾力化

【PDCA の実践】
　アドボカシー、特に立法や予算・税制等を求める活動では、政策を実現したら終わりと思われがちだが、それはスタートに過ぎない。実現した制度等も実際に活用されなければ意味がない。したがってアドボカシーでも重要なのは「PDCA」サイクルだ。シーズの活動でも「アドボカシー」と「普及・活用促進」は車の両輪として取り組んでおり、セミナー開催やパンフレット制作、メルマガ・ウェブサイトでの情報提供等を通じて、制度普及を展開している。その過程では、前述の現場からの意見・要望として、制度の新たな課題が判明することも多く、それが次の改正につながるサイクルが構築できていることもポイントと言える。

●事例２：【日本ケアラー連盟】ケアラー（介護者）支援条例と新型コロナ対応
　次に紹介するのは、具体的なテーマに関するものとして、一般社団法人日本ケアラー連盟（以下、「連盟」）による「埼玉県ケアラー支援条例」制定と新型コロナ対応である。筆者は2017 年から連盟のアドボカシー活動のアドバイザーを務めている。
　ケアラーとは、身近な高齢者や障害者等の介護や世話等を無償で行う人を指し、ケアラーの中でも、18 歳未満の人はヤングケアラーと言う。連盟は 2010 年の発足以来、ケアラーの支援・啓発をはじめ、「ケアラー支援法」の立法に向けたアドボカシーを政府・与野党に対して取り組んできた。

【埼玉県条例制定】
　当初は国への立法化の働きかけが中心であったが、様々な理由で早期の実現は困難であった。そこで連盟は国と並行して、地方自治体でのケアラー支援条例や支援策実現にも取り組み始めた。北海道栗山町などの自治体で検討が進んでいたが、先行したのは埼玉県議会自由民主党県議団が主導した埼玉県であり、2020 年 3 月に日本初となる「埼玉県ケアラー支援条例（議員提案条例）」が同県議会において全会一致で可決・成立した。制定過程では連盟は県議団・県と連携して条例案の充実を図りつつ、フォーラム等を開催して他自治体への普及啓発にも取り組むなど大きな役割を果たした。
　条例では、県にケアラー支援の基本方針・具体的施策等を盛り込んだ推進計画策定を義務付けたほか、支援体制の整備や人材育成、広報・啓発等の推進、民間支援団体への支援を明記した。特に、ヤングケアラーに対しては、教育機会の確保や健康状態・生活環境の把握に努め、適切な支援を行うこととされた。
　条例制定を受けて、2020 年 7 月より、埼玉県では全国初の県内全高校の 2 年生を対象とした「ヤングケアラー実態調査」の実施や有識者会議での支援策検討などが進められ、2021年春には「埼玉県ケアラー支援計画」が策定された。

【新型コロナ対応】

　2020年のコロナ禍では、ケアラーにも様々な影響が及んだ。連盟は3月にケアラー向けの緊急アンケート調査を実施、短期間にも関わらず多数寄せられた声も踏まえ、厚生労働省等に「ケアラーのバトン　緊急引継ぎシート」掲載等の緊急要望活動を行い、厚労省新型コロナ特設サイトに掲載されるなどの成果をあげた。

【メディアの貢献】

　本事例においては、マスメディアの果たした役割も大きい。条例制定や緊急アンケートなどの取り組みは、毎日新聞やNHK、読売新聞、朝日新聞、福祉新聞、ネットメディアなど多くのメディアに取り上げられた。中でも毎日新聞特別報道部による「ヤングケアラー～幼き介護」連載は、ヤングケアラー推計の公表（約37,100人）や当事者インタビュー等に大きな反響があり、いわばケアラー啓発キャンペーンとなった、これらの報道は「ケアラー」という言葉の社会的認知を広げ、社会の理解を促進しただけでなく、無自覚な(ヤング)ケアラーに対して自覚を促す効果ももたらしたと思う。特に初期のアドボカシーにおいて、問題の認知拡大や社会的な課題化が成功への鍵になるが、今回はそれが急速に進展した好事例と言えよう。

【条例から立法へ】

　こうしてまとめると、2020年は「ケアラー元年」とも言える政策的に大きな前進があった。言うまでもなく、少子高齢化が加速する中でケアラーの支援は喫緊の課題であり、連盟の目標である「ケアラー支援法」の制定が急務だ。コロナ禍で、全国的にも(ヤング)ケアラーに対する社会的認知も大きく広がり、支援の必要性が認識されつつある今、条例から立法に向けた期待が高まっており、現在進行形で懸命なロビイングも行われている。

※一般社団法人日本ケアラー連盟
　https://carersjapan.jimdofree.com/
※埼玉県ケアラー支援条例等、埼玉県のケアラー支援については
　https://www.pref.saitama.lg.jp/a0609/chiikihoukatukea/kaigosya-kouhou.html

（実例著者：関口宏聡）

5.　まとめ：効果的なアドボカシーのために―ＮＰＯの協働と自律性

　NPOが効果的なアドボカシーを展開するうえで重要なことは、まず、出発点において、現場や当事者からしっかりと問題をつかみ取ることだ。その際に、その問題を何としても解決するのだという共感と情熱、信念を持つことが大切である。問題解決の道は決して平たんではないことを心得てほしい。反対されたり、足を引っ張られたり、挫折することもある。そうした時に、問題解決の先にあるビジョンへ向かって歩みを止めない強い心構えが求められるのである。

　アドボカシーのプロセスは、市民研究から政策形成、その実現のほとんどのプロセスがさまざまなステークホルダーとの協働の連続である。あるいはせめぎ合いの連続といってもいい。

　そして、協働を成功させる最重要点は、NPOの自律性である。例えば、財政面で行政に依存していたら政策提言には力が入らない。企業から寄付や委託を受けていたら企業に提言はしにくいだろう。ミッションを着実に実現するためには、コミュニティ（地域や関係者）からの支持が欠かせないのである。アメリカでは地域において有力なNPOが「もうひとつの市役所」などと呼ばれていることがある。そうしたNPOがいかに自律性を確保することが大切かを、その理事にうかがったことがある。「地域コミュニティの『コンスティチュアンスィ（constituency）』をいかに獲得するかが重要だ」と話されていた。聞きなれない言葉だと思うが、NPOにとっての「コンスティチュアンスィ」とは支持者、顧客などの意味である。そのNPOでは、地域からの支持を確実にするために、理事の選任を地域コミュニティの支持者からの選挙で選ぶなどの工夫もしていた。

　NPOはしっかりとした支持基盤を持ち、コミュニティからの「民主的支持」を得ることによって、自律性を確保し、有効かつ強力なアドボカシーの発言力を持ちうるのである。

【学習課題】

①NPOによるアドボカシーの実例を探し、そのアドボカシーでどのような調査研究や政策（社会）提案の作成が、どのようなプロセスで行われたかを検証してみよう。
②本章のアドボカシーの実例から、何が成功のポイントであったのかを検証してみよう。また、さらに効果的なアドボカシーを展開するためには、どのような改善を図っていけばよいか考えてみよう。
③社会問題の解決に取り組んでいるNPOから、「日々のサービス提供だけではなく、アドボカシーに取り組みたいが、どうしたらよいか？何がアドボカシーでは大切か？」との相談を受けた場合、どのようなアドバイスをするか考えてみよう。

【参考文献】

明智カイト、『誰でもできる　ロビイング入門　社会を変える技術』光文社新書、2015年。
松原明、『アドボカシーを成功に導く10のポイント』特定非営利活動法人シーズ・市民活動を支える制度をつくる会、2012年。
特定非営利活動法人シーズ・市民活動を支える制度をつくる会Ｃ'ｓブックレットシリーズNo.12（工程編）、No.13（事例編）、『はじめよう市民のアドボカシー』同会、2011年。
柏木宏、『NPOと政治　アドボカシーと社会変革の新たな担い手のために』明石書店、

2008年。

市民活動センター神戸・アドボカシー研究会、『NPOのためのアドボカシー読本』2006年。

高田昭彦、『市民運動としてのNPO　1990年代のNPO法成立に向けた市民の動き』安座間書房、2018年。

バリー・R・ルービン著、鈴木崇弘監訳、『アメリカに学ぶ　市民が政治を動かす方法』日本評論社、2002年。

松下圭一、『市民文化は可能か』岩波書店、1985年。

松下圭一、『政策型思考と政治』東京大学出版会、1991年。

田村明、『自治体学入門』岩波書店、2000年。

神奈川県自治総合研究センター、『季刊　自治体学研究23号』特集「自治体の政策研究―政策自立への新展開―」同センター、1985年。

久住剛、『月刊　晨』「多様な形態での政策研究」ぎょうせい、1985年。

III　実務編：組織診断の実際

組織診断の実際

黒木明日丘

本章のポイント

「組織診断」とは、組織運営上の管理レベルを把握するとともに、組織の運営上の問題・課題を抽出して整理し、解決の方向性に向けた仮説を立てていくためのマネジメント改善手法の出発点である。

実際に NPO マネジメント診断シートはどのような場面で活用すると有効なのか。
ケース１：中小規模組織が運営体制強化を検討している
ケース２：中期計画の策定を始めようとしている
ケース３：事務局内の共通認識を再構築したい
ケース４：ミッションの見直しを含め組織の方向性を検討しようとしている

黒木　明日丘(くろき　あすか)　公益財団法人 パブリックリソース財団　チーフプログラムオフィサー

　本章では、NPO が組織のミッションをより効果的に実現できるようにするため、組織の管理運営者自身、もしくは外部の支援者(コンサルタントなど)が現場で活用できるよう、特定非営利活動法人パブリックリソースセンター（以下、CPRD）が独自に開発した、NPO マネジメント支援のための「組織診断ツール」を紹介する。

　"1.「組織診断ツール」について"で、「組織診断ツール」がうまれた背景、何を目的とし、誰を対象に行うことを想定しているのかについて解説する。"2.「組織診断ツール」の紹介"では、組織診断ツールの構成、どのような場面で活用できるのかについて示す。"3.「組織診断ツール」の具体的活用方法"では、「組織診断ツール」を実際に活用する際の具体的な方法や活用する際の留意点などについて解説する。

　実際の組織診断の進め方、活用方法等さらに詳しく学びたい方は、CPRD が主催している「NPO マネジメント支援コンサルタント養成入門講座」に参加していただきたい。

1.「組織診断ツール」について

1−1.「ＮＰＯの評価」をめぐる動き

　NPO のマネジメント支援や組織診断が求められる背景には、NPO が様々な社会問題の解決に向けて公共サービスの供給主体、新たな政策提案の主体として認知されるに至ったことがある。NPO は新たな市民社会を創る担い手として、社会的な問題を掘り起こす先駆性と課題の解決に関する専門性や先進性を持ち合わせて活動し、政府セクターや企業セクターとの協働パートナーとしても求められるようになった。しかし一方で、脆弱な財政や慢性的な人材不足など組織体制の維持と事業の円滑な推進が困難な状況にある組織が少なくない。NPO が社会創造と社会変革のために求められる役割・機能を果していくためには、事業を的確に実施し、組織として効果的かつ効率的に運営していくための組織強化が必要であるとの認識がうまれた。

　このため、NPO がミッションを実現するために必要な組織基盤強化、つまりキャパシティ・ビルディングが注目され、マネジメント能力向上の入り口となる、NPO 評価のための手法やツールなどが開発されてきたのである。

　米国では、1980 年代に NPO のマネジメント手法として自己改善のための内部評価が注目された。内部評価に関する具体的なツールとしては次のようなものがあげられる。1 つは、NPO に対して理事会の活性化等を支援している Board Source が開発した"NPO 理事会の自己評価(Self-Assessment for Nonprofit Governing

Boards）と NPO 理事による事務局長評価（Assessment of the Chief Executive）という理事会による組織の評価パッケージ"（川北 2003）である。自己採点形式の評価票を使い、定量的なアプローチで、"「NPO 理事会の 10 の基本的責任」の実行度を確認し、理事会活動の見直しを行う"（内閣府国民生活局編 2002）とともに組織の活性化を図ることを目的としている。さらに、Board Source では、これらのツールを活用したコンサルティングサービスも提供している。一方、定性的なアプローチで自己評価を行うツールとしては、ドラッカー財団（現 Leader to Leader Institute）の自己評価ツール（Self-Assessment Tool）があげられる。NPO マネジメントにおける核となる「組織の使命」（ミッション）に焦点をあてながら、活動の目的、活動が生み出す価値や成果、またその成果を生み出すための戦略的な活動計画に落とし込むまでの思考プロセスを、理事やスタッフが参加しながら明確にしていけるよう設計されたツールとなっている。

　一方、寄付者など外部の支援者に対する情報提供として、外部から NPO の評価情報を提供する第三者評価も発達した。1 つは、American Institute of Philanthropy（AIP）が行っている、寄付者のための情報提供を目的とした NPO の格付けである。AIP では、財務面の評価を中心に 500 団体以上の NPO について 6 段階の評価を行っている。また、The Council of Better Business Bureaus（CBBB）では全米で活動している NPO を対象に、「ガバナンスと管理」、「（ミッションに基づく）効果測定」、「ファンドレイジングと関連資料」、「財務」といった側面から独自に設定した基準（Standards for Charitable Solicitations）を満たしているかどうかという視点で評価を行っている（中原 2003）。

　日本においても、1998 年に NPO 法が施行されて以来、揺籃期にあった NPO 法人が一般社会からの信認を得て自律的な活動を行っていくため、また自らの活動を振り返り客観的に把握するためにも、NPO の評価に対する関心が高まっていった。具体的な事例としては、特定非営利活動法人コミュニティ・シンクタンク「評価みえ」による事業評価システムや組織評価システムがあげられる。"1998 年度から実施されていた三重県と市民の協働事業に参画した人々の間から、事業を自ら振り返り評価を行う必要がある"[1]との認識がうまれ、事業評価のシステムを開発した。さらに事業評価システムのバージョンアップを図るとともに、組織評価のシステムも開発している。注目すべきは、この組織評価システムは、「NPO が自らの組織を自己評価するためのものであり、行政および第三者による格付けのための指標ではありません」と断っていることである。

　また、2001 年度には内閣府委託調査報告書「NPO 活動の発展のための多様な評価システムの形成に向けて」、評価システム研究会報告書「評価で NPO の元気を

つくる」、特定非営利活動法人パートナーシップ・サポートセンター報告書「NPO評価と企業評価—その社会的責任—」などが発行された。さらに、2003年秋には大阪府NPO活動促進検討委員会が「NPO活動自己点検シート」を発表した。

1－2. パブリックリソースセンターによる「組織診断」ツールの開発

　特定非営利活動法人パブリックリソースセンター（CPRD）は、社会変革、社会創造の担い手としてのNPOに着目し、そうしたNPOが十全に機能し、ミッションを実現していくためのキャパシティ・ビルディング、マネジメント支援に取り組んできた。社会変革型NPOには、事業を的確に遂行できる組織運営の能力すなわち「事業性」とともに、社会問題を掘り起こし、市民参画を促しながら問題解決を推進する能力すなわち「運動性」の両面が必要とされると考える。

　そうしたキャパシティ・ビルディングには、新しいマネジメント支援システムが必要である。このため、CPRDでは、2003年〜2004年の2年間、国際交流基金日米センター助成を受けて「日米の草の根NPO強化に向けた協働型支援基盤の構築」の調査を行った。この調査を通じて、NPOの事業性と運動性を兼ね備えたNPOのマネジメント能力を強化していくためのコンサルティングの出発点となる「組織診断」ツールを開発した。その後、実際のコンサルティング案件で使用しながら、改善を重ねてきた。

　さらに2004年に関東経済産業局の支援を受け、非営利事業体に対する組織診断手法を実践的に身に付けた「コンサルタント」を養成するための研修システムとして、「NPOマネジメント支援コンサルタント養成入門講座」をスタートさせた。この講座の中でも、「組織診断」ツールをNPO診断の実習教材として活用している。NPO向けに開発した「組織診断」の特徴と概要について説明する。

特徴1：「組織診断」：組織運営上の問題・課題を抽出し解決の方向性を見出すためのマネジメント手法

　「組織診断」とは、組織運営上の管理レベルを把握するとともに、組織の運営上の問題・課題を抽出して整理し、解決の方向性に向けた仮説を立てていくためのマネジメント改善手法の出発点である。

　NPOにはそれぞれのミッションやビジョンに基づく「ありたい姿」が存在する。この「ありたい姿」と組織の現状との間にある差（＝ギャップ）が組織の抱える問題であり、解決すべき課題となる。「組織診断」は、NPOの抱える問題・課題を抽出するプロセスであるといえる。

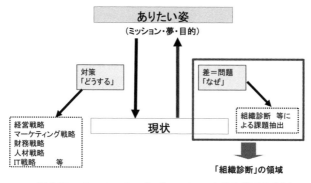

図表Ⅲ－1　ＮＰＯマネジメントの改善と「組織診断」

NPO マネジメントの改善における「組織診断」の位置づけを図表Ⅲ－1に示す。

特徴2："ミッションに基づく運動性による社会変革面のインパクト"と"事業運営面の
　　　　適切性"を組織診断の視点に盛り込む

　「組織診断」の対象となる社会変革型の団体の活動は、事業性と運動性の両側面を持ち合わせている。団体の組織運営を考える際も、事業性と運動性の両立を志向したマネジメントが必要である。さらに、その結果として独自の活動が、団体としての社会的使命感、広範なボランティアの参加といった、社会性の面を育んでいるかといった点を考慮しなければならない。従って、NPO の組織診断においては、営利企業向けの組織診断とは異なった視点の導入が必要である。そこで、"ミッションに基づく団体の運動性による社会変革面のインパクト"を診断する視点と"事業運営面の適切性"を診断する視点を盛り込んで開発した。

　「組織診断」では、組織の使命（ミッション）、戦略計画、財務管理、労務管理などのマネジメント上必要な各分野についてのチェックリストを準備する。そして、それぞれのリストアップ項目がどの程度実施されているかについてヒアリングやアンケートなどの手法を用いてチェックを行う。

　CPRD では、この「組織診断」を組織自らが実施するため、また外部の支援者が活用できるように「組織診断」ツールを開発した。

2.　「組織診断ツール」の紹介

　本節では、この「NPO マネジメント診断シート」の構成や内容について解説する。

なお、診断シートは、本書巻末に添付してあるのでそちらを参照されたい。

2-1. NPOマネジメント診断シートの構成

NPOマネジメント診断シートの全体構成は図表Ⅲ-2の通りである。

NPOマネジメント診断シートは、NPOの特性を踏まえ、「マネジメント能力」、「人材」、「財務管理」、「プログラム（事業）」、「事業開発・計画・マーケティング能力」の5つの診断領域から構成されている。

それぞれの診断領域の中に、診断項目が分類され、その診断項目に沿って設問が用意されている。

回答者は、それぞれの設問に対して5段階で評価を行い、必要に応じて自由記述欄に補足する形となっている。

2-2. 評価の視点、ポイント

次に、上記に示した診断項目では、どのような視点、ポイントに基づいて評価するために設問を設けているのかを解説する。

(1) マネジメント能力
① ミッション

NPOの組織運営の第一の特色は「所有者なき組織」であるということだ。NPOには株式会社における株主のような所有者は存在せず、"社会のための組織である"といえる（詳しくは、Ⅱ実践編「第1章　ミッション・ベースト・マネジメント」を

| 診断領域 | | | | | | | | | |
| マネジメント能力 | | 人材 | | 財務管理 | | プログラム（事業） | | 事業開発・計画能力、マーケティング | |
診断項目	設問数	診断項目	設問数	診断項目	設問数	診断項目	設問数	診断項目	設問数
ミッション	3	スタッフに求められる資質・能力	18	財務管理全般	6	プログラム（事業）の強みと弱み	1	事業計画・開発	12
社会的課題・ニーズの把握と組織の客観化	3	スタッフの確保	7	安全性	5	プログラム（事業）の効果、改善事項	4	商品・サービス／価格	6
計画・評価	7	スタッフの育成	7	収益性	6	今後のプログラム（事業）活動について	2	対象者（顧客、受益者、利用者、潜在的利用者など）の管理／対応	3
リーダーシップ・ガバナンス	9	ボランティアの参加	5	生産性	2			評価／改善	3
資金調達	6	福利厚生・その他	3	資金繰り	5				
コミュニケーション、協働への取り組み、情報開示（アカウンタビリティ）	15								
その他（リスクマネジメント、IT関連など）	6								

図表Ⅲ-2　NPOマネジメント診断シートの全体構成

参照のこと）。特定の所有者がいないということは、何のためにその団体が存在しているのかを示す、ミッションだけが組織を規定することになるため、当該項目が一番重要な位置づけとなる。

　ミッションは、究極的な組織目標であり、組織として大切にしている価値や理念が定義されているはずである。

　評価の前提として、次にあげるポイントについて確認ないし理解する必要がある。

> 　団体のミッションは何か？
> 　何を実現したいと思っているのか？

以上を踏まえて、この診断項目では下記にあげる視点で評価することが重要となる。

> 　ミッションを文章化して、「ミッション・ステートメント」（組織使命の宣言文）として、述べられるようになっているか。
> 　ミッションが、リーダー層[2]・スタッフの間[3]で共感・共有されているか。

② 社会的課題・ニーズの把握と組織の客観化

　NPO は、何らかの社会的課題を解決することをミッションとして活動している。

　従って、ミッションと照らし合わせて、「社会の問題をどのように捉えているか」、「社会のニーズに対し自らできることが何であると考え行動している組織か」という視点が評価ポイントとなる。

　また、組織のミッションを達成するためには次にあげるポイントも評価の視点として重要である。

> 　現行の組織において何が強みで何が弱みであるかを把握しているか
> 　組織の強みや弱みをリーダー層やスタッフの間で共有できているか
> 　専門性を高め、効果的な取り組みを行うために、外部の客観的な意見を取り入れているか

③ 計画・評価

　ミッションやビジョンは長期的な目標である。この長期的な目標を達成するためには、具体的な現実の目標にブレイクダウンされて、計画に落とし込まれている必要がある。また、その目標と計画が、実行を担うスタッフに共有されているかという点も重要なポイントである。

　なお、目標は単年度の目標だけでなく、3 年程度の中期的な目標が明示されていることが望ましい。

　また、実施した取り組みを振り返り、改善に向けた評価活動を行う機会や場が

あるか確認し、組織マネジメントの基本である PDCA（Plan-Do-check-Action）サイクルが組織の中に根付いているかを分析し、評価する必要がある。

　計画の策定、評価活動は、スタッフの参画のもとに行われることが、後述の人材育成の観点からも必要である。

④ リーダーシップ・ガバナンス

　ミッションは長期的なものであるが、組織や事業を取り巻く社会環境は変化する。

　リーダー層は社会やニーズの変化に、組織がどのように対応するのかについて、柔軟に決断し、方向を指し示す必要がある。

　また、意思決定をめぐり、リーダー層とスタッフの間で情報を共有して、自由に議論できる風通しのよい組織運営を行うことは、NPO として生き生きとした組織であるためには重要な条件である。

　さらに、組織の方針、方向性、意思決定が、スタッフに周知徹底され、自発的に動ける取り組み体制を保つことも、NPO としての機動性を担保するうえで、必要な点である。

　また、リーダー層のもうひとつの責任は、組織が外部に対して説明責任を果たして、社会的存在としてふるまうように運営することである。

⑤ 資金調達

　安定的な財務基盤の確立、リスクの低減のために、財源の多様化は重要なポイントであり、どのような現状認識と行動計画をもっているかを把握する必要がある。また、寄付、会費、市民債券などの支援的な資金の有り様は、組織の社会との関係を表すバロメーターともいえる。

⑥ コミュニケーション、協働への取り組み、情報開示（アカウンタビリティ）

　ひとつの NPO がミッションとして掲げる社会的課題の解決について、社会一般が十分に認識し、理解していることは、むしろ稀である。社会からの理解と支持を得るためには、組織は様々な関係者と、多様な方策を通じて、コミュニケーションを図る必要がある。

　また、地縁組織、民間企業、行政など、NPO と異なる組織原理をもつ関係者とも協力関係を築くことは、ミッションを実現するための新たな資源を動員するために、重要なポイントとなる。

　なお、社会とのコミュニケーションの基礎として、組織として法令を遵守し、情報公開を進める必要もある。

⑦ その他（リスクマネジメント、IT 関連など）

　ここでは、活動を展開する上での環境整備の現状について、リスクマネジメント、IT 環境整備等の側面から、把握する。

(2) 人　材
① スタッフに求められる資質・能力
　ミッションを達成するために理想的な人材構成・配置及び各役割における人材像が明確になっているかが重要となる。また、その理想と現状との対比によって何が不足しているかを把握できている必要がある。
② スタッフの確保
　NPO における労働条件は厳しいことが多い。一人ひとりが働き続けることができるような就業環境を創出し、賃金水準を確保するために、NPO はそれぞれに工夫をこらしている。どのような柔軟な対応がなされているかを評価する。
③ スタッフの育成
　給与水準の高くない NPO においては、スタッフ一人ひとりの成長を組織がサポートするといった取り組みが、スタッフのやる気を引き出し、定着率を高めるために必要である。
　また、ミッションの達成に適した人材の育成にむけた取り組みが行われているか、組織の事業計画と、スタッフの育成、歩むべき目標、方向性は共有できているかという点についても重要なポイントとなる。
④ ボランティアの参加
　組織の様々な側面で、ボランティアの参画を得ていくことは、NPO の組織運営の効率化だけでなく、専門性や市民性、持続可能性などを高めていくことに大きく貢献する。ボランティアが積極的に関わっていくことができる環境・体制が整備されているか評価する。
⑤ 福利厚生・その他
　スタッフが継続的に安心して組織で仕事が続けられるような福利厚生などの労務環境の整備に、どのような配慮がなされているか評価する。

(3) 財務管理
① 財務管理全般
　NPO は、ミッションの実現のために、社会性のある事業と収益性のある事業をバランスさせながら、限られた資源を効果的に活用する必要がある。
　このためには、財務状況の現状把握ができていることが、不可欠である。次に

あげるようなポイントが評価する上で重要となる。

> 財務状況をどのように把握、分析しているか
> ミッションに基づいた事業を展開していく上で、経営資源(人、モノ、資金、情報)をどのように配分しているか
> 組織の継続性を財政的に維持できる状態にあるか

またNPOにおいては、委託事業、補助事業、助成事業など外部関係者に対し資金使途の説明責任を負う事業が多く、その意味でも財務管理が重要である。

なお、財務諸表などの数字上ではあらわれないが、NPOの活動上では重要な労働力や資源がある。例えば、ボランティアがこなしている業務や現物寄付などがあげられる。こうした団体の持つ資源を可視化し、把握しているかを評価することも大切である。

② 安全性

NPOの事業は、基本的に受益者が費用負担できない領域において展開される。例えば、所得の低い高齢者向けの配食サービスやホームレス支援のための炊き出し活動などがあげられる。採算性重視ではなく、受益者にとって必要なサービスを提供することに重きを置くことになるため、利益率は低く、内部留保のスピードは遅いことが多い。また営利法人でないために、通常の金融機関で借り入れを起こすことは難しい。従って、資金計画の面では堅実な運営を行うことが重要である。

③ 収益性

NPOの場合、すべての組織が事業規模(収入規模)を拡大にもっていくことを目指しているとは限らない。しかし、収支のバランス(赤字を出さないこと)、固定費に相当する費用の確保は、持続可能な組織であるためには、どの組織にとっても必要である。ここでは、収支を把握するための体制ができているかを把握する。

またNPOの場合、赤字事業が、当該NPOのミッションの実現にとって重要な事業である可能性もある。赤字事業の位置づけや赤字解消の見通しについて、分析や経営判断がなされているか、チェックする必要がある。

④ 生産性

NPOにおいても、組織の生産性を向上させることは重要である。特にIT環境の整備やボランティアの投入は、人件費に資金を十分に充てられないNPOにとって重要となる。このため、これらについてどのような取り組みを行っているかが評価ポイントとなる。

⑤ 資金繰り

　NPO の収入は、委託事業、補助事業、助成事業など毎年変動する事業収入を財源とする場合が多く、不安定になりやすい。加えて NPO 法人は基本財産を持たずに設立されるために、運転資金が不足しやすい。従って NPO においては、キャッシュフローを管理して、資金ショートを起こさないことが、非常に重要になる。

(4) プログラム(事業)
① プログラム(事業)の強みと弱み

　ミッションを達成するための具体的な取り組みである、プログラム(事業)についてリーダー層、スタッフ全員が現状を把握できているかがポイントとなる。また、主要なプログラム(事業)の強みや弱みについて、社会経済環境、ニーズ、事業内容、事業実施能力・体制、競合状況などの側面から、把握していることも重要なポイントである。

② プログラム(事業)の効果、改善事項

　①で把握しているプログラム(事業)の強みと弱みを踏まえて、現状と今後の改善点、方向性について把握できているかが評価のポイントとなる。

③ 今後のプログラム(事業)活動について

　ミッションを照らし合わせて、今後のプログラム(事業)をどのように推進していくのか、将来像と具体的な方向性について把握しているか。

(5) 事業開発・計画能力、マーケティング
① 事業開発・計画

　社会課題を解決する事業を行う NPO やコミュニティ・ビジネスの持続可能性を評価する。

　事業の計画段階における実現可能性、商品やサービスの市場性、販売促進のためのコミュニケーションを幅広く評価する必要がある。NPO では、特に事業を通して解決する社会課題をどのように捉え、限られた経営資源をいかに効率的に活用して目標を達成するかが問われる。

② 商品／サービス・流通・マーケティングコミュニケーション

　十分な品質の商品・サービスを、事業を継続できる収益を確保できる価格水準で提供されているかを評価する。

　また、顧客ターゲットとどのようなコミュニケーションを展開するのか、しているのか、を把握する。

③ 対象者(顧客、受益者、利用者、潜在的利用者など)の管理／対応

　顧客を「個客」として具体的に捉えて関係性を深めることで、継続性のある商品販売やサービス利用が見込まれる。また、顧客の声を取り込み、改善活動に生かすいわゆる「学習する組織」づくりが欠かせない。NPO やコミュニティ・ビジネスの購買者やサービス利用者は、往々にして対価を全額負担していない。そのため、顧客からの評価が、一般企業に対する顧客からの評価ほど厳しく働かないことがある。

④ 評価／改善

　PDCA（Plan-Do-Check-Action）のサイクルをまわす仕組みが整っているかを把握する。

3.　「組織診断ツール」の具体的活用方法

　次に、「組織診断ツール」を実際に活用する際の方法、また回答結果の分析方法について解説する。

3－1.　NPOマネジメント診断シートを用いる際の留意点

(1) 回答者の決定方法

　回答者を検討する際には、次に示すような人々を対象として、出来るだけ複数の人、最低でも 3～5 人くらいが回答することが望ましい。

> ➤ 組織の代表者（例えば NPO であれば理事長、会社組織であれば代表取締役など）
> ➤ 組織全体の意思決定に関わる人（例えば NPO であれば理事、会社組織であれば取締役など）
> ➤ 組織運営の全体像を把握している人（例えば NPO であれば事務局長）
> ➤ 活動現場の実務に携わっている人（現場マネージャーやスタッフなど）

(2) 診断シートの記入と回収方法

　診断シートは、前述の通り「マネジメント能力」、「人材」、「財務管理」、「プログラム（事業）」、「事業開発・計画、マーケティング」の 5 つの診断領域から構成されている。それぞれの診断項目にある設問については、5 段階で回答、評価する形式となっている。

　診断シートを記入する方法については、次の「留め置き法」と「面接法」がある。

　誰が回答するか、組織内部による自己評価なのか、外部の人材を登用して行うのかによって、記入方法や回収方法を検討する必要がある。

> 留め置き法：事前に回答者にシートを配布し、指定した期間内に記入する。記入後、シートを回収する。匿名にして回答結果を分析する場合には、担当者を別途選出したり、外部の人材を登用してもよい。

> 面接法：回答者と外部の支援者が面接形式で記入する。シートの分析の視点などを外部の支援者が説明し、ファシリテートしながら回答者に記述してもらう。回答者に集合してもらい、ワークショップ形式で行うと効率的に実施することができる。記入終了後、シートを外部の支援者が回収する。

3－2. ＮＰＯマネジメント診断シートの分析方法

NPO マネジメント診断シートの分析方法としては、次にあげるような視点で、評価する各項目あるいは個別の設問に対する回答の傾向を定性的に分析していくことができる。

(1) 各設問に対する回答結果は、診断対象団体が自らの事業や運営について自己評価した結果が現れたものである。自己認識として高めに評価しているのか、低めに評価しているのかを現したものと考えられる。

(2) 分析の視点ごと、あるいは設問毎に各記入者の回答のばらつきを分析する（例えば、リーダーは高い評価をしているが現場スタッフの評価は低い、あるいはその逆の場合）。ばらつきが出ている箇所は、組織の中のコミュニケーションなどに問題を抱えている可能性があるのではないかと仮説を立てることができる。

(3) 全員の評価が一致して低い分析の視点や設問は、組織全体でできていないと認識されている部分であり、今後の改善課題につながると考えられる。

3－3. ＮＰＯマネジメント診断シートの活用場面

NPO マネジメント診断シートは、客観的に組織の現状を把握し、課題を抽出するために活用できるツールとなっている。では、実際にどのような場面で活用すると有効なのだろうか。

実際に NPO マネジメント診断シートはどのような場面で活用すると有効なのか、次にいくつかの例を示す。

ケース１：中小規模組織が運営体制強化を検討している

年間予算規模が1000万円を超えると、継続的な事業を展開していくために、

組織体制の強化を図るべく専従スタッフを配置するかどうか検討を行う組織が増えてくる。専従スタッフを抱えることになれば、人件費や事務所経費など一定の固定費を支出することになるため、組織として収支バランスのとれた継続的な事業運営が必要となり、まさに組織マネジメントの必要性が出てくる。そのような運営体制の強化を検討する組織において、組織の経営層が診断シートを有効に活用することができる。

　活用方法としては例えば、組織の運営主体である理事会メンバー全員が、診断シートに回答してその結果を持ち寄ることで、組織の置かれている状況、組織の強みと弱みについての共通認識を理事会内でもつことができる。また、組織体制強化のために何が必要なのか議論する際のベースとして診断シートの回答結果を活用することができる。

ケース2：中期計画の策定を始めようとしている

　NPOにとって、ミッションを実現するためには、具体的な目標を定め中期計画を策定することが重要なプロセスとなる。また、実施可能な現実的な中期計画を策定するためには、ミッションと照らし合わせて、何を実現するためにどのようなアプローチで取り組んでいくのかを整理し、組織の現状を正確に把握して、取り組むべき課題を抽出することが肝要である。

　まさに、中期計画の策定を検討している場合には、その計画策定に関わる人たちが、NPOマネジメント診断シートに回答し、回答結果を用いることで、メンバー間で団体の強みと弱みに対する共通認識を持つことができ、議論が拡散することなく、組織の抱える課題抽出を行うことができる。抽出された課題をもとに、優先順位づけを行い、中期計画に盛り込むべき課題を絞り込むことができる。

ケース3：事務局内の共通認識を再構築したい

　組織規模が比較的大きくなり、複数の事業を抱えるようになると、組織体制を強化するためにそれぞれの事業に責任を持つ担当者が配置されるようになる。そうすると、組織を円滑に運営していくためには、組織全体を管理する事務局長と、それぞれの事業担当者間の認識のすり合わせが重要になってくる。そのような場合に、NPOマネジメント診断シートを活用することができる。

　活用方法としては例えば、複数いる事業担当者の中から代表を選出し、その代表者が各事業担当者に診断シートを配布して、取りまとめを行う。診断シートの回答結果は、匿名にして全員で共有することにより、事務局長と事業担当者との認識のずれや普段聞かれない担当者の率直な意見などを把握す

ることが可能となる。こうした認識のずれを明確にし、担当者からの意見を吸い上げることによって、共通認識の再構築、事務局内のコミュニケーション方法の改善や人材育成の改善などにつなげていくことができる。

ケース４：ミッションの見直しを含め組織の方向性を検討しようとしている

　長年にわたり活動を続けてきた組織が、ミッションの見直しを含めて組織全体の方向性の見直しを行う際にも、診断シートを有効活用することができる。

　組織全体の方向性の見直しを行う場合には、組織のステークホルダー[4]を定義し、幅広く情報収集する必要が出てくる。主なステークホルダーとしては、ボランティア、受益者(過去および現在)、資金提供団体、行政の担当者、資金提供者・寄付者、協力関係にある他団体などがあげられる。

　診断シートは、理事、顧問、事務局長等の経営層の他、主要スタッフなど組織運営に従事する人たちが回答することにより、組織全体の現状把握と課題の抽出が可能となる。

　必要に応じて、コンサルタント等外部の専門家を登用するなどして、先に定義した組織のステークホルダーの中でも特に組織運営に関わる重要な関係者(団体)を対象に、ヒアリングやアンケート調査を行うことで、幅広い情報収集を行い、客観的に分析を行うことも有効である。診断シートの回答結果、ヒアリングやアンケート結果から、組織に関わる幅広い人たちから情報を吸い上げて分析することにより、組織の経営層、中核スタッフを交えて、組織の方向性について議論を深めていくことが可能となる。

　以上あげたケース以外にも、様々な局面で組織診断を活用できることが想定される。自己評価をするため、また外部の人材を登用するなど外部支援を得ながらより効果的に組織診断を実施するよう検討されたい。

【注】

1　特定非営利活動法人コミュニティ・シンクタンク「評価みえ」代表　粉川一郎、https://up.musashi.ac.jp/pfm/japanese/researchersHtml/RT3D04005/RT3D04005_Researcher.html
2　リーダー層とは、理事・事務局長などの意思決定者、責任者のことを指す。
3　スタッフとは、常勤・非常勤を問わず、有給で働いている職員のことを指す。
4　ステークホルダーとは、組織の活動や立場に影響を与える人・組織、組織の活動に影響を与えあう相手、組織の活動に関心がある人・組織、利害関係にある人・組織。

【参考文献】

川北秀人、「NPO 評価協働のための組織評価を中心に」平成 14 年度日本自転車振興会補助事業「NPO/NGO と政府・企業のコラボレーション」研究委員会報告書、2003 年、p.11。

内閣府国民生活局編、「NPO 活動の発展のための多様な評価システムの形成に向けて──NPO の評価手法に関する調査報告書」平成 13 年度内閣府委託調査報告書、2002 年、第 3 章「米国の事例から学ぶこと」。

中原美香、「NPO 評価協働のための組織評価を中心に」平成 14 年度日本自転車振興会補助事業「NPO/NGO と政府・企業のコラボレーション」研究委員会報告書、2003 年、p.22。

Peter F. Drucker, *The Drucker Foundation Self-Assessment Tool: Participant Workbook*, Jossey-Bass Inc Pub; 2 Revised edition , 1998.（＝田中弥生訳、『非営利組織の「自己評価手法」』、ダイヤモンド社、1995 年）

特定非営利活動法人パブリックリソースセンター、「日米の草の根 NPO 強化に向けた協働型支援基盤の構築　2003 年調査報告書」国際交流基金日米センター助成事業、2004 年。

財団法人地球産業文化研究所、「NPO 評価協働のための組織評価を中心に」平成 14 年度日本自転車振興会補助事業「NPO/NGO と政府・企業のコラボレーション」研究委員会報告書、2003 年。

特定非営利活動法人コミュニティ・シンクタンク「評価みえ」代表　粉川一郎、https://up.musashi.ac.jp/pfm/japanese/researchersHtml/RT3D04005/RT3D04005_Researcher.html

Board Source, http://www.boardsource.org/

CharityWatch（American Institute of Philanthropy）, https://www.charitywatch.org/

The Council of Better Business Bureaus, http://www.bbb.org/

NPOマネジメント診断シート

（version_5）

記入者情報シート	
診断用シート（1）	マネジメント能力
診断用シート（2）	人材
診断用シート（3）	財務管理
診断用シート（4）	プログラム（事業）
診断用シート（5）	事業開発・計画能力、マーケティング

特定非営利活動法人 パブリックリソースセンター

記入者氏名		役職または役割		お立場（あてはまるものに✓を付けてください。）
				□代表者（事務局長）　□理事・役員　□専従スタッフ □非専従スタッフ　□ボランティア　□その他（　　　） 過去に担当した役職または別の役職または役割があればご記入ください。

年代（あてはまるものに✓を付けてください。）　貴組織での就業年数

□20代　□30代　□40代　□50代　□60代以上　　　　年目

※ご記入者ご自身について質問させて頂きます。可能な範囲でお答え下さい。

1. 所属団体で活動を始めたのはいつ頃ですか？

2. 活動を始めたきっかけは何ですか？

3. これまでに団体でどのような活動に関わってこられましたか？

4. 貴組織が現在取り組むべきだと思われる課題があれば、ご記入ください（上位3つまで）

1	
2	
3	

診断用シート（1）　　　組織の「マネジメント能力」の現状を把握してみよう！　　　～NPOマネジメント診断①～

組織が活動の成果をあげ、ミッションを達成していけるかどうかは、組織内でミッションの共有化がされたうえでのマネジメントの適否による、といっても過言ではありません。
そこで、貴組織の「マネジメント能力」の現状を把握してみましょう。
評価する際には、次の点に考慮して下記チェック欄をご記入ください。

○質問には、「大変よく当てはまる」から「まったく当てはまらない」までの4項目の中から選びご回答ください。どうしても、回答できない、判断しかねる場合は「何とも言えない」をお選びください。
○7つの視点からの質問が合計49個用意されています。すべての質問に対して、ご回答をお願いします。
○評価はできるだけ組織の現状について客観的な視点をもってよく考えたうえでご判断ください。
○「上記質問・回答に対するコメント」の欄には質問項目に対する不明点、回答に関するコメント等、必要に応じてご記入ください。

↓【チェックスタート】

チェックA：ミッション
　　　＜質　問＞

	大変良く当てはまる	まあ当てはまる	あまり当てはまらない	まったく当てはまらない	何とも言えない

該当箇所に○をご入力ください　━━━━→

a-1) 明文化されたミッション（使命）が存在している。
ミッションをお書きください。

a-2) ミッション（使命）は*1リーダー層・*2スタッフに理解され、共有されている。

a-3) リーダー層・スタッフは、ミッション（使命）を自分の言葉で説明することができる。

*1:リーダー層とは理事・事務局長などの意思決定者、責任者のことを指します。
*2:スタッフとは常勤・非常勤を問わず、有給で働いている職員のことを指します。

■上記質問・回答に対するコメントをご記入ください。

チェックB ：社会的課題・ニーズの把握と組織の客観化

＜質　問＞　　　　　　該当箇所に○をご入力ください ──────＞

	大変良〈当てはまる〉	まあ当てはまる	あまり当てはまらない	まったく当てはまらない	何とも言えない
b-1 社会的課題の背景や原因を考慮した上で、ミッションが設定されている。					
b-2 組織の代表者やリーダー層およびスタッフは組織の強みと弱みを説明できる。					
b-3 課題発見や解決策を構想するための取り組みを行っている。（調査研究、専門家からのアドバイスを得る等）					

■上記質問・回答に対するコメントをご記入ください

チェックC ：計画・評価

＜質　問＞　　　　　　該当箇所に○をご入力ください ──────＞

	大変良〈当てはまる〉	まあ当てはまる	あまり当てはまらない	まったく当てはまらない	何とも言えない
c-1 ミッションを実現するために必要な3年程度先を見越した中期目標・中期計画を立てている。					
c-2 中期目標の達成度合いを測るための具体的な指標を持っている。 指標を持っている場合はお書きください					
c-3 各年度の事業計画を作成している。					
c-4 事業計画を全スタッフで共有する機会を有している。					
c-5 一定の時限を定めて、中期目標の達成度合いを確認を行っている。					
c-6 評価した結果を、組織や事業の改善のために活用している。					
c-7 中期計画の作成と評価には、リーダー層だけでなくその他のスタッフが参加したり提案する場を設けている。					

■上記質問・回答に対するコメントをご記入ください

チェックD ：リーダーシップ・ガバナンス

＜質　問＞　　　　　　該当箇所に○をご入力ください ──────＞

	大変良〈当てはまる〉	まあ当てはまる	あまり当てはまらない	まったく当てはまらない	何とも言えない
d-1 自由に議論できる組織風土や場がある。					
d-2 代表者やリーダー層は、組織の進むべき方向性について、スタッフに伝える努力を常にしている。					
d-3 リーダー層とスタッフの間で情報が伝達され、共有がなされている。					

d-4 適切な意思決定の方法がとられている。
d-5 リーダー層や各スタッフの役割と責任が明確に規定されている。
d-6 組織運営や活動、事業に関する法令を把握し、それらを遵守するための仕組みをもっている。
d-7 理事会などに対し、毎年適切な事業報告と会計報告を行っている。
d-8 理事会の内容が文書として記録されている。
d-9 社会の動きに目を向け、社会のニーズや社会環境の変化に柔軟に対応している。

■上記質問・回答に対するコメントをご記入ください

チェックE：資金調達

<質　問>　　　　　　　　該当箇所に○をご入力ください ――→

e-1 多様な財源をもっている。
e-2 資金調達計画を作成している。
e-3 資金調達をする担当者（兼務を含む）、担当グループもしくはアドバイザーがいる。
e-4 寄付、会費、出資金、市民債券など、組織に共鳴する人たちからの支援金を確保する努力をしている。
e-5 会員や寄付者の名簿を作成し、管理している。
e-6 支援的資金は過去3年間を通して増加している。

■上記質問・回答に対するコメントをご記入ください

チェックF：コミュニケーション、協働への取り組み、情報開示（アカウンタビリティ）

<質　問>　　　　　　　　該当箇所に○をご入力ください ――→

◆コミュニケーションに関する質問
f-1 広報の担当者（兼務を含む）、アドバイザーなどがいる。
f-2 広報に役立つもの（パンフレット、報告書などを含む）を整備している。
f-3 ホームページ（ブログ、twitter、facebookを含む）を適宜、更新し、積極的に活用している。
f-4 有効と思われるマスコミ関係者や広報ルートを把握している。
f-5 社会に対して効果的にメッセージを発信している。
f-6 社会から理解と支持を得るために、関係者や市民に活動を知ってもらうための説明会を行うなどの努力をしている。
f-7 会員、寄付者、サービス利用者などからの苦情や提案を、積極的に事業に活かしている。
f-8 会員、寄付者などの支援者に対して、コミュニケーションを図る活動を行っている。

評価尺度：大変良く当てはまる／まあ当てはまる／あまり当てはまらない／まったく当てはまらない／何とも言えない

◆ 協働への取り組みに関する質問
事業を展開するうえで適宜、(f-9～13)

	大変良く当てはまる	まあ当てはまる	あまり当てはまらない	まったく当てはまらない	何とも言えない
f-9 行政・公共機関と協力・協議する関係を持っている。					
f-10 教育機関、研究機関や専門家との協力関係を持っている。					
f-11 自治会などの地縁組織、NPOなどの市民団体や中間支援団体と協力関係を持っている。					
f-12 民間企業と協力関係を持っている。					
f-13 他の組織と協働を進める上での方針や基準がある。					

◆ 情報開示（アカウンタビリティ）

	大変良く当てはまる	まあ当てはまる	あまり当てはまらない	まったく当てはまらない	何とも言えない
f-14 法律で定められた事項（定款、組織体制など）をわかりやすく公開している。					
f-15 会計報告書を作成し、公開している。					

■ 上記質問・回答に対するコメントをご記入ください

チェックG ：その他（リスクマネジメント、IT関連など）

<質問>　　　　　　　　　　該当個所に○をご記入ください ――→

	大変良く当てはまる	まあ当てはまる	あまり当てはまらない	まったく当てはまらない	何とも言えない
g-1 組織が直面しているリスクを把握している。					
g-2 日々の活動を行ううえで想定されるリスクに対して対応策をあらかじめ策定している。					
g-3 事務処理等に必要なコンピュータなどの設備が整備されている。					
g-4 データの損失や情報の漏えいを予防するための対策をとっている。					
g-5 コンピュータやソフトに詳しい人材（スタッフやボランティアなど）がいる。					
g-6 個人情報は適切に管理している。					

■ 上記質問・回答に対するコメントをご記入ください

診断用シート(2)　　組織の「人材」の現状を把握しましょう！　　～NPOマネジメント診断②～

「組織は人なり」といわれます。職場環境を築き、スタッフがやる気をもって、力を最大限に発揮できるようにすることが求められます。
そこで、貴組織の人材・人事に関する現状把握をしてみましょう。
評価する際には、次の点に考慮して下記チェック欄をご記入ください。

○質問には、「大変よく当てはまる」から「まったく当てはまらない」までの4項目の中から選びご回答ください。どうしても、回答できない、判断
しかねる場合は「何とも言えない」をお選びください。
○5つの視点からの合計40個の質問が用意されています。すべての質問に対して、ご回答をお願いします。
○評価はできるだけ組織の現状について客観的な視点をもってよく考えたうえでご判断ください。
○上記質問・回答に対する「コメントをご記入ください」には質問項目に対する不明点、回答に関するコメント等、必要に応じてご記入ください。

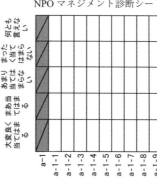

↓【チェックスタート】

チェックA：スタッフに求められる資質・能力　　　　　　該当箇所に○をご入力ください　―――＞

a-1)　組織の目標を達成するために、スタッフにとって下記にあげる能力、資質をもっていることが重要であると考えていていますか？

＜質　　問＞

a-1-1)　ミッションへの共感
a-1-2)　ミッションを具現化する構想力・企画力
a-1-3)　事業・活動を展開するうえで必要な専門性
a-1-4)　生活や現場で起こる個々の事象から、社会課題を読み取り提起する力
a-1-5)　組織運営・マネジメント能力
a-1-6)　政策提言能力
a-1-7)　他の組織・機関と協働する力
a-1-8)　コミュニケーション能力
a-1-9)　社会環境の変化を察知する能力

a-2) a-1)であげた能力、資質を、既に現状のスタッフはもっていると思いますか？

該当箇所に○をご入力ください ----->

	大変良く当てはまる	まあ当てはまる	あまり当てはまらない	まったく当てはまらない	何とも言えない
a-2-1) ミッションへの共感					
a-2-2) ミッションを具現化する構想力・企画力					
a-2-3) 事業・活動を展開するうえで必要な専門性					
a-2-4) 生活や現場で起こる個々の事象から、社会課題を汲み取り提起する力					
a-2-5) 組織運営・マネジメント能力					
a-2-6) 政策提言能力					
a-2-7) 他の組織・機関と協働事業を行うか					
a-2-8) コミュニケーション能力					
a-2-9) 社会環境の変化を察知する能力					

■上記質問・回答に対するコメントをご記入ください

チェックB :スタッフの確保

＜質　問＞

該当箇所に○をご入力ください ----->

	大変良く当てはまる	まあ当てはまる	あまり当てはまらない	まったく当てはまらない	何とも言えない
b-1) スタッフの離職率は低い					
b-2) 個々のスタッフの事情に応じた就業環境を整備している。					
b-3) 多様な就業形態に対応した就業規則を整備している。(例:在宅勤務、ワークシェアリングなど)					
b-4) 有給スタッフとは雇用契約を結んでいる。					
b-5) 有給スタッフの雇用においては、労働基準法、男女雇用機会均等法等の法令を遵守している。					
b-6) 給与に関する規定を整備している。					
b-7) 給与の額は、継続して働くことのできる水準である。					

■上記質問・回答に対するコメントをご記入ください

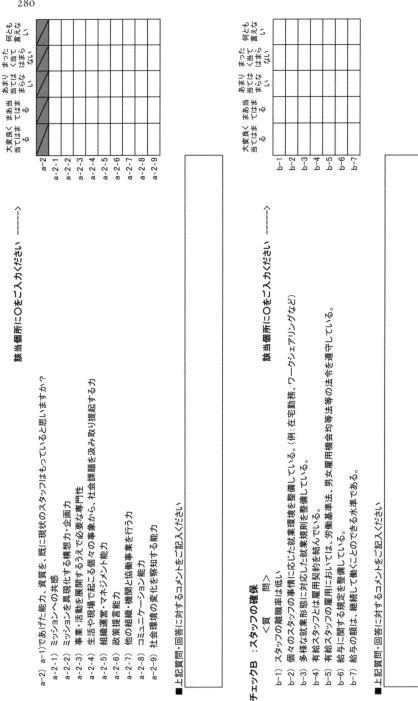

チェックC：スタッフの育成

該当個所に○をご記入ください ----->

	大変良く当てはまる	まあまあ当てはまる	あまり当てはまらない	まったく当てはまらない	何とも言えない
c-1 スタッフに対してどんな人材になってほしいなど、期待を伝えている。					
c-2 業務の内容について正確に記述し、伝えている（職務記述書がある）。					
c-3 スタッフのキャリア形成計画に基づいて、個人目標を設定する機会をもっている。					
c-4 スタッフの目標達成率や能力を評価する機会をもっている。					
c-5 仕事を通じて「人を育てる」「人が成長することがあればあれば教える（教わる）」という意識が組織内に根付いている。					
c-6 スタッフが研修などの教育を受けられるよう機会を提供している。					
c-7 各スタッフはやる気、成長意欲、達成感などを感じて働いている。					

チェックD：ボランティアの参加

＜質問＞　　　　該当個所に○をご記入ください ----->

	大変良く当てはまる	まあまあ当てはまる	あまり当てはまらない	まったく当てはまらない	何とも言えない
d-1 ボランティアを積極的に受け入れている。					
d-2 ボランティアに団体のミッションや活動などについて説明し、共有する機会を設けている。					
d-3 ボランティアへのサポート体制（ひとりひとりのボランティアと目的やその仕事の内容についてよく話し合う。ひとりひとりと定期的に話し合い活動を持ち評価するなど）が、整っている。					
d-4 ボランティア保険に加入している。					
d-5 ボランティアのモチベーションを向上させるためのエ夫をしている。					

■上記質問・回答に対するコメントをご記入ください

チェックE：福利厚生・その他

＜質問＞　　　　該当個所に○をご記入ください ----->

	大変良く当てはまる	まあまあ当てはまる	あまり当てはまらない	まったく当てはまらない	何とも言えない
e-1 社会保険（健康保険・厚生年金）、労働保険（労災保険・雇用保険）について適切な手続きや利用がなされている。					
e-2 有給休暇、代休、育児休暇など、個々のスタッフの業務や事情に応じて適切に休日が取れるようになっている。					
e-3 健康診断、仕事のストレスに対する配慮など、スタッフが健康に職場生活をおくれるような体制がとられている。					

■上記質問・回答に対するコメントをご記入ください

282

診断用シート（3）　　組織の「財務管理」の現状を把握しましょう！　～NPOマネジメント診断③～

財務状態が健全であることは、組織の安定性を保つために欠かせません。
財務の悪化ははじめは些細なことからはじまり、放置しておくと致命的な経営問題に発展していくこともあります。
そこで、日常業務のレベルから貴組織の財務状態の現状把握をしてみましょう。
評価する際には、次の点に考慮して下記チェック欄をご記入ください。

○質問には、「大変よく当てはまる」から「まったく当てはまらない」までの4項目の中からご選びご回答ください。どうしても、回答できない、判断しかねる場合は「何とも言えない」をお選びください。
○5つの視点からの合計24個の質問が用意されています。すべての質問に対して、ご回答をお願いします。
○評価はできるだけ客観的な視点をもったうえでご判断ください。
○「上記質問・回答に対するコメント」の欄には質問項目に対する不明点、回答に関するコメント等、必要に応じてご記入ください。

↓【チェックスタート】

チェックA：財務管理全般
　　　＜質　問＞　　　　　　　　　　　　　　　　該当個所に○をご入力ください　----->

	大変よく当てはまる	まあ当てはまる	あまり当てはまらない	まったく当てはまらない	何とも言えない
a-1 組織が成果を出せるように、人材や資金などの経営資源を配分している。					
a-2 支出のうち、総事業費に占める特定非営利活動に係る事業費の割合が80％以上である。					
a-3 総会または理事会が承認した予算に基づいて財務が執行されている。					
a-4 経理・会計に関する専門スキルをもった担当者（兼務を含む、アドバイザーなどがいる。					
a-5 外部監査が行われている。					
a-6 ボランティアの業務や現物寄付などを金額換算し、大よそどのくらいか把握している。					

■上記質問・回答に対するコメント（回答に対するコメントをご記入ください）

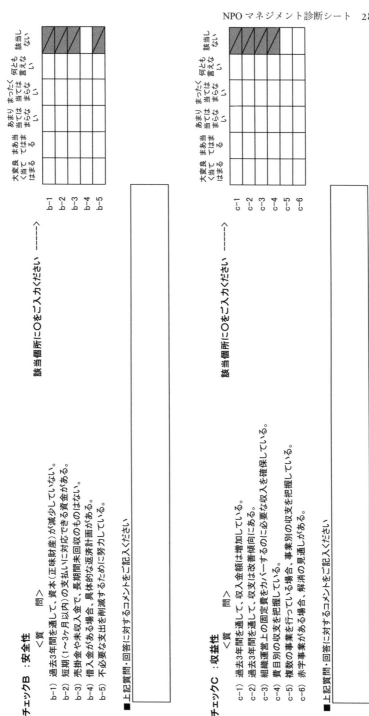

チェックB ：安全性

<質　問>

b-1) 過去3年間を通じて、資本（正味財産）が減少していない。
b-2) 短期（1～3ヶ月以内）の支払いに対応できる資金がある。
b-3) 売掛金や未収入金で、長期間未回収のものはない。
b-4) 借入金がある場合、具体的な返済計画がある。
b-5) 不必要な支出を削減するために努力している。

該当個所に○をご入力ください　----->

	大変良く当てはまる	まあ当てはまる	あまり当てはまらない	まったく当てはまらない	何とも言えない	該当しない
b-1						
b-2						
b-3						
b-4						
b-5						

■上記質問・回答に対するコメントをご記入ください

チェックC ：収益性

<質　問>

c-1) 過去3年間を通じて、収入金額は増加している。
c-2) 過去3年間を通じて、収支は改善傾向にある。
c-3) 組織運営上の固定費をカバーするのに必要な収入を確保している。
c-4) 費目別の収支を把握している。
c-5) 複数の事業を行っている場合、事業別の収支を把握している。
c-6) 赤字事業がある場合、解消の見通しがある。

該当個所に○をご入力ください　----->

	大変良く当てはまる	まあ当てはまる	あまり当てはまらない	まったく当てはまらない	何とも言えない	該当しない
c-1						
c-2						
c-3						
c-4						
c-5						
c-6						

■上記質問・回答に対するコメントをご記入ください

チェックD ：生産性

＜質問＞

該当箇所に〇をご入力ください ----->

	大変良く当てはまる	まあ当てはまる	あまり当てはまらない	まったく当てはまらない	何とも言えない
d-1）生産性向上のための設備投資や機械化（ITの導入）を行っている。					
d-2）事業部門のスタッフと管理部門のスタッフの人件費をそれぞれ分けて把握している。					

■上記質問・回答に対するコメントをご記入ください

チェックE ：資金繰り

＜質問＞

該当箇所に〇をご入力ください ----->

	大変良く当てはまる	まあ当てはまる	あまり当てはまらない	まったく当てはまらない	何とも言えない
e-1）資金繰り表を作成し、資金繰りを管理している。					
e-2）資金繰りが苦しいという状況ではない。					
e-3）毎月の収入と支出の金額を把握している。					
e-4）未収入金が発生してから回収までの期間を把握している。					
e-5）資金不足に陥った場合の対応策を事前に検討している。					

■上記質問・回答に対するコメントをご記入ください

必須回答

診断用シート（4）

~NPOマネジメント診断④~

組織の「プログラム（事業）」の現状を把握しましょう！

組織のミッションを達成するために、それを具現化したプログラム（事業）を立案・計画し、実行していくことがNPOの活動そのものといえます。
そこで、貴組織のプログラム（事業）について現状を把握してみましょう。
評価する際には、次の点に考慮して下記チェック欄をご記入ください。

○質問には、「大変よく当てはまる」から「まったく当てはまらない」までの4項目の中から選びご回答ください。どうしても、回答できない、判断しかねる場合は「何とも言えない」をお選びください。
○3つの視点からの合計7個の質問が用意されています。すべての質問に対して、ご回答をお願いします。
○評価はできるだけ組織の現状について客観的な視点をもってよく考えたうえでご判断ください。
○上記質問・回答にご記入くださいさいの欄には質問項目に対する不明点、回答に関するコメント等、必要に応じてここに記入ください。

■主な事業領域
下記の事業領域についてお答えください。

事業領域1	
事業領域2	
事業領域3	

↓【チェックスタート】

チェックA：プログラム（事業）の強みと弱み

＜質　　問＞

a-1) 事業のそれぞれの強みと弱みを挙げてください。

事業領域1について
強み：
弱み：

事業領域2について
強み：
弱み：

事業領域3について
強み：
弱み：

チェックB：プログラム（事業）の効果、改善事項

＜質　　問＞

b-1) 事業領域1、2、3について、それぞれの事業で具体的な成果目標、成果指標を設定している。

該当箇所に〇をご入力ください。----->

	大変良く当てはまる	まあ当てはまる	あまり当てはまらない	まったく当てはまらない	何とも言えない
b-1-1) 事業領域1について					
b-1-2) 事業領域2について					
b-1-3) 事業領域3について					

b-2) それぞれの事業では、成果目標を達成できている。

	大変良く当てはまる	まあ当てはまる	あまり当てはまらない	まったく当てはまらない	何とも言えない
b-2-1) 事業領域1について					
b-2-2) 事業領域2について					
b-2-3) 事業領域3について					

■上記質問・回答に関するコメントをご記入下さい。

b-3) 特に改善すべきプログラム（事業）がありますか？

	ある	ない	わからない
b-3			

「ある」場合、それは何ですか？（記述式）

b-4) 今後必要であると思われるが、まだ実施していないプログラム（事業）がありますか？

	ある	ない	わからない
b-4			

「ある」場合、それは何ですか？（記述式）

チェックC：今後のプログラム（事業）活動について

＜質　問＞　　　　　　　　該当個所に○をご入力ください ----->

c-1) 3年後の事業展開について明確な将来像がありますか？

	ある	ない	わからない
c-1			

■上記質問・回答に関するコメントをご記入下さい。

c-2) c-1の将来像を実現するために、どのプログラム（事業）に重点を置くべきだと思いますか？

必須回答

【診断用シート(5)】　　　　　　　組織の「事業開発・計画能力、マーケティング」の現状を把握しましょう！　　　　　～NPOマネジメント診断⑤～

社会課題解決への熱意やアイデアを持っていても、それを事業する為ための方法を知り、計画して実行していかなければ目的には近づけません。
また素晴らしい商品やサービスを持っていても、成果を上げる為ためには、社会環境の動向を読み取り、対象者や商品に応じた商品・価格・広報を行うマーケティング能力が不可欠です。
そこで、貴組織の事業開発・計画能力・マーケティングの現状を把握してみましょう。
評価する際には、次の点に考慮して下記チェック欄をご記入ください。

○質問には、「大変良くあてはまる」から「まったくあてはまらない」までの4項目の中から選びご回答ください。どうしても、回答できない、判断
しかねる場合は「何とも言えない」をお選びください。
○4つの視点からの合計24個の質問が用意されています。すべての質問に対して、ご回答をお願いします。
○評価はできるだけ組織の現状について客観的な視点をもってお答えるうえでご判断ください。
○「上記質問」回答に対するコメントをご記入がない場合には質問項目に対する不明点、回答に関するコメント等、必要に応じてここに記入ください。

事業名称1	
事業名称2	
事業名称3	

■主な「事業」
下記の事業についてお答えください。

↓【チェックスタート】

※ 設問中の「対象者」ということばは、事業によって「顧客」「受益者」「利用者」「潜在的利用者」などに置き換えてお考えください。

チェックA：事業開発・計画　　　　　該当個所に○をご入力ください　──→

＜質　問＞

a-1) 事業の社会的成果(社会におけるプラスの変化や状態の改善、対象者にとっての変化など)について、定量的な目標をたてている。
（例えば就労支援事業であれば、「就労した人の数」といった、比較的長期的な目標を指します。）

a-2) 事業の定量的な目標を立てている。
（例えば就労支援事業であれば、「相談会に出席した人の数」といった、比較的短期的な目標を指します。）

	大変良くあてはまる	まああてはまる	あまりあてはまらない	まったくあてはまらない	何とも言えない
事業1					
事業2					
事業3					
事業1					
事業2					
事業3					

該当箇所に○をご入力ください ----->

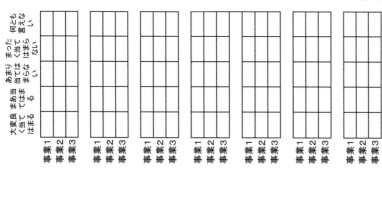

	大変良く当てはまる	まあ当てはまる	あまり当てはまらない	まったく当てはまらない	何とも言えない

a-3) 事業の定量的な目標達成のための計画を立てている。

事業1 / 事業2 / 事業3

a-4) 事業に関連する社会課題に関連する社会環境、政策動向の変化を調べて把握している。

事業1 / 事業2 / 事業3

a-5) 事業の対象者のニーズを把握する具体的方法（アンケート調査等）を持っている。

事業1 / 事業2 / 事業3

a-6) 同業者の存在を意識し、それとの違いや優位性を実現するための努力をしている。

事業1 / 事業2 / 事業3

a-7) 事業の対象者は、明確になっている。
（年齢・性別・居住地・趣味構成・家族構成・信条・時間の使い方など、対象者について具体的な想定を持っている。）

事業1 / 事業2 / 事業3

a-8) 事業展開に必要な資金やその他の資源の調達は、実現可能な計画になっている。
（例えば単年度の助成で立ち上がった事業であっても、その後の継続的な資金の調達が可能になっている。など。）

事業1 / 事業2 / 事業3

a-9) 現実的な積算根拠にもとづいて、事業の採算性を把握している。

事業1 / 事業2 / 事業3

a-10) 施設や設備は事業を行う上で十分に整っている。

事業1 / 事業2 / 事業3

	大変良くあてはまる	まあ当てはまる	あまり当てはまらない	まったく当てはまらない	何とも言えない
事業1					
事業2					
事業3					

a-11) 持続可能性を確保するために、必要なボランティアや、資金・資源・資源提供者に向けた資源獲得のための活動を行っている。　該当個所に○をご記入ください ----->

a-12) 貴組織で不足している資源は、他の組織との協働やネットワークを活用することで調達している。
（資源とは、専門性や人材、場所などを含みます。）

上記質問・回答に対するコメントをご記入ください

チェックB ：商品／サービス／流通・マーケティングコミュニケーション

<質問>

	大変良くあてはまる	まあ当てはまる	あまり当てはまらない	まったく当てはまらない	何とも言えない
事業1					
事業2					
事業3					

b-1) 提供するサービス（あるいは商品やプログラム）の内容は、対象者のニーズに沿った適切なものになっている。　該当個所に○をご記入ください ----->

b-2) 提供するサービス（あるいは商品やプログラム）は、十分な品質・機能を確保している。

b-3) 対象者のニーズの変化に対応したり、新たな地域課題を解決していくために、常にサービス（あるいは商品やプログラム）の改善・開発に取り組んでいる。

b-4) サービス（あるいは商品やプログラム）の価格は、事業を継続するに足る収益を確保できる水準に設定されている。（「価格」は、サービスなどから対価を得る場合と、委託や助成などによりサービス等を提供する場合の両方を含みます。）

b-5) 事業で提供する商品やサービスの内容や提供方法は、対象者にとって利用しやすいものになっている。（例えば施設の立地や場所、服装、販路、オンラインの活用など。）

	大変良く当てはまる	まあ当てはまる	あまり当てはまらない	まったく当てはまらない	何とも言えない
事業1					
事業2					
事業3					

b-6) 提供するサービス（あるいは商品やプログラム）や、対象者の特性に応じた適切な広報活動を行っている。
（「広報活動」には、有料・無料の広告、セミナーやパーティーの開催・ダイレクトメール、キャンペーンの実施、ニュースリリースなど、あらゆるものを含みます。）

該当個所に○をご記入ください ----->

■上記質問・回答に対するコメントをご記入ください

チェックC：対象者（顧客、受益者、利用者、潜在的利用者など）の管理／対応 該当個所に○をご記入ください ----->

＜質問＞

	大変良く当てはまる	まあ当てはまる	あまり当てはまらない	まったく当てはまらない	何とも言えない
事業1					
事業2					
事業3					
事業1					
事業2					
事業3					
事業1					
事業2					
事業3					

c-1) 対象者の名簿を整備して顧客管理に利用している。
（対象者の名前や連絡先だけでなく、いつ何を利用したかなどを記録に残し、効果的なアプローチに活用することが理想です。）

c-2) 個人情報保護方針を策定し、個人情報を保護する仕組みを整備している。

c-3) 対象者からの苦情や提案を積極的に事業に活かしている。

■上記質問・回答に対するコメントをご記入ください

チェックD ：評価／改善

<質　問>

該当個所に○をご入力ください　----->

	大変良くあてはまる	まあ良くあてはまる	あまり当てはまらない	まったく当てはまらない	何とも言えない

d-1) 計画に基づいて事業の収益目標を立案し、定期的な実績のチェックを行っている。

事業1					
事業2					
事業3					

d-2) 計画との差異の原因を分析して次の計画に反映している。

事業1					
事業2					
事業3					

d-3) プログラムが、対象者のニーズを満たしているか定期的に見直して、以降の計画に反映する仕組みをもっている。

事業1					
事業2					
事業3					

■上記質問・回答に対するコメントをご記入ください

著者プロフィール(2021年2月現在)

※掲載は章立て順。2章以上執筆の場合は先行する章に記載してある。

I 戦略編：岐路に立つNPO

第1章　NPOで理想の社会を描く

播磨　靖夫(はりま　やすお)　一般財団法人たんぽぽの家　理事長、社会福祉法人わたぼうしの会
理事長、アートミーツケア学会　常務理事
　1942年生まれ。新聞記者を経てフリージャーナリストに。障害のある人たちの生きる場「たんぽ
ぽの家」づくりを市民運動として展開。アートと社会の新しい関係をつくる「エイブル・アート・
ムーブメント(可能性の芸術運動)」を提唱。近年では障害のある人のあたらしい働き方や仕事づく
りを提案する「Good Job! プロジェクト」を展開。また、1999年からケアの文化の創造をめざし、「ケ
アする人のケア」プロジェクトにも取り組んでいる。平成21年度(2009年度) 芸術選奨 文部科学
大臣賞(芸術振興部門)受賞。編著書に『共貧共存の思想』(日本青年奉仕協会、1979年)、『みんな
同じ空の下に生きている』(青也書店、1981年)、『知縁社会のネットワーキング』(柏書房、1986年)、
『生命の樹のある家』(たんぽぽの家、2003年)、『ソーシャルアート：障害のある人とアートで社
会を変える』(学芸出版社、2016年)等。

第2章　社会変革とソーシャルビジネス

佐野　章二(さの　しょうじ)　有限会社ビッグイシュー　日本共同代表
　1941年大阪生まれ。都市科学研究所勤務を経て1980年地域調査計画研究所を設立、代表に。都
市問題の専門家として都市・地域の調査、計画の仕事をする一方、住民運動、市民活動にもかか
わる。また、「市民公益活動の基盤整備調査」などNPO法に関する基礎調査をはじめ、各地の
NPO活動支援センターや、阪神大震災時には三つのタイプの応援組織の立上げを支援。2003年5
月より(有)ビッグイシュー日本共同代表。2003年9月ホームレス支援雑誌「ビッグイシュー日本
版」を創刊。

第3章　社会システムとしての市民セクター

久住　剛(くすみ　つよし)　公益財団法人パブリックリソース財団　共同創設者、同代表理事・理事長
　1958年横浜生まれ。1980年代から神奈川県職員として政策形成に取組むかたわら、日本ネット
ワーカーズ会議、市民セクター支援研究会などでボランタリーに市民活動、NPO制度、NPO支
援システム、行政とNPOの協働、企業の社会貢献、寄付推進などの研究と実践に長年携わる。
1990年代、NPO法の制定や日本NPOセンター創設に参画。ニューヨーク大学大学院留学を経て、
2000年NPO法人パブリックリソースセンター創設、企業の社会性評価やNPOを支援。2013年
公益財団パブリックリソース財団創設、社会貢献コンサルや寄付を推進。2018年株式会社パブリッ
ク不動産を創設、資産寄付を推進。横浜国立大学、明治学院大学、立正大学の非常勤講師を歴任。
1980年明治大学卒業。1999年ニューヨーク大学大学院公共政策・NPOマネジメント修士課程修了。
2012年東京工業大学大学院博士後期課程単位取得退学。共著書に『NPO基礎講座』(ぎょうせい、
2005年)、『パブリックリソースハンドブック』(ぎょうせい、2002年)、『SRI社会的責任投資入門』
(日本経済新聞出版、2003年)、『まちづくりの百科事典』(丸善、2008年)他。

II 実践編：NPOマネジメント

第1章 ミッション・ベースト・マネジメント

岸本 幸子(きしもと さちこ) 公益財団法人パブリックリソース財団 共同創設者、同代表理事・専務理事

東京都出身。商社、シンクタンク勤務を経て渡米。ニュースクール・フォー・ソーシャル・リサーチで、ノンプロフィットマネジメント修士取得。全米最大のコミュニティ財団「ニューヨーク・コミュニティ・トラスト」でフェローとして勤務。ファンドレイズや助成事業に経験し、帰国。2000年に非営利・実践型シンクタンク、特定非営利活動法人パブリックリソースセンターの創設に参画。2013年パブリックリソース財団創設以来、現職。寄付文化の推進を目指し、個人や企業等からの寄付を優れたNPOや社会起業家につなぐマッチングに取り組んでいる。企業のCSRの推進、NPOの組織評価、インパクト評価にも携わる。共著に『寄付白書2017』(日本ファンドレイジング協会、2017年)他。

第2章 ガバナンス

今田 忠(いまだ まこと) 市民社会研究所 所長

1937年大阪生まれ。1959年東京大学教養学部卒。2017年11月18日逝去。

特定非営利活動法人パブリックリソースセンター専務理事、公益財団法人パブリックリソース財団理事、顧問、日本NPO学会会長、ほか多くの特定非営利活動法人、財団法人、任意団体の役員を歴任。日本生命を経て、日本生命財団、笹川平和財団、1996年〜1999年に代表を務めた阪神・淡路コミュニティ基金において18年間資金助成の実務に従事。中京女子大学客員教授、羽衣国際大学客員教授、関西学院大学非常勤講師を歴任。

日本における民間公益活動への助成活動の草分けの一人であり、企業のフィランソロピーにも造詣が深く、市民社会づくりに情熱を傾けてこられた。

著書『日本のNPO史』(ぎょうせい、2006年)、『概説市民社会論』(関西学院大学出版会、2014年)、『日本における民間公益活動の流れ』(NPO法人シンフォニー、2016年)。

編著『フィランソロピーの思想』(日本評論社、1999年)、『NPO 起業・経営・ネットワーキング』(中央法規、2000年)。監訳『台頭する非営利セクター』(ダイヤモンド社、1996年)。

第3章 中期計画

鵜尾 雅隆(うお まさたか) 認定特定非営利活動法人日本ファンドレイジング協会 代表理事

GSG社会インパクト投資タスクフォース日本諮問委員会副委員長、寄付月間推進委員会事務局長、大学院大学至善館特任教授なども務める。JICA、外務省、NPOなどを経て2008年NPO向け戦略コンサルティング企業(株)ファンドレックス創業、2009年、課題解決先進国を目指して、社会のお金の流れを変えるため、日本ファンドレイジング協会を創設し、2012年から現職。認定ファンドレイザー資格の創設、アジア最大のファンドレイジングの祭典「ファンドレイジング日本」の開催や寄付白書・社会投資市場形成に向けたロードマップの発行、子供向けの社会貢献教育の全国展開など、寄付・社会的投資促進への取り組みなどを進める。2004年米国ケース大学Mandel Center for Nonprofit Organizationsにて非営利組織修士取得。同年、インディアナ大学The Fundraising School修了。

第4章 ファンドレイジング

鵜尾 雅隆(うお まさたか) ※既出、II実践編 第3章

第5章　人材開発

春野　真徳(はるの　まさのり)　株式会社スプリングフィールド　代表取締役、全能連認定エキスパート・マネジメント・インストラクター

企業・団体における組織・能力開発を支援する研修・コンサルティングを行っている。社内研修では、管理職など階層別研修、リーダーシップ、マネジメント、コーチング、ファシリテーションなど担当。また、管理型から自律型への組織風土改革「めだかの学校」の取り組みは、「Well Being」「SDG's」「働き方改革」「女性活躍推進」と同様の目的であり、成果を創出している。一方で、「ありがとう！TV（https://www.spring-field.co.jp/tv/）」を主宰。MC として 800 本以上の番組に出演している。

第6章　財務・会計

藤本　毅郎(ふじもと　たけお)　藤本毅郎税理士事務所代表　税理士、認定経営革新等支援機関、登録政治資金監査人

1996 年税理士試験合格（5 科目試験合格）、1999 年税理士開業。

主に中小企業へ財務・税務のコンサルティング業務を行い、NPO・公益法人（一般社団財団法人、公益認定法人、社会福祉法人、宗教法人）・医療法人のコンサルティング業務も多数行っている。また、NPO や社会福祉法人の監事の立場からもアドバイスを行っている。

第7章　広報戦略

坂本　文武(さかもと　ふみたけ)　社会情報大学院大学　教授

専門は NPO の経営。社会課題解決にいどむ人と組織の相談支援や組織開発ならびに CSR コンサルティングをてがけながら、2003 年から 7 年間 PR 会社ウィタンアソシエイツでの PR コンサルタント、2010 年から 5 年間立教大学大学院 21 世紀社会デザイン研究科特任准教授、2017 年から社会情報大学院大学教授を兼務。著書に『NPO の経営』（日本経済新聞社、2004 年、単著）や、『ボーダレス化する CSR』（同文舘出版、2006 年）、『環境 CSR 宣言―企業と NGO』（同文舘出版、2008 年）、『デジタルで変わる 広報コミュニケーション基礎』（宣伝会議、2017 年）ほか。米国ケース・ウェスタン・リザーブ大学大学院にて非営利経営学修士課程修了。

第8章　非営利組織の評価

雨森　孝悦(あめのもり　たかよし)　日本福祉大学福祉経営学部　招聘教授 A

㈶国際協力推進協会、㈶日本国際交流センター、国立フィリピン大学客員研究員、㈶とよなか国際交流協会を経て 2001 年より現職。公益財団法人パブリックリソース財団評議員、一般財団法人中部圏地域創造ファンド理事、NPO 法人国際交流の会とよなか、CARD MRI Development Institute Inc.（フィリピン）理事を務める。著書に『テキストブック NPO 第 3 版』（東洋経済新報社、2020 年）、『国際協力プロジェクト評価』（NPO 法人アーユス編、共著、2003）がある。

第9章　企業の社会貢献と NPO

田口　由紀絵(たぐち　ゆきえ)　公益財団法人パブリックリソース財団　事務局長、日本ファンドレイジング協会認定講師

外資系銀行、国際交流基金マレーシア事務所スタッフを経て、英国のランカスター大学大学院で経営学のディプロマを、米国ケース大学 Mandel Center for Nonprofit Organizations にて非営利組織修士取得。企業の社会貢献活動の支援や評価、NPO マネジメント支援の実践や支援者育成、社会的インパクト評価等に取り組む。2018 年にパブリックリソース財団として Social Value International に SROI レポートを提出し、SROI の Assurance を取得。

第10章　マーケティング

臼井　清(うすいきよし)　合同会社志事創業社(しごとそうぎょうしゃ)　代表

情報機器メーカーで、マーケティングを中心に国内外で経験を積む。ソーシャルベンチャーパートナーズ東京(SVP東京)理事、一般社団法人企業間フュチャーセンター理事等、ソーシャルセクターでの団体役員を業務と並行して歴任。2014年に、心が前向きになるビジネス開発をサポートする「志事創業社」を設立。認定アートナビゲーターとして支援プログラムにアート視点を取り入れるなど、活躍の幅を広げている。

第11章　アドボカシー

本文

久住　剛(くすみ　つよし)　※既出、I戦略編　第3章

挿絵

岸本　藍(きしもと　あい)　デザイナー

1985年生まれ。2009年武蔵野美術大学工芸工業デザイン学科卒業。2009年よりメーカーにて製品・デザイン開発に携わる。好きな言葉は Every day is a new day 。

南野　智之(なんの　ともゆき)　デザイナー

1984年京都府生まれ。2008年金沢美術工芸大学卒業。2008年より国内メーカーにてデザインを担当。デザイン賞多数受賞。趣味はスニーカー収集。

実例

関口　宏聡(せきぐち　ひろあき)　特定非営利活動法人シーズ・市民活動を支える制度をつくる会　代表理事

1984年生まれ、千葉県佐倉市出身。東京学芸大学教育学部環境教育専攻卒。2007年からシーズに勤務し、日本ファンドレイジング協会設立事業やNPO法制度改正のアドボカシー・ロビー活動に従事。この間のNPO法・税制改正の実現では市民側の中心的役割を果たし、現在は、講演・相談・コンサルティングなど認定NPO法人制度の活用促進やアドボカシー活動支援にも奮闘中。新宿区協働支援会議委員、神奈川県指定特定非営利活動法人審査会委員など。

III　実務編：組織診断の実際

黒木　明日丘(くろき　あすか)　公益財団法人パブリックリソース財団　チーフプログラムオフィサー　※旧姓、田島。

慶応義塾大学総合政策学部卒。2003年、日立製作所に入社。2006年12月末に同社を退職し、現財団の前身であるNPO法人パブリックリソースセンターにて、NPOマネジメントのコンサルティング業務やNPOマネジメントに関する講座の企画・運営等を担当。2010年に退職後、2012年から2年間、外務省にて経済協力専門員として中央アジアの二国間ODA政策に関わる。契約期間満了後、2014年から2018年まで国際人道支援NGO団体である認定NPO法人JENに入職。本部にて海外事業を担当した後、グローバル事業部課長を経て事務局長を務める。2018年に退職後、公益財団パブリックリソース財団に入職し現職。

ＮＰＯ実践マネジメント入門〔第３版〕

2009年4月20日　初　版第1刷発行	〔検印省略〕
2012年1月1日　第2版第1刷発行	
2022年2月20日　第3版第1刷発行	

＊定価はカバーに表示してあります

編者 ©パブリックリソース財団　発行者 下田勝司　　　印刷・製本　中央精版印刷

東京都文京区向丘 1-20-6　郵便振替 00110-6-37828　　　発 行 所

〒113-0023　TEL 03-3818-5521 (代)　FAX 03-3818-5514　株式会社 東 信 堂

E-Mail tk203444@fsinet.or.jp　URL http://www.toshindo-pub.com/

Published by TOSHINDO PUBLISHING CO.,LTD.

1-20-6, Mukougaoka, Bunkyo-ku, Tokyo, 113-0023, Japan

ISBN978-4-7989-1747-4　C3036 Copyright© Public Resources Foundation